大学生素质教育概论
（第四版）

郑宽明　黄新民　王立新　编著

科学出版社

北京

内 容 简 介

本书以"深化教育改革，推进素质教育"为主线，从中华文化背景出发，打破狭窄的专业教育界限，融合了教育学、社会学、哲学和心理学等方面知识，结合适当的案例，对大学生素质教育问题进行了全面的论述。全书论述了大学生素质教育的基本理论和大学生素质教育所关注的核心问题，主要内容包括大学生政治素质教育、道德素质教育、科学素质教育、文化素质教育、身体素质教育、心理素质教育和创新创业素质教育等。

本书可作为普通高等院校素质教育的教材，也可作为大学生素质教育工作者、研究者的参考书。

图书在版编目（CIP）数据

大学生素质教育概论/郑宽明，黄新民，王立新编著. —4版. —北京：科学出版社，2020.8
ISBN 978-7-03-065841-8

Ⅰ. ①大… Ⅱ. ①郑… ②黄… ③王… Ⅲ. ①大学生–素质教育–概论 Ⅳ. ①G640

中国版本图书馆 CIP 数据核字（2020）第 149067 号

责任编辑：任俊红　王　卿 / 责任校对：贾娜娜
责任印制：张　伟 / 封面设计：蓝正设计

科学出版社 出版
北京东黄城根北街 16 号
邮政编码：100717
http://www.sciencep.com
北京中科印刷有限公司 印刷
科学出版社发行　各地新华书店经销
*

2005 年 2 月第 一 版　开本：787×1092　1/16
2020 年 8 月第 四 版　印张：14 1/4
2023 年 1 月第五次印刷　字数：338 000
定价：39.00 元
（如有印装质量问题，我社负责调换）

编写委员会
(按姓氏笔画排序)

陕西理工大学：李天芳　周　辉　郑宽明
陕西国际商贸学院：王立新　王学成　方钢锋　向　宇　杨延凤
　　　　　　　　　杨建云　张　杰　张　星　张利军　张效峰
　　　　　　　　　张银丹　陈立娥　郭　静　黄新民　梁潇凝
　　　　　　　　　潘春辉
陕西学前师范学院：何　峻
重庆城市管理职业学院：杨　洁

目　　录

第1章　大学生素质教育概述 ··· 1
　1.1　素质与素质教育 ··· 1
　1.2　中国学生发展核心素养 ·· 11
　1.3　大学生发展核心素养有关问题的探讨 ··· 19
　1.4　阅读材料及思考与实践 ··· 21

第2章　大学生政治素质教育 ··· 28
　2.1　政治素质的基本内涵 ·· 30
　2.2　大学生政治素质教育的根本要求 ··· 33
　2.3　大学生政治素质教育的基本途径 ··· 34
　2.4　阅读材料及思考与实践 ··· 37

第3章　大学生道德素质教育 ··· 40
　3.1　道德素质的基本内涵 ·· 42
　3.2　大学生道德素质教育的基本要求 ··· 44
　3.3　大学生道德素质教育的方法和途径 ·· 53
　3.4　大学生道德素质教育有关问题的探讨 ··· 58
　3.5　阅读材料及思考与实践 ··· 66

第4章　大学生科学素质教育 ··· 71
　4.1　科学素质的基本内涵 ·· 72
　4.2　科学素质与科学精神 ·· 77
　4.3　科学精神与人文精神的关系 ··· 81
　4.4　大学生科学素质教育有关问题的探讨 ··· 84
　4.5　阅读材料及思考与实践 ··· 87

第5章　大学生文化素质教育 ··· 92
　5.1　文化及大学生文化素质教育 ··· 95
　5.2　传统文化及大学生传统文化素质教育 ·· 100
　5.3　先进文化素质教育 ·· 113
　5.4　大学生人文素质教育 ··· 117
　5.5　阅读材料及思考与实践 ·· 124

第 6 章 大学生身体素质教育 ……………………………………………128
6.1 从体育到身体素质教育 ……………………………………………129
6.2 大学生身体素质教育的基本要求 ……………………………………130
6.3 身体素质教育的意义 ………………………………………………134
6.4 实施身体素质教育应注意的几个问题 ………………………………136
6.5 阅读材料及思考与实践 ……………………………………………139

第 7 章 大学生心理素质教育 ……………………………………………143
7.1 心理素质概述 ……………………………………………………145
7.2 心理素质教育概述 …………………………………………………150
7.3 心理素质教育的基本原则 …………………………………………154
7.4 大学生心理特征 …………………………………………………156
7.5 现代大学生心理素质教育结构构建 …………………………………161
7.6 阅读材料及思考与实践 ……………………………………………165

第 8 章 大学生创新创业素质教育 ………………………………………172
8.1 创新创业素质教育概述 ……………………………………………173
8.2 大学生创新素质教育 ………………………………………………175
8.3 大学生创业素质教育 ………………………………………………183
8.4 阅读材料及思考与实践 ……………………………………………194

第 9 章 素质教育评价与大学生素质拓展 …………………………………200
9.1 素质教育评价概述 …………………………………………………202
9.2 大学生素质拓展概述 ………………………………………………205
9.3 实施大学生素质拓展计划的意义 ……………………………………212
9.4 阅读材料及思考与实践 ……………………………………………215

第1章 大学生素质教育概述

一个国家、一个民族、一个社会的文明程度和进步速度，主要取决于人的素质，而人的素质的高低，在很大程度上取决于这个国家、民族、社会教育事业的发展水平。任何教育按其本质来说，都是按照社会的要求，依据教育自身发展的特点，去培养人、塑造人。邓小平同志曾说："我们国家，国力的强弱，经济发展后劲的大小，越来越取决于劳动者的素质，取决于知识分子的数量和质量。"① 1985 年《中共中央关于教育体制改革的决定》明确指出，教育体制改革的根本目的是提高民族素质。2013 年习近平主持中共中央政治局第九次集体学习时指出："要深化教育改革，推进素质教育，创新教育方法，提高人才培养质量，努力形成有利于创新人才成长的育人环境。"②

1.1 素质与素质教育

为了清晰地了解素质教育，我们必须准确地把握素质和素质教育的含义及其特征，立足当前大学生的素质现状，理清实施素质教育的思路。

1.1.1 素质的基本内涵

"素质"这一概念受到教育理论界的关注始于 20 世纪 80 年代。目前，关于"素质"虽有多种阐释，但比较认可的解释是指在人的先天生理基础上，经过后天教育和社会环境的影响，由知识内化而形成的相对稳定的心理品质③。一般来讲，素质包括思想道德素质、文化科学素质、专业技能素质以及身体心理素质。科学地理解"素质"的基本内涵，是研究素质教育问题的逻辑起点。

人的素质本意是指人们与生俱来的某些解剖生理特征，即所谓"遗传素质"，其基本含义是："一般指有机体天生具有的某些解剖和生理的特性，主要是神经系统、脑的特性，即感官和运动器官的特性，是能力发展的自然前提和基础。"④

---

① 邓小平. 邓小平文选（第三卷）. 北京：人民出版社，1993：120.
② 中共中央政治局举行第九次集体学习，习近平主持. http://www.gov.cn/ldhd/2013-10/01/content_2499370.htm[2018-04-22].
③ 任洪彦，周志强. 新时期党政领导干部素质略论. 青岛大学师范学院学报，2004（2）：20-23.
④ 朱智贤. 心理学大辞典. 北京：北京师范大学出版社，1989：650.

素质是先天的，教育是后天的，后天的教育培养不出先天的素质，但是，许多学者认为，先天的素质只是提供人的发展的生理基础，后天的环境与教育可以发展先天的潜能，提高和完善人的素质结构。教育界提出的素质教育的"素质"，是先天遗传的禀赋与后天环境影响、教育作用的结合而形成的相对稳定的基本品质结构。

《教育大辞典》提出了符合素质教育理论与实践要求的说明："素质是个人先天具有的解剖生理特点，包括神经系统、感觉器官和运动器官的特点。它们通过遗传获得，故又称遗传素质，亦称禀赋。"[①] "素质也指公民或某种专门人才的基本品质，如国民素质、民族素质、干部素质、教师素质、作家素质等，都是在后天环境、教育影响下形成的。"[②]

由此可知，人的素质不仅是指某一方面的知识或能力，还是指人的内在品质的总和，是人通过学习、训练和内化等过程形成的稳定的基本品质结构，包括人的身体、心理、思想品质等。这些品质分别属于素质的不同类别。

1. 素质的类别

素质的类别是一个重要而复杂的问题，但也是一个应当认真讨论以取得共识的问题。三类六种素质的分析如下。

（1）身体素质，亦称生理素质。它指人们与生俱来的感觉器官、运动器官、神经系统，特别是大脑在结构（解剖）与机能（生理）上的一系列稳定特点的综合。身体素质还应当包含人们生来即有的一些本能，如吃喝本能、防御本能和性本能等。由于这些解剖生理特点与本能都是遗传得来的，因而可以说，身体素质乃是一种先天因素占主导的素质。

（2）心理素质。它是人们以身体素质为基础，在教育与环境的影响下，通过学习等实践活动而获得的一系列稳定的心理素质。由于人们的心理素质是以身体素质为基础在后天的生活与活动中习得的，所以可以说，心理素质乃是先天因素与后天因素的"合金"。

（3）养成素质，包括文化素质、科学素质、道德素质、政治素质。它们是人们在选择、适应与改造社会环境的过程中逐步形成的一系列稳定社会性素质的综合，由于这些素质都是在实践活动中获得的，因而可以说，养成素质乃是后天因素占主导的素质。

2. 三类素质之间的辩证关系

三类素质之间的关系，可用相互联系和相互影响来表示。三类素质虽然各自具有相对的独立性，但三者却并非截然分割的，而是紧密联系的。其实，在身体素质中就蕴含有一定心理的、养成的成分，如本能，它属于身体素质，但也有心理的成分；又如，人脑的种种特点当然是身体素质的重要组成部分，但人脑却也蕴含有养成性，人类世世代代所积累的社会经验在人脑的长期进化中就有所积淀，可以说，人脑的养成性乃是它不同于动物脑的根本标志。"人类社会与人没有纯粹的自然本性，人生活在社会之中，其

---

① 顾明远. 教育大辞典. 上海：上海教育出版社，1990：27.
② 李虹. 素质、心理素质与素质教育. 心理与行为研究，2004（4）：592-596.

自然性已经打上了社会的烙印,成为社会化了的自然属性。"①养成素质本质上就是心理素质,为了强调人们选择、适应与改造社会环境的心理能力的重要性,把这一部分从心理素质中抽取出来,总称为养成素质。心理素质是以身体素质为基础,在不断接受文化教育、社会环境的影响中形成的,这就表明心理素质与身体素质、养成素质具有难以分割的关系。

3. 三类素质的地位和作用

三类素质中,身体素质是基础层,心理素质是中介层或核心,养成素质是最高层。这就把三类素质在素质结构中的地位与作用揭示了出来。

(1)身体素质是其他素质的基础。身体素质是另两类素质形成和发展的物质基础。古语曰:皮之不存,毛将焉附?可以比喻说,身体素质是"皮",其他素质是"毛",没有身体素质这张"皮"的存在,其他素质之"毛"又生长在何处呢?古罗马谚语云:"健康的精神寓于健康的体魄。"这又从正面阐明了身体素质乃是各类素质赖以形成和发展的基础。很明显,必须有健康的感觉器官,才会有正常的感知;必须有健全的运动器官,才会有正常的活动。

(2)心理素质是其他素质的中介或核心。所谓中介,一般有两个含义:一是事物各阶段从低级向高级发展的中介,没有这个中介,事物就无法从此阶段飞跃到彼阶段,这个中介可以称为过渡环节;二是事物各组成因素相互联系的中介,没有这个中介,各因素就会像一盘散沙,无法组合在一起,这个中介可以称为中间环节。素质像一切事物一样,既有纵向联系,也有横向联系。在这两种联系中,心理素质都发挥着中介的作用,心理素质是身体素质发展到养成素质的中介;在横向结构中,心理素质又是两类素质相互联系的中介。无论从它的哪种中介作用来看,心理素质都处于核心地位,发挥着核心作用。

(3)养成素质是其他素质的调节者。养成素质是素质结构的最高层。一方面,它建立在身体素质与心理素质的基础之上,即身体素质是它的物质基础,心理素质是它的心理基础;另一方面,它一经形成之后,又反过来支配、调节人的身体素质与心理素质。众所周知,世界观是属于养成素质范畴的,而世界观又是人的一切心理与行为的最高调节者。据此,完全可以顺理成章地说,人的养成素质乃是人的身体素质与心理素质的最高调节者。

1.1.2 素质的主要特征

1. 遗传性与习得性

从素质的来源看,它既具有遗传性,又具有习得性。遗传性,又可称为先天性。人的一部分素质是先天具有、与生俱来的,也就是说,它是生物遗传的结果。应当说,素质生来即有的自然特点部分具有遗传性。习得性,又可称为后天性。人的另一部分素质

---

① 冯建军. 实践人:生活德育的人性之基. 高等教育研究, 2010, 31 (4): 20-27.

并非由遗传而来，而是在遗传的基础上，通过教育、环境与实践活动的影响而逐步习得的。应当说，素质习得的品质部分具有习得性。从整体素质来看，它是遗传性与习得性的统一。遗传性是基础，习得性是发展。只有以遗传性素质为基础，才能形成习得性素质，亦即只有二者的统一，才能形成完整的素质。

2. 自然性与社会性

自然性与先天性相联系。正因为人的素质的一部分来自遗传，所以它具有自然性的特点，即这些特点反映了生物因素的内容，打上了自然影响的烙印。社会性与后天性相联系。正因为人的素质的一部分来自学习，所以它具有社会性的特点，即这些特点反映了文化因素的内容，打上了社会影响的烙印。从整体素质来说，它乃是自然性与社会性的统一。自然性与社会性的关系，同遗传性与习得性的统一关系基本上是一致的。

3. 内潜性与外显性

所谓内潜性，是指素质往往以潜能形式潜藏在主体内部，尚未表现出来，等待被开发。潜能并不神秘，它是人的心理、养成素质形成与发展的可能性。只有创造必要的条件，把人的潜能开发出来，亦即把素质的内潜性充分发挥出来，才能使此种可能性转化为现实。人的素质一旦形成，往往又会在人的活动中与行为上表现出来，他人只要注意观察，就可以了解某个人的素质水平的高低。可以说，一个人的为人处世、待人接物均可以反映出其素质状况，而一个人的素质状况也可以表现出其真正的为人。这乃是素质外显性的具体内涵。从整体素质来说，它乃是内潜性与外显性的统一。这个统一也就是可能性与现实性的统一。可能性是现实性的前提，现实性则是可能性的转化；只有二者的统一，才能形成完全意义上的素质。

4. 稳固性与可塑性

所谓稳固性，就是无论是先天具有的自然特点，还是后天习得的社会品质，都是不大容易变化的，而且它在人的一生中会产生较为长期的稳定效应。可塑性又称发展性，即素质产生与形成后，虽然有一定的稳固性，但它并非一成不变，而是在一定的条件下也可以发生某种程度的改变。明清之际著名思想家王夫之关于人性发展所说的一句话"未成可成，已成可革"，也完全适用于素质。正因为素质是可以改变的、发展的，所以它就具有可塑性。从整体素质来说，它乃是稳固性与可塑性的统一。稳固性是可塑性的基础，可塑性是对稳固素质的改变与提高，可塑性是形成稳固性的手段，稳固素质是可塑手段所追求的目标。二者的统一可以不断地提高人的素质水平。

5. 整体性与个别性

素质的整体性有两种含义：一是各种素质密切联系、相互渗透，使素质成为一个有机整体；二是素质发挥整体功能。这两种含义实质上是相同的，即正因为素质是一个有机整体，所以它才会产生整体效应。素质的个别性也有两种含义：一是各种素质虽然密切联系而不可分割，但它们却又具有相对的独立性；二是各种素质各自发挥作用。这两种含义实质上也是相同的，即各种素质是相对独立的，所以它们才会各有各的功能。从整体素质来说，它乃是整体性与个别性的统一。因此，我们既要看到素质整体性的一面，让它发挥整体效应，又要看到其个别性的一面，让各种素质独自发挥功能。只有把二者统一起来，人们才能充分发挥出素质在人生中的价值。

6. 群体性与个体性

所谓群体性，即群体具有共同的素质。因此，素质的群体性又可叫作素质的共同性。正是在这个意义上，我们才有民族素质、国民素质、公民素质、干部素质、教师素质等说法。这诸种素质即群体素质或素质的群体性。个体性指各个人具有不同的素质。因此，素质的个体性又可叫作差别性，如张三的素质不同于李四的素质，李四的素质也不同于王五的素质。从整体素质来说，它乃是群体性与个体性的统一。而这个统一，实质上就是共同性与差别性的统一。众所周知，共同性与差别性是难以分割的，即共同性中包含有差别性，差别性中亦蕴藏有某些共同性。只有如此地看待二者，才能理解与把握素质的真谛。

1.1.3 素质教育的含义和重点

素质教育是我国20世纪80年代提出的，并且是不断深入、经久不衰、引人注目的教育改革实践。伴随着理论和实践的不断深化，素质教育的战略意义不断凸显：《国家中长期教育改革和发展规划纲要（2010—2020年）》把"坚持以人为本，全面实施素质教育"确立为我国教育改革发展的"战略主题"；当前，全面深化教育领域改革，深入推进素质教育，着力提高教育质量，提升人力资本素质，已经成为教育领域重大而紧迫的任务。其间，全面、准确地把握素质教育这一核心理念，进一步端正教育工作的指导思想，并以切实的举措使素质教育思想贯穿于各级各类教育实践的全过程，以全面提高全体学生的基本素质为根本目的，以培养学生的创新精神和实践能力为重点，通过各种科学有效的途径，造就"有理想、有道德、有文化、有纪律"的德、智、体、美、劳全面发展的社会主义建设者和接班人。

1. 素质教育的内涵

1997年印发的《关于当前积极推进中小学实施素质教育的若干意见》曾明确指出：素质教育是"依据《教育法》规定的国家教育方针，着眼于受教育者及社会长远发展的要求，以面向全体学生、全面提高学生的基本素质为根本宗旨，以注重培养受教育者的态度、能力，促进他们在德智体等方面生动、活泼、主动地发展为基本特征的教育"。全面实施素质教育的核心是解决好培养什么人、怎样培养人的问题，重点是面向全体学生、促进学生全面发展，着力提高学生服务国家服务人民的社会责任感、善于解决问题的实践能力以及培养学生勇于探索的创新精神。

十八大以来，习近平同志高度重视素质教育问题，"素质教育"已经成为习近平关于教育工作系列重要讲话的一个重要关键词。他明确要求"要深化教育改革，推进素质教育，创新教育方法，提高人才培养质量，努力形成有利于创新人才成长的育人环境[①]"。他把实施素质教育、培养创新人才、提高各级各类劳动者素质，作为实施创新驱动战略的"根本大计"。

2. 素质教育的重点

教育是人类生存本能的延伸。国际上有一种观点认为教育就是学会生存。在这个充满竞争的世界里，在这个"信息爆炸"的时代里，每个人都要从人类未来社会的生存与发展着眼调控自己的行为，着力开发智力、培养人格，即不仅要关心自己和家庭，还要关心国家、民族，关心他人，关心人类道德，关心地球和宇宙真理。20 世纪末，联合国教育、科学及文化组织（简称联合国教科文组织）继《学会生存》《学会关心》之后，又集世界当代教育与科学最新认识之大成，提出了 21 世纪教育的战略性思路与行动建议，发表了题为《学习：内在的财富》的专题报告。报告高度评价了教育在社会与人的发展中的基础性作用，认为"教育的使命是使每个人（无例外地）发展自己的才能和创造性潜力"，以公平为基本价值取向，崇尚提高人的素质，培养学生发现问题、研究问题、解决问题的能力，已成为世界教育改革的主流。21 世纪的教育是从学会生存到学会关心再到学会创造，既为物质文明建设服务，同时也为精神文明建设服务。

（1）重视教育对象主体能动性的发挥。充分发挥教育对象的主观能动性、创造性，为学生今后步入社会生活准备各种发展的可能，就要设计多种方案发挥教育对象在诸如运动、观察、实践、思考、审美等方面的主观能动性，唤醒学生的自主意识，并通过自身的创造性活动，不断开辟未来、塑造自我。

（2）重视非智能素质的培养。非智能素质是指与心智（认识）过程直接相关的情感过程和意志过程，它们都是心理现象中不同过程的内在统一。人的成熟与发展，除了智能素质外，还有非智能素质的影响，而且非智能素质是智能素质发展的可靠保证。正是非智能素质的差异，如兴趣的浓厚程度如何、意志的坚强程度如何、道德品质的高低等造成个体智能素质发展的不均衡。可以说，非智能素质是影响智能素质发展的重要条件。当然，实施素质教育并非只是把非智能素质作为提高教育对象智能素质的手段，非智能素质本身的培养也是素质教育的目的，如文学艺术教育中的情感因素、科学研究中的创新精神、道德伦理中的理想情操等，都是教育对象应该具有和不断完善的。

（3）重视学生创造思维能力的培养。素质教育所指的创造思维能力，是指外在的因素或条件在教育训练的过程中，内化为教育对象自觉进行思维活动的一种内在力量，更准确地说是一种勇于创新的意识，一种勇于创新的内在需求，最重要的是创造性思维和创造性想象。素质教育对于创造能力的培养，首先要注意培养学生的基本能力，具体包括观察和发现问题的能力、自学能力、想象能力、实践能力。其次要在学习和研究的方法上培养创新能力。现代高等教育非常重视归纳法，特别是以此方法培养学生的创新能

[①] 习近平. 敏锐把握世界科技创新发展趋势 切实把创新驱动发展战略实施好. http://cpc.people.com.cn/n/2013/1002/c64094-23096105.html[2018-04-22].

力。摆一堆材料或罗列一些现象,不作提示或只作必要的提示,让学生自己去思考,自己去寻找其中的联系并得出结论。学生在这种探索中观察能力、组织能力等得到锻炼,创新的兴趣和动力也被激发和培养起来了。因此,素质教育在教学方法上除了重视演绎方法外,更应该重视归纳方法的运用,以利于教育对象创新能力的培养。

(4)重视学生健康人格的培养。所谓人格,即"现实的、有特色的个人,经由社会化获得的,具有内在统一性和相对稳定性的个人特质结构,是人思想和行为的综合"[①]。现代大学生健康人格是一个以进取性为重要特征的,由进取性、创造性、协调性三个精神要素有机组合而成的,具有若干优良品格的全面发展的人格。

人们常说:"不会做人,何以做事?"大学教育首先应该教给学生如何做人,如何做一个有理想、有道德、有社会良知和社会责任感的人。学生群体中确实存在着"不会做人"和"太会做人"的现象,对这两种现象人们都不满意,对前者人们认为太愚、太傻、太呆,对后者则认为太油、太滑。怎么使这两种人在做人方面都有所进步?这就需要我们去言传身教做人的准则、做人的标准、做人的道德规范,进而把教育学生如何做人的过程变成实施健康人格教育的过程。学生通过健康人格教育不但懂得了做人的道理,而且学会了做人的技能,形成了较高的人格魅力,为自己的健康成长奠定了良好的基础。北京师范大学附属实验中学金从武老师为学生确定了学会做人的目标,即做身心健康的中国人,做促进国家发展的中国人,做影响世界发展的中国人,并将这种目标导向运用于教育过程中,取得了良好的实效。其做法很值得我们深思。[②]

1.1.4 新时期大学生素质的现状和影响因素

在 21 世纪,我们身处的世界发生了很大的变化,全球化趋势日益明显,知识经济已现端倪,现代社会对人才的综合素质要求逐渐提高。对于从应试教育体制下成长起来的当代大学生,素质教育尤为关键。总的来说,我国大学生面临新世纪的机遇和挑战,整体素质水平在不断提高,综合能力不断加强,是适应现代化的趋势和知识经济的潮流的。但是,大学生在个别素质状况上不容乐观,甚至有些方面令人担忧,这些问题应引起重视。

1. 当代大学生素质基本状况

现阶段我国大学生整体素质,从思想道德素质、专业素质、文化素质、身体素质和心理素质等五个方面进行评估和分析,主要呈现出以下状况。

第一,当代大学生的思想道德素质总体是好的,有比较明确的政治目标,但是有的大学生缺乏稳定性与系统性,缺乏有效的价值评估。当代社会是一个经济开放、文化多元的社会,各种意识形态和价值取向都在影响着大学生,面对这些选择,大学生改变了过去的偏见和固执的观点和看法,积极追求先进的思想,有意识地提高自身的思想素质。各级教育部门以及其他有关组织都进行了积极的辅导和教育工作,帮助在校大学生树立

---

① 陈秉公. 大学生人格学. 长春:长春出版社,1989:10-11.
② 刘安萍. 金从武,他把三十名学生送进北大清华. 光明日报,2003-08-04(A2).

有理想、有道德、有文化、有纪律为主题的"四有"人生观。各级教育部门及其他有关组织应该学习政治理论，学习党和国家的方针、政策，还应开展形式多样的教育和宣传活动，使得马克思主义的世界观和人生观成为大学生的主流思想。

随着我国的综合国力的加强，以及我国在国际政治、经济和文化事业中影响的扩大，爱国主义依然是高扬在当代大学生心中的一面旗帜，爱国主义精神在青年中依然最具有感召力和凝聚力。

由于思想、文化等差别，当代大学生对社会的道德评价不一，整体水平虽有所提高，但在道德行为与认知水平上的差距依然存在，如有的大学生在比较自己与朋友和其他青年社会公德状况的评价中，呈现出对自己的评价高，而对朋友和其他青年的评价依次下降的态势。这一方面反映了部分大学生对道德建设大环境与个人生存小环境之间不和谐的状况的感受；另一方面，也反映出部分大学生在道德问题上存在着对人对己的不同标准。多数大学生在道德认知上与社会的要求基本一致，普遍具有高尚的道德追求，向往理想的道德境界，正义感明显增强，但是自律性依然不强。

在坚持主流思想道德的背景下，当代大学生的思想道德素质也日渐呈现出多元化倾向。对于来自不同政治、经济、文化和历史背景下的思想，他们不是一概排斥，也并不是全部吸纳，而是逐渐呈现一种内容丰富、层次多样、思想开放的状态。但是，在这种状态下，还隐含着大学生群体思想道德素质的不稳定性与非系统性。身处于社会转型时期，面对着激烈的竞争和日新月异的知识更新，大学生激烈的思想变化是客观的，由于青年特质和时代特征的影响，他们的思想变化起伏比较大；同时，盲目地接受不同的思想文化，对不同道德评判标准，不加整理地吸收，使得思想道德素质缺乏系统性，存在混乱的现象。

当代大学生的价值观趋向多元化，分化显著，有的方面也出现了综合回归的趋势，向着更加现实与理智的方向发展，自我实现与服务社会整合，但在这些多元的、多层次的价值中缺乏一种行之有效的价值评估体系，这就造成了大学生缺乏一个对于自身思想道德素质合理的评判标准。

第二，当代大学生在专业素质方面越来越重视学习，基础素质好，但是，对专业的认同和个人的爱好追求不一致，专业知识欠深入，比较注重工具型知识。信息社会给人们带来了知识的压力，知识经济时代的到来给每一个人提出了新的要求：广博、灵活、创新。"活到老，学到老"不再是少数人的美德，而是对社会群体的普遍要求。中国目前存在的就业压力日益增大、社会竞争日益激烈的问题，都迫使广大在校大学生看重学习，学习已真正成为一种参与社会竞争、提高生活质量的前提。同时，学习也被大学生看成是一种终身的活动，是人的一种基本的需求。大多数大学生都认为，学习是改变一个人命运的有效途径之一，而且是十分重要的途径。在大学生群体中兴起的"考研热"和"考证热"可以说明这一点。

我国正处在应试教育向素质教育转轨的时期，现在接受大学教育的学生，多是从应试教育的体制中成长起来的，入学前是以考上大学为目的，对专业的选择也多是看重社会的需求和潮流，忽视了自己的兴趣和爱好，这就出现了许多大学生入学后对专业的认同和个人的爱好追求不一致的现象，影响了对专业知识的学习，对本专业知识了解肤浅，只是为了应付考试，对专业知识缺乏深刻的钻研和探讨，更少见对本专业的独到见解。

当代部分大学生受到就业和社会的需求影响，在轻视专业学习的同时，一般更注重计算机、英语等工具型知识的学习，有很多学生认为学习只不过是为了取得大学文凭，或为老师而学习，缺乏真正的专业认同和专业精神，没有把大学特别是本科的学习看成是培养自己专业素质的重要阶段和过程。针对这一现象，大学生需要在学校期间参加专业实践，通过在实际工作中运用所学的专业知识，培养职业感和专业认同感，这样可以弥补他们在专业学习上的不足，促进理论与实践的统一，提高当代大学生的专业素质。

第三，当代大学生是综合素质较高的群体，在文化素质方面的表现更加明显。当代大学生是在改革开放以来较为完善的教育体制下培养出来的，教育条件比较优越，教育方法比较科学，所以他们的整体文化素质比较高，特别是近几年来，中央大力倡导素质教育改革，大学教育以"素质教育"为核心，培养德、智、体、美、劳全面发展的学生，学生不仅学到了基本知识、基本技能，还在文化素质方面有明显的提高。总体上看，当代大学生的文化素质水平比较高，主流文化是积极向上、健康活泼的，大学生的开放观念、发展观念、效益观念、人才观念、民主观念、法制观念和竞争意识、进取意识等进一步增强。他们主动掌握现代交往工具，提高参与国际文化交流的能力，有着对科学和真理的执着追求，拥有开拓进取和勇于创新的精神。

社会文化的变迁对当代大学生有较大影响，传统社会是一个"同质性"很高的社会，而现代社会的重要性则是它的"异质性"，他们接受的系统的教育受到各种外来文化的影响，这些原因造成大学生在文化素质方面也形成了多元化的倾向，这种选择的多元化促使不同的文化产生撞击，出现火花；同时也使当代的大学生具有了各种各样的个性特征。丰富多彩的文化成果和精神享受，以及多元的文化素质，使得当代大学生在知识结构、拓宽视野上更趋向于国际化和全球化，培养了大学生探索未知领域和开创新局面的能力。

但是，当代大学生的思想还不是很成熟，对文化的吸纳有时缺乏辨别能力，这影响了大学生的价值取向，使大学生在文化内化的过程中产生了矛盾和混乱。这些亚文化不能和主流文化相容，不是先进文化的代表方向，妨碍了大学生的健康成长。有的大学生产生了对社会所倡导的主流文化的逆反情绪，表现出了盲目"崇洋"或是盲目"崇古"的不良倾向，这是由他们所处的经济、文化条件所决定的。因此，他们需要一些健康的社会实践，培养积极向上的文化素质和方向。

第四，当代大学生的身体素质比以前有所提高。对于大学生的体能素质来说，从物理指标来看，发育情况好于以往，平均身高等指标都高于过去，营养结构较为合理。但是，由于课业负担的加重和自我保健知识的贫乏，大学生中的近视率高于以往。优越的生活条件改变了他们的体质，但是不良的生活习惯和落后的健康理念影响了大学生的身体素质，比如通宵上网、通宵游戏和暴饮暴食等不科学的生活习惯；另外，部分大学生轻视体育锻炼，锻炼程度低于以往，缺乏耐力和意志，他们表现为不够强壮和"耐用"。

第五，身体素质的另一个方面是心理素质。当代大学生以独生子女为主体，受社会政治、经济、文化的快速发展及社会转型所带来的种种变化和影响，当代大学生的心理问题较为突出，主要表现为心理不稳定、缺乏安全感和认同感。当代大学生比较注意自己的心理健康，但是，他们在面对激烈的社会竞争和繁重的课业压力，以及复杂的人际关系等问题时，大多显得手足无措。有一项调查显示[①]，当代青年对他人的信任度不高，即使在好朋友之间，相互的防范心理也是较强的，大学生之间的"社会凝聚力"比较低。这一代大学生多为独生子女，由于生存空间与环境的变化，独生子女之间的交往通道变得狭窄、局促，在某种程度下甚至压抑了天性的发展。学会怎样与人相处和交流成了大学生心理素质教育的一项重要内容。

以上是对当代大学生素质的概括性评价，呈现出这样的状态说明素质教育是有效果的。大学教育正在由应试教育转变为素质教育，大学生正逐步走向成熟，他们的综合素质也在不断提高，符合社会发展和进步的趋势，但由于当代大学生是在应试教育的条件下成长起来的，处于一种社会变革激烈和教育模式转变的时期，因而其特点是不稳定、不成熟的，缺乏系统性和认同感。

2. 影响大学生素质的因素

影响大学生素质的因素是多方面的，主要有以下几个方面。

第一，社会环境发生的巨大变化对大学生成才观的影响。大学生也是社会的人，一个人不可能脱离社会而单独存在，社会经济发展必然会影响大学生的成才观。市场经济为大学生施展才能提供了广阔的舞台，经济的发展必然需要大量的人才。"考研热""考证热""外语热"在校园出现。"给头脑充电，为竞争加油"这是当代大学生的口号。这充分表现了市场经济中的大学生成才意识变得更为积极主动。

任何事物的发展有其积极一面，也有其消极的一面。市场经济在肯定个人利益的同时，容易造成个人主义膨胀。过多地考虑个人设计、个人奋斗，从而导致有的大学生缺乏社会责任感。另外，伴随市场经济出现的拜金现象，也导致有的大学生为发财而学习。他们不再注重一个人的道德品质修养和传统的奉献精神，而以一个人赚钱的多少来作为衡量成才的尺度。

第二，大学生自身的因素。大学生一般都处在20岁左右的青春期，这一时期随着生理上的快速发展，大学生有了较强的自我意识，同时市场经济又培养了他们的自主、自立、自强的个性，表现为许多大学生一只脚刚跨进大学，另一只脚便急于跨入社会的现象。因为他们意识到，了解和适应社会，跟学习和掌握专业知识处于同等重要的位置，在实践中锻炼成才成为大学生的共识。同时，市场经济的激烈竞争，使越来越多的大学生感到知识的重要性。书到用时方恨少，他们如饥似渴地去接受新知识，学习过硬的本领，而不满足于本专业的学习。许多大学生利用业余时间学习计算机、外语等知识。这表明，如今的大学生，具有较强的竞争意识，但同时又摆脱不了冲动、简单、片面的一面，部分学生将自主独立等同于个人主义，片面追求个人主义，把个人利益置于国家利益和集体利益之上，将个人利益视为其出发点和归宿，还有些学生片面追求享乐主义，将享乐主义看作人的本性和人生的目的，赶时髦，比阔气，讲排场，追求生活上的高标准、高消费。

[①] 陈子君. 浅析当代大学生的信任危机. 中国电力教育，2014，（2）：245-261.

第三，学校教育的问题。与不断变化了的社会现实生活和大学生的实际情况相比，学校教育出现了一些问题。主要表现在：①对德育教育的重视度不够，德、智、体、美、劳发展不均衡，过度强化智育，与社会主义人才共同的价值要求，即有理想、有道德、有文化、守纪律等有着明显的距离，以至于在高等教育阶段，还在补基础文明、社会公德这一课。②有些学校没有一个适合当代大学生特点的科学的教育体系和教学方法，以至于有些大学生一考进大学，因近期目标消失，便显得无所适从。③表现在学校教育与社会导向的脱节。学校教育与社会的导向是很难分离的，大学不是"世外桃源"，学校教育是为社会培养人才的，要引导大学生逐步适应从校园人向社会人的转变，直面社会，正视现实。引入积极因素，抵御消极因素，造就适合社会需要的合格人才。

纵观大学生的素质现状和形成原因，不难看到，市场经济对大学生素质的形成，有一些负面效应，导致大学生对自身素质的培养，缺乏全面正确的认识，但社会主义的市场经济，既有市场经济的共同性，又有其自身的特殊性。从共性看，市场经济帮助人们确立自立、竞争、效益等观念；从特殊性来看，社会主义市场经济是同社会主义基本制度结合在一起的，要求人们有整体观念、合作观念等，以社会主义特有的精神和道德的力量来达到共同富裕。因此，这就对市场经济中的大学生的素质提出了更高的要求。

1.2　中国学生发展核心素养

从20世纪80年代开始，我国开始步入高速发展的时期，对于人才的需求也开始日益高涨，为解决现代化建设对高素质人才的需求，国家开始推进素质教育的理论研究和实践探索。素质教育理论经过三十多年的发展，日渐丰富与完善，并形成了一个较为严密的理论体系，素质教育实践也取得了一定的成果。但总体而言，素质教育的实践效果并不能令人满意，也未能真正根除应试教育的弊端。2006年一份关于素质教育的调研总报告明确指出："虽然素质教育取得了一定的进展，但仍没有达到预期的效果，造成一些地方素质教育喊得轰轰烈烈，应试教育抓得扎扎实实。"[①] 2010年颁布的《国家中长期教育改革和发展规划纲要（2010—2020年）》则将素质教育实施的窘况表达得更为直接："素质教育推进困难"。素质教育的发展迫切需要开辟一条通往成功大门的路径，而核心素养理念的提出则为素质教育的实践和发展提供了一条路径。

1.2.1　核心素养的含义

"核心素养"（key competencies），key 在英语中有"关键的""必不可少的"等含义。competencies 可以直译为"胜任力"或者"能力"，但从它所包含的内容看，译成汉语的"素养"更为恰当。在英文文献中，competency, competence, literacy 几个词常常互换使用或者并列使用，表达的都是相同的含义，都可以译成"素养"，没有必要刻意做出区分，在翻译问题上也不必聚讼不已。核心素养是21世纪人人都需要具备的关键

---

① 素质教育调研组. 共同的关注——素质教育系统调研. 北京：教育科学出版社，2006：247.

少数高级行为能力。深入认识核心素养的含义，需要关注以下要点。

（1）素养是行为能力，是行为指向或实践导向的，是知识、技能、态度的统整与融合，是知识、技能、态度的超越和统整，是一整套可以被观察、教授、习得和测量的行为。或者说，素养是完成某一情境工作任务所必需的一系列行为模式，这些行为与绩效表现密切相关。

（2）核心素养是21世纪的关键少数素养，不是全面素养或者综合素养。顾名思义，核心素养是指"关键的""必要的""重要的"的素养，是居于核心地位的关键少数素养。核心素养不是面面俱到的全面素养或者综合素养。核心素养的数目绝非多多益善，而是越少越好。正因为如此，才需要通过研究遴选出核心素养。

（3）核心素养是高级素养或者高阶素养，不同于基础素养。基础素养是指人们在日常生活、学习、工作中所需要的基本素养，包括基础性的知识技能，如基本的读写算素养（reading, writing, arithmetic，即 3Rs），以及基本的行为规范要求，如学会排队、遵守交通规则、不乱丢垃圾、不随地吐痰、不高声喧哗等。在21世纪，只具备这些基本素养已经不能适应社会的需要。21世纪要求教育目标改造升级。例如，欧洲联盟的一份研究报告[①]指出，对于成功的成人生活而言，掌握读写算只是"一个必要但不充分的条件"。美国特别强调四个"超级核心素养"即创新能力、批判性思维、合作能力、交流能力（creativity, critical thinking, collaboration, communications，即 4Cs），以超越传统的读写算这一基本素养目标。

（4）经济合作与发展组织关于核心素养的界定。对于核心素养的界定，哲学家、人类学家、心理学家、经济学家、社会学家、教育学家等均在各自的学科背景、个人发展、社会发展的基础上，提出了自己的见解，有些领域的学者甚至建构了自己的理论模型，如钟启泉教授认为"核心素养旨在勾勒新时代新型人才的形象，规约学校教育的方向、内容与方法。所谓'核心素养'指的是，同职业上的实力与人生的成功直接相关地涵盖了社会技能与动机、人格特征在内的统整的能力"[②]。1997年12月，经济合作与发展组织启动了"素养的界定与遴选：理论和概念基础"项目（Definition and Selection of Competencies: Theoretical and Conceptual Foundations，简称 DeSeCo），项目经过许多国家的多年研究，将核心素养定义为："核心素养是指覆盖多个生活领域的，促进成功生活和健全的社会的重要素养。"他们将这种促进成功生活和健全社会的核心素养分为互动地使用工具、自主行动和社会异质团体中互动三个一级指标，其中每个一级指标下又包含三个二级指标，这些核心素养之间是相互影响、相互依存的，并且在具体的情境中，三种核心素养发挥的作用不同，要根据具体的情境来分析核心素养的重要作用。

核心素养是21世纪人人都需要具备的关键少数高级行为能力，是知识、技能、态度的统整与融合。世界范围内的核心素养热潮实质上是教育质量的升级运动，是国际教育竞争的集中反映。中国的核心素养框架要凸显中国立场与主体意识，要反映现实国情

---

① 褚宏启. 核心素养的国际视野与中国立场——21世纪中国的国民素质提升与教育目标转型. 教育研究，2016，37（11）：8-18.

② 钟启泉. 基于核心素养的课程发展：挑战与课题. 全球教育展望，2016，45（1）：3-25.

与未来诉求。创新能力、批判性思维、公民素养、合作与交流能力、自主发展能力、信息素养六种核心素养是中国21世纪现代人素养的清单，为国民素质的提升指明了基本方向，也为推进教育现代化确定了战略重点，核心素养即是在此背景下提出来的。

1.2.2 中国学生发展核心素养的提出

党的十八大提出把立德树人作为教育工作的根本任务，开始从国家层面更加深入系统地考虑"教育要立什么样的德、树什么样的人"或者说"教育要培养什么样的人"这一根本问题。面对这一时代命题，我国学生发展核心素养研究团队承担了教育部的这项重大委托课题，遴选和界定我国学生发展的核心素养，即21世纪我国学生应具备的、能够适应终身发展和社会发展需要的必备品格和关键能力。整个研究历时三年多，由北京师范大学牵头，涉及北京师范大学、华南师范大学、河南大学、山东师范大学和辽宁师范大学共5所高校的96名研究人员。研制工作主要包括四个方面。第一，借鉴自上而下的研究思路，通过核心素养的基础理论研究、国际比较研究、教育政策研究、传统文化分析等，开展学生发展核心素养的理论研究。第二，基于自下而上的研究思路，采用专家焦点小组访谈、个别化访谈、问卷调查等方法，广泛调查了代表十类社会群体的608名有影响力的教育家、大中小学校长、学科专家、企业家等，形成约351万字的录音转录文本等支撑材料，归纳梳理社会民众对学生在21世纪应具备的核心素养的期望和要求，为充分把握现实需求、建构符合国情特点的学生发展核心素养框架提供依据。第三，通过专家座谈、意见调研等方式，整合两种研究思路下的研究成果，形成初步的学生发展核心素养总框架。第四，意见征询与效度验证。先后召开20余次研讨会，全方位、多层次听取和吸收各方意见，反复修改完善，最终形成研究成果。

在研究我国学生发展核心素养的过程中，研究团队重点把握了三个方面的原则。第一，科学性。研究过程以人的全面发展为出发点，基于学生身心发展规律和教育教学实践活动规律，采用科学的手段和方法，进行核心素养指标的遴选与界定，确保研究过程的严谨性和系统性。第二，时代性。学生发展核心素养指标的遴选要面向未来，反映时代发展需求，体现新时期社会对人才的新要求。21世纪的社会不同于农业社会和工业社会，而是以知识经济、信息化、全球化为特征的新社会，其复杂性更高、变化更快、不确定性更大，要求劳动力有更强的适应变化的能力、解决复杂问题的能力、交流与合作的能力以及使用现代信息技术的能力。第三，民族性。核心素养研究必须根植于本民族的文化历史土壤之中。中华文明源远流长，在丰富的传统文化思想以及独具特色的传统教育体系中，蕴含了诸多对人才培养和教育的思考。因此，我们在研究中应充分考虑我国的国情特色，立足我国的实际情况和历史文化特点，体现中华优秀传统文化的继承与创新。

1.2.3 中国学生发展核心素养的基本内涵和主要表现

学生发展核心素养，主要是指学生应具备的，能够适应终身发展和社会发展需要的必备品格和关键能力。核心素养是学生知识、技能、情感、态度、价值观等多方面要求的综合表现，是每一名学生获得成功生活、适应个人终身发展和社会发展需要的、不可或缺的共同素养；其发展是一个持续终身的过程，可教可学，最初在家庭和学校中培养，随后在一生中不断完善。

结合国内外的相关研究，我们认为，学生核心素养的内涵主要体现在以下几个方面。

首先，核心素养之"核心"体现在学生终身学习与全面发展所必需的"最关键、最必要"的能力和品格上。"学生发展核心素养，主要是指学生应具备的，能够适应终身发展和社会发展需要的必备品格和关键能力。"[①]它强调能力与品格并重，是个体能够适应当下及未来社会所需的知识、能力和情感态度等基础性素养的高度凝练，是超越学科界限且适用于所有人的必备品格和关键能力。

其次，核心素养强调个人发展需求与适应国内和国际社会发展需要的整合。2010年颁布的《国家中长期教育改革和发展规划纲要（2010—2020年）》强调"把提高质量作为教育改革发展的核心任务。树立科学的质量观，把促进人的全面发展、适应社会需要作为衡量教育质量的根本标准"。在2016年颁布的《中国学生发展核心素养》总体框架中（图1-1），从文化基础、自主发展、社会参与三个方面有机地整合了个人、社会和国家对学生发展的要求，而从欧洲联盟和经济合作与发展组织对核心素养内涵的阐释、新加坡和美国所构建的核心素养框架中也可以看到人本身的发展、适应国内和国际社会需要的重要性。因此，个人的健全发展及有效地适应国内和国际社会发展的需要应是衡量核心素养发展水平的重要指标。

最后，核心素养是学生发展的文化性、自主性与社会性的融合与统一。文化性、自主性与社会性具体体现在文化基础、自主发展与社会参与三个维度中。文化基础强调人文与科学融合，使人文底蕴的奠定和科学精神的培养相得益彰；自主发展强调学生对学习与生活事务的自主管理，能够正确地认识自我，挖掘自身的潜力，努力追求生命的意义和价值；社会参与强调学生对自我与社会的正确体认及对二者关系的妥善处理，能够明确自己的责任、锻炼自己的实践能力、提升自己的创新能力，成为有责任感、勇于担当、善于解决各种实际问题、富于创新性的一代新人。

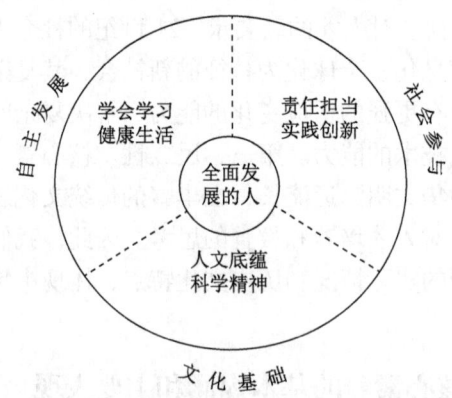

图1-1 《中国学生发展核心素养》总体框架

---

① 林崇德.21世纪学生核心素养发展研究.北京：北京师范大学出版社，2016：29.

1. 基本内涵

文化基础：文化是人存在的根和魂。文化基础，重在强调学生能习得人文、科学等各领域的知识和技能，掌握和运用人类优秀智慧成果，涵养内在精神，追求真善美的统一，发展成为有宽厚文化基础、有更高精神追求的人。

（1）人文底蕴。主要是学生在学习、理解、运用人文领域知识和技能等方面所形成的基本能力、情感态度和价值取向，具体包括人文积淀、人文情怀和审美情趣等基本要点。

（2）科学精神。主要是学生在学习、理解、运用科学知识和技能等方面所形成的价值标准、思维方式和行为表现，具体包括理性思维、批判质疑、勇于探究等基本要点。

自主发展：自主性是人作为主体的根本属性。自主发展，重在强调学生能有效管理自己的学习和生活，认识和发现自我价值，发掘自身潜力，有效应对复杂多变的环境，成就出彩人生，发展成为有明确人生方向、有生活品质的人。

（1）学会学习。主要是学生在学习意识形成、学习方式方法选择、学习进程评估调控等方面的综合表现，具体包括乐学善学、勤于反思、有信息意识等基本要点。

（2）健康生活。主要是学生在认识自我、发展身心、规划人生等方面的综合表现，具体包括珍爱生命、健全人格、自我管理等基本要点。

社会参与：社会性是人的本质属性。社会参与，重在强调学生能处理好自我与社会的关系，养成现代公民所必须遵守和履行的道德准则和行为规范，增强社会责任感，提升创新精神和实践能力，促进个人价值实现，推动社会发展进步，发展成为有理想信念、敢于担当的人。

（1）责任担当。主要是学生在处理与社会、国家、国际等关系方面所形成的情感态度、价值取向和行为方式，具体包括社会责任、国家认同、国际理解等基本要点。

（2）实践创新。主要是学生在日常活动、问题解决、适应挑战等方面所形成的实践能力、创新意识和行为表现，具体包括劳动意识、问题解决、技术运用等基本要点。

2. 主要表现

1）文化基础——人文底蕴

（1）人文积淀重点：具有古今中外人文领域基本知识和成果的积累；能理解和掌握人文思想中所蕴含的认识方法和实践方法等。

（2）人文情怀重点：具有以人为本的意识，尊重、维护人的尊严和价值；能关切人的生存、发展和幸福等。

（3）审美情趣重点：具有艺术知识、技能与方法的积累；能理解和尊重文化艺术的多样性，具有发现美、感知美、欣赏美、评价美的意识和基本能力；具有健康的审美价值取向；具有艺术表达和创意表现的兴趣和意识，能在生活中拓展美和升华美等。

2）文化基础——科学精神

（1）理性思维重点：崇尚真知，能理解和掌握基本的科学原理和方法；尊重事实和证据，有实证意识和严谨的求知态度；逻辑清晰，能运用科学的思维方式认识事物、解决问题、指导行为等。

（2）批判质疑重点：具有问题意识；能独立思考、独立判断；思维缜密，能多角度、辩证地分析问题，做出选择和决定等。

（3）勇于探究重点：具有好奇心和想象力；能不畏困难，有坚持不懈的探索精神；能大胆尝试，积极寻求有效的问题解决方法等。

3）自主发展——学会学习

（1）乐学善学重点：能正确认识和理解学习的价值，具有积极的学习态度和浓厚的学习兴趣；能养成良好的学习习惯，掌握适合自身的学习方法；能自主学习，具有终身学习的意识和能力等。

（2）勤于反思重点：具有对自己的学习状态进行审视的意识和习惯，善于总结经验；能够根据不同情境和自身实际，选择或调整学习策略和方法等。

（3）有信息意识重点：能自觉有效地获取、评估、鉴别、使用信息；具有数字化生存能力，主动适应"互联网+"等社会信息化发展趋势；具有网络伦理道德与信息安全意识等。

4）自主发展——健康生活

（1）珍爱生命重点：理解生命意义和人生价值；具有安全意识与自我保护能力；掌握适合自身的运动方法和技能，养成健康文明的行为习惯和生活方式等。

（2）健全人格重点：具有积极的心理品质，自信自爱、坚韧乐观；有自制力，能调节和管理自己的情绪，具有抗挫折能力等。

（3）自我管理重点：能正确认识与评估自我；依据自身个性和潜质选择适合的发展方向；合理分配和使用时间与精力；具有达成目标的持续行动力等。

5）社会参与——责任担当

（1）社会责任重点：自尊自律，文明礼貌，诚信友善，宽和待人；孝亲敬长，有感恩之心；热心公益和志愿服务，敬业奉献，具有团队意识和互助精神；能主动作为，履职尽责，对自我和他人负责；能明辨是非，具有规则与法治意识，积极履行公民义务，理性行使公民权利；崇尚自由平等，能维护社会公平正义；热爱并尊重自然，具有绿色生活方式和可持续发展理念及行动等。

（2）国家认同重点：具有国家意识，了解国情历史，认同国民身份，能自觉捍卫国家主权、尊严和利益；具有文化自信，尊重中华民族的优秀文明成果，能传播、弘扬中华优秀传统文化和社会主义先进文化；了解中国共产党的历史和光荣传统，具有热爱党、拥护党的意识和行动；理解、接受并自觉践行社会主义核心价值观，具有中国特色社会主义共同理想，有为实现中华民族伟大复兴的中国梦而不懈奋斗的信念和行动。

（3）国际理解重点：具有全球意识和开放的心态，了解人类文明进程和世界发展动态；能尊重世界多元文化的多样性和差异性，积极参与跨文化交流；关注人类面临的全球性挑战，理解人类命运共同体的内涵与价值等。

6）社会参与——实践创新

（1）劳动意识重点：尊重劳动，具有积极的劳动态度和良好的劳动习惯；具有动手操作能力，掌握一定的劳动技能；在主动参加的家务劳动、生产劳动、公益活动和社会实践中，具有改进和创新劳动方式、提高劳动效率的意识；具有通过诚实合法劳动创造成功生活的意识和行动等。

（2）问题解决重点：善于发现和提出问题，有解决问题的兴趣和热情；能依据特定情境和具体条件，选择制订合理的解决方案；具有在复杂环境中行动的能力等。

（3）技术运用重点：理解技术与人类文明的有机联系，具有学习掌握技术的兴趣和意愿；具有工程思维，能将创意和方案转化为有形物品或对已有物品进行改进与优化等。

1.2.4 中国学生发展核心素养的本质

首先，核心素养关注的是人，核心素养的提出与明晰促使教育发生重大转向。不言而喻，核心素养是人所应具备的品格和能力，离开人，就无所谓有无核心素养；离开人，核心素养就失去了存在的主体，也就失去了价值意义。事实上，忽略人、忽略学生发展的情况在教育实践中时有发生，有时甚至到了熟视无睹、司空见惯的程度，最为突出的就是，在有的地方和学校，只见课程不见人，只看教材不看人，只有教学没有人，学生被遮蔽了，学生不见了。课程、教材、教学都是为了学生的学习和发展存在的，课程、教材、教学的价值就体现在学生的学习和发展上，学生缺席了，课程、教材还有价值吗？教学还能真正发生吗？有一个问题必须正面回答：几乎所有的学校，没有一个不说自己是以学生为中心的、全面育人的，这个口号已喊了几十年，还在不断重复，而且越喊越响，但它们真正做到了吗？答案是否定的。原因很复杂，我们必须承认，对于培养什么人、怎样培养人的要求不明确、不具体，这是其中重要原因之一。当然，我们不能无限放大核心素养的作用，以为它可以解决所有问题，但无可非议的是，核心素养可以引导我们实现教学目的转移，从教知识转向对学生素养的培养，从追求分数、片面追求升学率转向对学生的品格、能力培养，确立课程育人、教学育人的核心理念，并使之成为教育信念，这样，以学生发展为本才能真正得到落实。面对这一重大转向，我们认识到了吗？我们有决心吗？我们准备好了吗？我们必须回答。

其次，教育的重大转向，要求基于核心素养，努力探索、建构具有中国特色的育人模式——立德树人。任何教育都在建构自己的育人模式，问题在于建构的是什么样的育人模式，育什么样的人。值得注意的是，核心素养是落实立德树人根本任务的一个重要举措，而立德树人这一根本任务就是要建构具有中国特色的育人模式。所谓立德树人，解决的根本问题就是"立什么样的德、树什么样的人"[①]。核心素养非常明确地回答了"树什么样的人"的问题，即规定了人必备的品格和关键能力。不仅如此，核心素养的内涵中，非常明确地将人的道德素养置于重要地位，比如家国情怀、责任担当等。同时，核心素养也回应了"为什么要通过立德来树人"的问题。核心素养与核心价值观都属于价值范畴。对核心价值观的精辟解释："核心价值观其实就是一种德，既是个人的德，也是一种大德，就是国家的德、社会的德。国无德不兴，人无德不立。"[②]而伦理道德正是

[①] 白显良，崔建西. 新时代立德树人的价值定位、时代内涵与实践要旨. 思想理论教育，2018，（11）：4-9.

[②] 陈延斌. 明确"核心价值观是一种德"的现实意义. 光明日报，2014-11-19（013）.

中华优秀文化传统的底色和本色，立德树人是具有中华文化特色又具有时代特点的育人模式。核心素养—立德树人—育人模式，形成了鲜明的逻辑线索。研究、落实核心素养，最为根本的意义就是推动教育的转向，在探索中建构育人模式。在这育人模式下，各地、各学校又可形成具有校本特点的育人模式。

最后，核心素养深层次的意义还在于我们要学会改变。联合国教科文组织在20世纪70年代就对学生发展提出了"四个学会"，即"四根支柱"的要求：学会求知、学会做事、学会共处、学会生存。21世纪初，联合国教科文组织又提出了第五根支柱，即学会改变。社会在改变，时代在改变，国家也在改变，改变即创新，创新引领改变，改变与创新是时代的主题。学会改变，就是要主动适应社会，并且促进社会的进步，说到底，学会改变就是要改变自己。不论核心素养是怎么规定、怎么表述的，学会改变这一核心要义就包含在核心素养之中。促进学生核心素养的发展，既要求帮助学生形成较为稳定的核心素养，又要求帮助学生完成创新思维品质的提升和探究方式的建构。必备品格和关键能力不是封闭的而是开放的，不是静止的而是发展的，学生正是在这样的核心素养引领下，走向世界，走向未来。要想认识与把握核心素养，不认识和把握"学会改变"这一实质要义是不行的。

1.2.5 中国学生发展核心素养的特征

综合世界各个国家（地区）以及国际组织对核心素养概念内涵的界定，同时考虑到不同学科视角对核心素养的认识以及我国的现实需求和教育实际，可以将其界定为：核心素养是学生在接受相应学段教育过程中，逐步形成的适应个人终身发展和社会发展需要的必备品格与关键能力。它是关于学生知识、技能、情感、态度、价值观等多方面要求的结合体；它指向过程，关注学生在其培养过程中的体悟，而非结果导向；同时，核心素养兼具稳定性、开放性与发展性等特性，其生成与提炼是在与时俱进的动态优化过程中完成的，是个体能够适应未来社会、促进终身学习、实现全面发展的基本保障。同时，我们认为学生发展核心素养具备以下三个特征。

第一，学生发展核心素养具有共同性。学生发展核心素养一定是社会群体成员共有的素养，也是每一名学生获得成功生活、适应个人终身发展和社会发展都需要的、不可或缺的共同素养。核心素养的共同性、基础性使它有别于具体职业中的专业素养。专业素养是个人职业生涯发展中成功完成每一项专业工作所需具备的知识、能力与态度，其强调的是就业训练价值功能与结果本位导向功能，面向的是特定行业人员；核心素养则是每名社会成员为了顺利地生活和工作所需具备的基本知识、能力与态度，其强调的是教育价值功能与过程本位导向功能，面向的是社会全体成员。

第二，学生发展核心素养具有发展性。这里所说的发展性一方面体现在学生发展核心素养的连续性和阶段性上：核心素养的形成不是一蹴而就的，而是具有终身的连续性，最初在学校中培养，随后在一生中不断发展完善；同时，个体不同人生阶段中的着重点有所不同，不同教育阶段（小学、初中、高中、大学等）对某些核心素养的培养也存在不同的敏感性，即一些核心素养在特定的教育阶段可能更容易取得良好的培养效果。另一方面，发展性还体现在学生发展核心素养体系构建必须尊重学生身心发展规律，按照学生发展的敏感期，合理设置发展目标，不能跨越，更不能颠倒。当前学生学习和教师教学的负担仍比较重，总有一些人认为儿童有许多基础知识和技能需要学习，甚至认为现在教育提供的还不够。其实这些观点已违背了儿童的身心发展规律，提供过多而不能被其接受的学习内容，不但对他们掌握这些内容没有帮助，还会阻碍其他素养（如创新等）的形成。

第三，学生发展核心素养可教可学。核心素养是在先天遗传的基础上，综合后天环境的影响而获得的，可以通过接受教育来形成和发展。广义而言，有些素养是先天的，有些素养是后天习得的。经济合作与发展组织、欧洲联盟等把教育过程中的素养界定为通过学习而来，即使某些素养存在先天潜能的发展，这些素养也必须是可教、可学的，需要通过有意识的教育过程进行培养，需要经过学生的学习积累获得。也就是说，素养并非与生俱来的，而是通过后天教育得到发展的知识、能力与态度等。因此，核心素养主要是后天学习的结果，可以通过各教育阶段的课程设计与教学实施加以培养。培养的过程侧重学生的自主探究和自我体验，更多地依靠学生自身在实践中的摸索、积累和体悟，是个体认知与元认知构建的过程，是个体在外界引导下的自我发展、自我超越和自我升华的过程。

1.3 大学生发展核心素养有关问题的探讨

以学生发展核心素养研究的成果来丰富和完善素质教育命题，我们一方面可以更加清楚地认识到素质教育这一命题的独特价值；另一方面，可以进一步理清推进素质教育的思路，站在新的历史起点上寻求素质教育的新突破。

1.3.1 学生发展核心素养是素质教育的新阶段

素质教育的发展迫切需要开辟一条通往成功大门的路径，而核心素养理念的提出则为素质教育的实践和发展提供了一条路径。

首先，核心素养养成是实施和推进素质教育发展的关键。从《中国学生发展核心素养》的总体框架中可以看出，核心素养和素质教育的核心都是促进人的全面发展，两者所要实现的目标是相同的，但素质教育所强调的素质是全面素质，而核心素养则侧重于关键素养，它是全面素质的重要组成部分，更是全面素质发展的"核心"，是决定全面素质发展水平的必要而关键的要素，是实现个人全面发展所必须具备的品格和能力。因此，核心素养的培养和发展，必将成为素质教育实施和发展的关键。

其次，核心素养理念将有效促进评价方式变革，以真正推进素质教育。素质教育推进困难的一个重要原因就是部分学校评价唯考试是从、以分数论成败，将学生局限在书本和死记硬背中，使学生难以得到全面素质的培养和发展，而建立以学生核心素养发展为基础的系统而具体的评价指标，将促使学校教育从只注重培养学生单项知识技能转向全方位评价学生，以核心素养带动其他素养的提升，更好地实现素质教育的发展目标。

再次，核心素养是对素质教育的发扬和完善。核心素养虽是从国外引进的术语，但其基本内涵与素质教育是有共同之处的，即都强调素质的培养，而核心素养理念在我国的兴起，其中一个重要目的是解决素质教育面临的困境、更好地推进素质教育，因此，它基于素质教育更高于素质教育。核心素养是对素质教育培养目标的细化和深化，可使素质教育更具操作性，更易于融入教育实践，也能更好地促进自身的发展和完善。

最后，核心素养是推进和落实素质教育的着力点。中国的素质教育是针对"中国的问题"而提出来的，它以"中国的方式"推进，被赋予了更多的"中国特色"。我国的素质教育经过几十年的发展，其思想理念已经深入我国每个教育工作者的脑海之中，并上升为国家的教育方针政策，导引着具体的教育实践工作。因此，核心素养理念的提出和内容框架的确定，并不意味着要另起炉灶、另搞一套，更不能成为取缔素质教育的借口，相反，它应成为推进和落实素质教育的着力点。

这主要体现在三个方面：第一，核心素养框架体系三大素养的要求更为明确，目标更为具体，更容易让教育实践工作者理解与把握，便于教育实践工作者操作和实施，也利于教育监督部门的考查和评估，以避免改革目标与实际需要及操作相脱节，使素质教育改革的各项要求与目标能够得到真正的落实。第二，课程与教学的内容可以根据核心素养框架体系进行精心选择，以真正扭转学科本位、知识中心的教学模式，建构结构合理、内容丰富、形态多样的素质教育课程体系，使学生在知识、能力、情意、道德、审美等方面得到全面发展，最终实现素质教育的发展目标。第三，以学生核心素养的养成为总的出发点，会让学校课程的设计更加科学合理，使教学的实施更具成效，让学生的素质生成更具整体性，这也必将更好地推进素质教育的发展。

1.3.2 大学生发展核心素养对素质教育的重要意义和价值

2016年9月13日上午，中国学生发展核心素养研究成果发布会在北京师范大学举行，正式公布了《中国学生发展核心素养》的总体框架。构建核心素养的框架体系，养成学生的核心素养，已经成为基础教育改革与发展的重要课题。那么，大学生核心素养的提出对素质教育的发展有什么意义和价值呢？素质教育发展如何才能与核心素养的养成融合起来呢？这就需要弄清楚核心素养的养成对素质教育发展的意义和价值。

一是落实高等教育立德树人根本任务的需要。《国家中长期教育改革和发展规划纲要（2010—2020年）》明确提出要"树立科学的质量观，把促进人的全面发展、适应社会需要作为衡量教育质量的根本标准"，促进人的全面发展、适应社会需要也应该作为开发学生核心素养框架的标准，核心素养主要指学生应具备的能够适应终身发展和社会发展需要的必备品格和关键能力，同时应该兼具个人价值和社会价值，并把二者有机结合起来。大学生素养的培养，是高校思想政治教育工作的重要内容之一，如何开展、以何种形式开展大学生素养教育是大学生良好素养形成的重要环节。

二是实现中华民族伟大复兴的需要。我国社会主义现代化建设进入重要的时期，人才成为经济社会发展的重要组成部分，但目前我国高校毕业生在核心素养方面普遍存在社会责任意识不强、理想信念淡化、创新创业能力欠缺等方面的问题，造成这些问题的原因一方面与我国的应试教育有关，学校在考核学生的时候更多的是关注学生的学习成绩而对于学生的思想道德修养、文体艺术、人际交往沟通等方面重视不够；另一方面是学生本身对自身素养的形成不重视，不少学生我行我素，不愿意受到约束，影响了核心素养的形成。要实现中华民族伟大复兴的中国梦需要培养和造就千千万万个有较高核心素养的大学生，这也是高等教育的重要责任。

三是适应改革发展，增强大学生国际竞争力的需要。随着经济全球化的发展和改革开放的不断深入，外资企业不断进入我国市场。面对日趋激烈的国际竞争形势，必须增强大学生的核心素养培养，适应经济全球化的发展趋势，例如目前国内很多高校正在实施的专业认证教育，我们的大学生要走出国门，与国外大学生同台竞争，这就要求我们有国际化的视野，结合社会主义核心价值观不断提高大学生的核心素养，增强大学生的国际竞争力，进而增强国家的竞争力。

1.4 阅读材料及思考与实践

1.4.1 精选案例

陕西国际商贸学院特训队素质教育纪实

在陕西国际商贸学院的校园里，活跃着一支穿着绿色迷彩服或者看似正规军军服的教官队伍，说他们是学生，他们又像军人，说他们是军人，而他们的真实身份是学生。这支队伍，从2000年诞生至2015年，已走过了整整十五年的历程。十五年来，他们一届一届沿袭和传承，成为陕西国际商贸学院校园内一道亮丽的风景线。

1. 素质教育的号角催生了特训队

1999年6月，《中共中央国务院关于深化教育改革，全面推进素质教育的决定》指出："全面推进素质教育，要面向现代化、面向世界、面向未来，使受教育者坚持学习科学文化与加强思想修养的统一，坚持学习书本知识与投身社会实践的统一，坚持实现自身价值与服务祖国人民的统一，坚持树立远大理想与进行艰苦奋斗的统一。""实施素质教育，必须把德育、智育、体育、美育等有机地统一在教育活动的各个环节中"，同时还指出要"加强民族团结教育，规范国防教育，提高学生的国家安全意识，继续搞好军训工作并使之制度化。"

作为民办学校，如何进行素质教育？学校领导深思熟虑，提出把素质教育作为教学改革的重要方面，贯穿于教育教学整个过程，为素质教育搭建平台，建立载体，把素质教育落在实处，于是陕西国际商贸学院综合素质特殊训练队（简称特训队）就应运而生了。最初特训队的宗旨和思路，就是通过独特的体制和机制，以社团形式组建，以自愿参加为原则，以军事化管理为途径，以军事素质训练为目的，以培训新生教官、承担新生军训为目标，提升大学生的综合素质，把特训队打造成省级优秀社团和素质教育的一面旗帜。

2000年10月，特训队宣告成立。2000年至2015年特训队已伴随着陕西国际商贸学院走过了十五年的路程。十五年来一届接一届，一届传一届，特训队的接力棒一直在传递着，特训队队员在前辈足迹的基础上不断地成长、壮大，不断地总结、完善、改革、创新，给校园增加了青春活力和特殊的气质、特殊的品牌。特训队十五年的成长与坚守，得益于学校历任领导都把特训队作为一面旗帜、一块综合素质教改的试验基地、一支隶属于学校自己的"学生王牌军"，因而学校历任领导给予了特训队细心的培育和呵护。

2. 以军事素质训练为切入，为学校培养军训教官

推进大学生素质教育，是一项系统工程。素质教育的内容包括政治素质、思想品德素质、文化素质、身心素质、艺术素质、国防素质等。对大学生进行素质教育，必须要有切入点和平台，不能空对空。通过什么样的方法途径才能见效？这引起了校领导和特训队指导老师的关注和深思，首先选择了以军事素质为基础，以军事化要求、实施军事化管理为途径，以为学校培养军训教官为基本目标，全面提升特训队队员的综合素质。2008年时任学生处学生科科长的陈建利接手特训队指导老师一职，他大胆地提出改革之路，按照军队管理模式，从平时到训练，从服装到言行，从军容风纪到军人养成，一切仿照军队做法，实行军事化管理，从此这支特训队在学生干部和老师的努力下一步一步走向"正规军"之路。他们除了上课，课外规定了严格的训练时间。每天清晨五点半他们就准时进入训练场进行一个多小时的晨练，每天下午五点半准时又在校门前广场集合进行一个小时的训练，有时中午和晚上还要加训。无论风吹雨打，严寒酷暑，每天如此，就连周末也要抽出两三个小时进行训练。

特训队作为特殊素质训练队，军事化训练自然是必修之课。每一届特训队成员首先是经过新生入校军训后在自愿报名的基础上严格选拔出来的，但是仅仅接受过训练，还不能成为特训队队员，还必须经过特训队考察、选拔，并进行一段时间的再军训和考核才能最终成为特训队队员。凡是进入特训队的队员，首先要进行队列训练、军事体能训练、军容风纪训练、军事项目的基本训练、徒手擒拿训练、军事格斗训练等。如果想成为军训教官，还要进行严格选拔和考核，特别是要考察两种能力：带兵能力和指挥能力，同时也要对教官进行适当的素质训练。十余年来，军事科目训练是特训队的基础训练，正是这种严格的军事训练，造就了他们的军事素质和基本技能，使他们能够承担对新生的军事训练任务。

特训队组建时所定的一项任务就是对新生实施军训，通过对新生进行军训，提高特训队员的思想、军事素质和指挥才能。从特训队成立以来，学校就把新生的军训任务交给特训队。由学校组建军训领导小组，具体实施由学生处老师指导，对新生进行军事训练。组建初期，人们对特训队能否完成军事训练，能否使新生军训达到正规军训练效果，能否管得住新生，新生是否能够接纳他们的训练等产生过怀疑。十五年的成长与坚守，特训队用事实消除了师生的顾虑。每年新生军训时，新生并不知道这些教官是他们的学长，只有军事训练完了之后，他们才恍然大悟，知道训练他们的是学长，惊叹之余，不是生气，而是更加佩服，这也许就是特训队十五年成长与坚守的"传承基因"。

在十五年的成长过程中，许多同学都既想当兵，又想当统率军训大军的教官。但是，要想当教官，必须先当好兵，练就一身过硬的军事技能和统率大军的指挥才能。参加特训队的队员，每年都有二百人左右，经过几轮筛选和淘汰，能够坚持下来的也就百十来人，而能够入选军训教官的不过也就四五十人。尽管如此，有一种信念始终在支持着特训队队员想当教官的想法，这就是：理想。一位队员在日记中写道：诗人流沙河的《理想》是这样说的，理想是石，敲出星星之火；理想是火，点燃熄灭的灯；理想是灯，照亮夜行的路；理想是路，引你走向黎明。目标在人的一生中具有引导和动力保障作用，不可不重视。拿破仑曾经说过：一个不想当元帅的士兵不是一个好士兵。理想与目标在特训队的队员看来就是"人人都想当教官"，一个信念就是"不想当教官的士兵不是好士兵"。因为每个人都要有属于自己的梦想，这是奋斗的目标，也是前进的动力。只有有了前进的动力，生活才会丰富多彩，这也许就是特训队队员坚守的根本所在。据统计，从2000年开始，特训队共承担了十四届新生的军训任务，总人数大概三万人，为学校节省经费四五百万元。

3. 以爱国主义为动力，培养大学生爱国主义情怀

对大学生进行爱国主义教育是实施素质教育的根本所在。特训队在十五年的成长与坚守过程中，始终把国防教育作为爱国主义教育的重要组成部分，注意培养大学生的报国之志和爱国主义情怀。升国旗是对大学生进行爱国主义、国防教育的重要形式之一。学校领导认为，特训队既然有良好的军事素质，何不像天安门广场国旗班一样组成我们自己的国旗班？领导的想法和特训队一对接，双方一拍即合，随即学校从特训队严格挑选了四五十位精干标致、个头高矮一样、军事素质过硬的队员正式组成了国旗班，负责每周一的升国旗仪式。学校专门为他们配备了仪仗队礼服和仿真枪，自国旗班组建之后，陕西国际商贸学院的升国旗仪式便成为学校的一个亮点。近几年来，特训队换了一届又一届，而国旗班升国旗的仪式也持续传承了下来。每当周一国旗班队员整装出发，迈着整齐矫健的步伐走向国旗台的时候，全校师生无不为国旗班庄重严肃的气氛和过硬的军事素质赞叹，在赞叹之余，师生的爱国情怀和冉冉升起的五星红旗一起升腾。

4. 以自律自强为根本，实现自我教育管理的目标

推进素质教育，就是要使大学生建立自信、自强、自律、自控意识，自信是基础，自强是目标，自律是根本，自控是境界。正是出于这一点，特训队组队的组织目标是：在自我教育、自我管理、自我服务引导下建设成为积极进取、诚实团结、纪律严明、作风过硬、敢于吃苦、乐于奉献、大胆创新、追求卓越的积极向上的团队，成为学习生活的大舞台、铸造人才的大熔炉、展示才华的大平台、学生的排头兵、学校的风景线。十五年的坚守，之所以他们能够带兵完成军训任务，一是他们有着过硬的军事素质，二是他们有着严格的纪律和严谨的作风，三是他们自律自强，不怕苦不怕累，不甘落后，四是他们有着强有力的团队精神。他们的自律精神表现最突出的就是，每当特训队员走在校园里，只要是二人以上，都会自然形成"二人为行，三人为列"，都像军人一样迈着军人的步伐，从不当散兵。每当排队时，只要有一个人先到，他就会笔挺地站着自觉当好排头兵。特训队虽然有指导老师，但他们并不依靠指导老师，而是大胆地实行自我教育、自我管理、自我服务。在十几年的成长中，他们坚持团队精神，以"官教兵、兵教兵"的方式一届一届地传承，从没有中断，尤其是从特训队员成长起来能够实现军训带兵的教官，比别人要吃更多苦头，更要练就一身过硬的本领才能当上教官，而这一切都是在自觉、自律、自我教育、自我管理和自我服务中形成的品质。

5. 以锻炼毅力为基础，培养学生坚韧不拔的精神

推进素质教育包括强健的体魄和健康心理素质的培育。特训队十五年的成长，既考验着每个队员的体质，也考验着每个队员的心理素质，如果要在特训队坚持下去，必须有良好的身心素质和坚强的毅力。虽然每个特训队员只在特训队里待上一年或两年，但就是这一两年，没有强健的体魄，没有坚强的毅力和良好的心理素质，没有吃苦耐劳的精神，是无法坚持到底的。

那么，到底是什么精神在支撑着特训队成长？是什么精神能够让"80后""90后"的"文弱书生"一个个坚持下来呢？难道是训练不够苦，难道是特训队要求不严？不是的，恰恰相反。特训队训练是严格的，甚至是严酷的。无论是天晴下雨，无论是严寒酷暑，无论是白天黑夜，无论是冰天雪地，只要是训练时间，他们都要进行训练。有时冒雨训练或者摸爬滚打，老师们都有点心疼他们，但是队员们照样坚持下来了。是什么精神在激励着特训队呢？这从他们总结凝练的特训队文化精髓中就可以看出：自强不息、敢于拼搏、积极进取、乐于奉献、追求卓越、敢为人前。这种文化的熏陶和想当教官的梦想，才是特训队成长与坚守的根本。特训队队员自己总结说："在学院的文化熏陶下，在院领导的引导和老师的带领下，本着'能者上、平者让、庸者下、劣者汰'的用人原则，以中国人民解放军三大条令为依据，以商贸学院的文化精神为核心，以学院的要求和行为准则为行动方向，结合学院的各项制度不断地在艰难困苦中磨炼自己，挑战自己的极限，挖掘自己的潜能，在奋进中告诫自己，在失败中总结教训，在现实中完善自己，在摸索中前进，打造和培养队员的团队意识。在学院各级领导和师生的关怀下，在各位'前辈'和我们的努力之下，特训队正以自己沸腾的血液和自己的脊梁为商贸学院贡献力量，尽自己的责任，被院领导誉为商院的排头兵、风景线、形象树、擎天柱。"一位同学在题记中写道：以一种锻炼自己的信念来到了特训队，经过一年的训练，我学到了很多，不光是军事动作，更重要的是做人！另一位队员在军训感言中写道：十八九岁的我们承载着无数的梦。在训练场上，我们明白了什么是坚强。军训对我们来说是一种考验，坚定的信念会使我们乘风破浪。我相信：吃得苦中苦，方为人上人。

6. 以军学两用为方向，培养大学生就业创业能力

推进大学生素质教育其实质是要让学生获益，落脚到培养大学生创新创业意识和能力上来。陕西国际商贸学院特训队十五年的成长与坚守实现了素质教育的初衷和目标。一是培养了学生的军事素质和军事指挥才能，增强了大学生的国防意识和爱国主义情怀；二是培养了大学生的自信、自强、自律、自控意识，实现了大学生自我教育、自我管理、自我服务的统一；三是培养了大学生克服困难、不怕苦不怕累、顽强拼搏、勇于争先的竞争意识；四是培养了大学生良好的身心素质，锻炼了大学生坚强的意志和品质；五是培养了大学生的团队合作和创新创业精神。

正是在特训队练就了过硬的素质和军事技能，特训队队员得到了社会的认可甚至部队的重视。到了征兵季节，特训队队员也受到征兵部队的青睐。特训队成立十五年，据不完全统计，从特训队走出了十余位军人，现在有的已经退役，有的还在服役，有的还当了军官。特训队还是学生就业和自主创业的培育基地，平时练就的过硬军事素质，为他们成才奠定了良好基础，有的队员还受聘于其他学校当军训教官。历届毕业的特训队队员，他们不仅把学到的知识、组织和管理能力运用到工作岗位上，而且把特训队的管理模式和管理经验用到自己的事业开拓之中。

回顾陕西国际商贸学院特训队的成长与坚守，特训队作为素质教育的一个试点，无疑有很多值得总结和推广的价值。特训队的成长有着学校领导的大力支持和关心，有着老师的精心指导和培育，更重要的是特训队的学生实现了从无拘无束到自我约束、自我教育、自我管理意识的内化，从自由自在到自律、自强的内化，从大学生到"特训队队员、军训教官"的内化，从形体健身到人格精神的内化，从这些方面来看，特训队这个平台为推进大学生素质教育提供了一个实验基地。

1.4.2 精选故事

匠人须知三十条

1. 进入作业场所前，必须先学会打招呼。

好的打招呼方式是要让人由衷微笑。积极地与人打招呼，可以活跃交流的气氛。

2. 进入作业场所前，必须先学会联络、报告、协商。

信息共用，能够让自己和周围的人都顺利进行工作，也能让大家放心。

3. 进入作业场所前，必须是一个开朗的人。

一个人始终保持开朗、乐观的心情，他的周围也会变得明亮、愉快了起来。

4. 进入作业场所前，必须成为不会让周围的人变焦躁的人。

通过感受现场的气氛，站在别人的立场来考虑问题，并且如实付诸行动，也能提升自己的品格。

5. 进入作业场所前，必须要能够正确听懂别人说的话。
正确理解指令内容，如实执行，也能提升自己的品性。
6. 进入作业场所前，必须先是和蔼可亲、好相处的人。
一个和蔼可亲的人，周围的人必定非常乐意让他服务。
7. 进入作业场所前，必须成为有责任心的人。
尽责工作必然产生紧张感，这样就能集中心力工作，也能提升自己的技能。
8. 进入作业场所前，必须成为能够好好回应的人。
无论明不明白，都要明确表达出来，这样才能避免错误发生。
9. 进入作业场所前，必须成为能为他人着想的人。
设身处地为对方着想再行动。
10. 进入作业场所前，必须成为"爱管闲事"的人。
如果是为了对方好，即使得罪人，该说的话也要说，这点很重要。
11. 进入作业场所前，必须成为执着的人。
持续追求更高境界，这对职场非常重要。
12. 进入作业场所前，必须成为有时间观念的人。
时间永不停息，要紧的是思考自己现在能做的事，不浪费每一秒钟。
13. 进入作业场所前，必须成为随时准备好工具的人。
工具配备得完善就可以马上投入工作。此外，工具是帮助我们一辈子的好伙伴，收拾整齐是对它们表示感谢的方式。
14. 进入作业场所前，必须成为很会打扫整理的人。
收拾打扫是工作的最后一道程序，直接影响到下次工作的展开，所以很重要。
15. 进入作业场所前，必须成为明白自身立场的人。
重要的是明辨自己当前的立场，想好应该做什么，然后立即付诸行动。
16. 进入作业场所前，必须成为能够积极思考的人。
总在思考今后要成为怎样的人，无论遇到什么问题都能够积极面对，这样的人一定能够成长。
17. 进入作业场所前，必须成为懂得感恩的人。
带着对周围人的支持，心怀感激之情采取行动，这点非常重要。
18. 进入作业场所前，必须成为注重仪容的人。
不修边幅的人，他的思想也一定很混乱。作为一个社会人士，更为了工作安全，仪容非常重要。
19. 进入作业场所前，必须成为乐于助人的人。
经常想着身边的人需要什么，并且采取行动，这点很重要。
20. 进入作业场所前，必须成为能够熟练使用工具的人。
如果能够善用工具，就像运用自己的手脚一样灵活，就能够制作出感动人的东西。
21. 进入作业场所前，必须成为能够做好自我介绍的人。
重新认识自我，让对方了解自己的长处，并讲述个人梦想，这点很重要。

22. 进入作业场所前，必须成为能够拥有"自豪"的人。
为顾客花费多少心思、做出什么样的东西，能够说明这些很重要。
23. 进入作业场所前，必须成为能够好好发表意见的人。
重要的是分享各种想法，以便创造出更好的产品。
24. 进入作业场所前，必须成为勤写书信的人。
通过自己的文字来表达感激之情，更能传达自己的想法。
25. 进入作业场所前，必须成为乐意打扫厕所的人。
通过洗刷最脏的场所，来磨炼自己的心志。
26. 进入作业场所前，必须成为善于打电话的人。
在看不见对方的情况下，能够简洁、易懂地表达观点和想法。
声音要保持清亮、活泼。
27. 进入作业场所前，必须成为吃饭速度快的人。
吃饭也是有方法的，要感谢农民和为我们烹煮食物的人，还要养成不浪费、吃什么都津津有味的习惯，这些都会影响工作。
28. 进入作业场所前，必须成为花钱谨慎的人。
正确理解金钱产生的过程，怀着感恩的心情用钱，这点非常重要。
29. 进入作业场所前，必须成为"会打算盘"的人。
速算可以提高使用时间和材料的效率，也能制造出让客户满意的产品。
30. 进入作业场所前，必须成为能够撰写简要工作报告的人。
用简单的笔记记录当天所学，能够再次加深印象，相当于每天用双倍心力学习。

(《匠人精神》一流人才育成的30条法则. https://www.meipian.cn/1wygp951[2020-8-4]. 本文根据此网址内容整理编写.)

1.4.3 思考与实践

（1）素质的内涵、特征、类别是什么？
（2）素质教育的目的就是"教人成为社会的人"，联系实际，谈谈大学生素质教育的必要性。
（3）当代大学生素质的现状如何？谈谈你的认识。
（4）你是如何认识素质和素养的关系的？
（5）想要成为一名特训队队员，你认为应具备哪些素质？
（6）从"匠人须知三十条"中你能得到什么启示？
（7）结合本章所学，制订个人素质培养的计划。

第 2 章　大学生政治素质教育

📖 **故事导读**

有一种信仰，让我们忍不住流泪

　　年轻时，张富清备尝艰辛。十五六岁，他就到地主家做长工，后来家中唯一的壮劳力二哥被国民党抓了壮丁，为了维持全家生计，他用自己将二哥换了出来。他因身体瘦弱，被指派做打扫、洗衣、做饭、喂马等杂役，饱受欺凌，稍有不慎就遭到抽打，苦不堪言。

　　国民党部队被剿灭后，在领三块大洋回家和参加革命队伍之间，他选择了后者，成为西北野战军的一员。自此，瘦弱的张富清爆发出惊人的能量，在壶梯山、东马村、永丰城等战斗中他担当为大部队清障开路的突击队员，先后炸掉敌人四个碉堡，立下赫赫战功。

　　这样一位战斗英雄，在退役转业后却将过去的功绩深埋心底。漫长的岁月里，除了向组织如实填报个人情况外，他从未说起过这些战功。英雄褪去光环，回归平凡，有苦自己咽，有难自己扛，再苦再难，他也绝不躺在功劳簿上。

　　若非国家开展的退役军人信息登记发现了老人的事迹，这一切或许将永远尘封，不为外界所知晓。英雄无言，是何等崇高的境界；英雄无名，该是多么大的遗憾。去年底，他的子女们终于知道，原来父亲是一位战斗英雄。此时，他的大儿子张建国已经退休，这是多么漫长的岁月！

　　当我们来到老人居住了 30 多年的家中时，昏暗的灯光、斑驳的墙壁、褪色的家具……都在无声地讲述着老人的人生故事。

　　在老人家中静默地逗留寻觅，我们看到阳台上一排像战士一样整装待发的绿植，看到写字台上做了很多记号的书和字迹黝黑而略显凌乱的笔记，看到角落里用了几十年的旧搪瓷缸。卧室里一个带轮子的像鞋架一样的架子，就是老人左腿截肢后行走的支撑。2012 年，老人左腿感染危及生命被迫截肢，当时他已是 88 岁高龄。我们无法想象，耄耋之年遭受这样沉重的打击，老人该有多么强大的内心才能逼迫自己重新站起来。张富清的老伴儿说，他多次在扶着墙练习站立时跌倒，残肢擦在墙上和地上留下一条条血痕。

　　恩施土家族苗族自治州来凤县是湖北省最偏远的一个县。1955 年，退役转业时，组织告诉已升为连职干部的张富清，恩施地区条件艰苦，急需干部支援。山水迢迢，他深知这一去只怕再也回不了大城市。虽然心里惦记着部队,又想离家近些,但他还是服从组织安排,带着爱人来到了恩施。到恩施后,他再次响应组织号召,奔赴来凤县。从此,两人扎根异乡山区,一过便是一生。

从粮食局到三胡区、卯洞公社再到外贸局、建设银行,在每一个岗位上,张富清都兢兢业业,甘当螺丝钉。

这是怎样的一个英雄!当副区长,他让自己的爱人下了岗;当革委会副主任,他把自己的大儿子下放到林场。

他从不为自己和家人谋取私利,子女没有一个在他曾经工作过的单位上班。

他艰苦朴素,对生活毫无所求。房子,左邻右舍都装修一新,他家还是30年前的老样子。衣服,袖口都烂了,他还在穿,儿子买的新衣服被他叠得整整齐齐放在箱子里。做眼部手术可以全额报销他却选择最便宜的晶体。

他说:"没法再在工作岗位上为国家做贡献了,能为国家节约一点是一点。"

他就是这样一个人,心里时时刻刻装着组织,装着国家,却几乎没有他自己。

一个宁静的下午,我们开始了和老人面对面的交流。对话在一种肃穆的氛围中开始——

"你打仗时为什么这么勇敢,不怕死吗?"

"作为一名共产党员、革命军人,我入党时宣誓,为党、为人民,我可以牺牲一切。我一直按我入党宣誓的去做,对共产党有一个坚强的信念……所以满脑壳都是要消灭敌人,要完成任务,没有任何其他的想法,所以也就不怕死了……"

"88岁截肢后,当别人以为你站不起来的时候,你为什么又站起来了?"

"不能工作了,我不能给国家增加任何麻烦,也不能给家里增添很大的包袱,我要他们好好工作,为党多做点事情……"

"64年来,你立功的事情,你不对单位讲,甚至也不对家人讲,孩子们也是刚刚知道,这是为什么?"

"我一想起和我并肩作战的战士,有几多(好多)都不在了,比起他们来,我有什么资格拿出立功证件去摆自己啊?!我有什么功劳啊?!比起他们我有什么功劳啊……"

讲到这里,老人哽咽难言,泪水溢满了眼眶。他的老伴儿掏出纸巾给他擦拭眼角的泪水。他又想起了那些死去的战友啊!此时,记者也忍不住流泪。(新华社记者谭元斌)

英雄张富清用一生的实际行动践行着一名革命军人的本色和中国共产党党员的使命。

(记者手记:有一种信仰,让我们忍不住流泪。http://news.china.com.cn/2019-05/26/content_74824186.htm [2019-07-12]. 本文根据此网址内容整理编写)

在大学生素质结构框架中，政治素质占据统帅地位，它不仅对大学生的全面发展发挥定向和动力的作用，而且关系到我们党乃至我国社会主义制度的巩固与发展，甚至关系到整个中华民族的兴衰成败。

2.1 政治素质的基本内涵

2.1.1 政治素质的含义

所谓政治素质，是指人们从事社会活动所必需的内在基本条件和基本品质，它是个人的人生观、价值观、政治立场、政治方向、政治观念、政治技能的集中表现。大学生的政治思想素质主要表现在三个方面：第一，世界观、人生观、价值观方面，要求树立马克思主义的世界观和人生观，能够运用辩证唯物主义和历史唯物主义的观点去观察问题、分析问题、解决问题。正确地看待社会和人生，全心全意为人民服务，克服和抵制拜金主义、享乐主义和极端个人主义等腐朽思想的侵蚀。第二，现代思想观念方面，要求树立现代意识，如竞争意识、效益意识、公民意识、民主法制意识、平等意识、科学意识、信息意识、改革开放意识等。第三，政治立场、政治观念方面，要求树立共产主义理想和信念，具有坚定正确的政治方向，坚持四项基本原则，拥护党的各项路线、方针和政策，自觉抵制各种错误思想的影响，主动参加到全面建成小康社会的伟大实践中，并为之努力奋斗。

一个人的政治思想素质与他在社会生活中的位置和政治生活经历有关。它是随着个人的成长，在长期社会生活中逐步形成、发展和成熟的。因此，政治思想素质是一个动态概念，它带有鲜明的时代烙印、阶级内容和一定的个性色彩。由于不同的时代，不同的阶级以及不同的经济和政治利益的制约，人们的政治思想素质是不同的。即使同一时代同一阶级，政治思想素质也会因为人们在社会生活中所处地位的不同而有很大差别。

大学生是社会主义现代化事业的建设者和接班人，因此，党和国家对大学生的政治思想素质有较高要求，21世纪的大学生应具备的基本政治思想素质：树立科学的世界观、人生观和价值观，具备进步的现代思想观念，坚持党的基本路线，具有坚定的社会主义信念、强烈的爱国主义情操和高尚的集体主义精神，努力学习，立志成才，积极投身于全面建成小康社会的伟大实践中。

2.1.2 政治素质的特点

政治素质的特点在于它的社会性、阶级性和人民性。所谓社会性，是就人的本质而言的。人不能孤单地生存，而只能在一定的政治关系、经济关系等人际关系之中存在和发展。这就是人类世代不绝、发展永存的真正原因。所谓阶级性，是一个人在现实生活中，对社会、国家制度的前途和命运，对执政党核心地位，对社会、国家建设的基本路线，对自己从事的工作等所具有的基本政治倾向、政治观点和政治态度。这些就是一个人政治素质阶级性的具体表现。所谓人民性，任何个人都是人民中的一个个体成员，人民是社会历史的主体和推动力量。任何个人的政治见解只有反映人民的利益、愿望和要求，形成本阶级的路线和政策，并且通过人民的实践，才能真正发挥它的作用。可见，政治思想素质的社会性、阶级性和人民性是一致的。我们在大学生政治思想素质培养中，必须把它们有机地结合起来，使大学生明确认识政治思想素质的概念，努力提高自身的政治素质，使自己在政治立场上坚定起来。

2.1.3　政治素质的结构组成

第一，马克思主义基本理论是政治素质的核心。马克思主义理论是大学生树立科学世界观、人生观的基础，是认识社会政治现象的武器，马克思主义理论可以使大学生正确理解政治本质，把握政治与经济的矛盾运动，它还可以比较好地解决人们存在的关于社会发展与社会冲突方面的认识问题。马克思主义基本观点可以帮助大学生增强抵制市场经济条件下的各种不正确的道德价值观念的能力。

21世纪大学生必须注重学习以下基本观点：辩证唯物主义和历史唯物主义观点、人民群众是历史创造者的观点、建设中国特色社会主义的观点。辩证唯物主义和历史唯物主义是马克思主义的科学世界观和方法论，也是大学生观察社会政治现象的理论指南，人民群众是历史创造者的观点，包括人民群众是社会财富创造者的观点、人民群众是社会变革决定力量的观点，以及人民群众创造历史作用的社会制约性的观点。邓小平理论是马克思列宁主义的基本原理同中国实践和时代特征相结合的产物，是毛泽东思想在新的历史条件下的继承和发展，是马克思主义在中国发展的新阶段，是中国共产党集体智慧的结晶，引导着我国社会主义现代化事业不断前进。习近平新时代中国特色社会主义思想科学地把握了社会主义的本质，用新的思想、观点，继承、丰富和发展了马克思主义，反映了对中国社会主义和中国共产党建设规律的认识，洋溢着鲜明的时代特色和民族精神，是中国共产党在新时期各项工作的根本指针。

第二，爱国意识是政治素质的前提。爱国意识是世世代代积累起来的对自己祖国的一种深厚的感情，是一种为了祖国的自由独立、繁荣昌盛贡献力量的高度政治责任感和不惜牺牲一切的献身精神。这种感情集中表现为民族自尊心、自信心和自豪感。

爱国意识是政治素质的前提。这是因为，其一，爱国意识是我国每个社会成员都必须具备的政治思想觉悟，是全国各族人民、各个阶层最基本的政治思想基础。全国各族人民从长期的切身体验中，深知国家的繁荣、富强和统一，是自己的最高利益。其二，爱国意识是走向更高层次政治思想觉悟的出发点和基础。只有对祖国和人民思之切、爱之深，真正关心祖国和人民前途命运的人，才有可能把实现社会主义和共产主义作为自己的理想。

爱国意识既是一个历史性范畴，又是一个实践性范畴，它总是与一定历史时期的国家、民族相联系，与特定历史时期广大人民的现实追求相联系。中华民族具有悠久的世代相传的爱国主义传统。这种爱国意识虽然在不同历史阶段表现出不同的内容和特点，但也有其共同的基本内容和特点：辛勤劳动、不畏艰险，不断地丰富和发展中华民族的物质和精神财富，为人类文明进步做贡献；反对民族分裂，维护国家统一和民族团结，维护祖国的主权和独立；在外敌入侵面前，团结对外、奋起反抗，直至彻底战胜侵略者，为祖国富强、人民幸福不懈奋斗。当前，我国社会主义爱国意识的主要内容是加快社会主义现代化建设，争取祖国统一，维护世界和平。实现全面建成小康社会的宏伟目标，是社会主义爱国意识的集中表现。

第三，社会主义信念是政治素质的根本。这是因为，坚定的社会主义信念，能激发人们学习科学知识，提高工作能力的积极性、主动性；能鼓舞人们克服困难，奋勇拼搏；能使他们正确对待自己，正确对待人民群众，为人民利益而勇于献身。坚定的社会主义信念能使他们的政治要求与党和人民的要求一致，使他们的政治行为有利于社会主义事业。

社会主义政治信念的主要内容：社会主义是人类社会历史上的全新的社会制度，它必然取代资本主义，这是社会历史发展的趋势；中国走社会主义道路，是近代社会矛盾发展的必然结果；坚持党的基本路线一百年不动摇。

邓小平同志郑重地提出，基本路线要管一百年，动摇不得。①这是关系党和国家兴衰成败的问题。历史、现实都告诉我们：只有坚持党的基本路线，才能得到人民的信任和拥护。只有坚持党的基本路线，坚定不移地干下去，才能基本实现社会主义现代化。坚持党的基本路线不动摇，关键是坚持以经济建设为中心不动摇，坚持党的基本路线不动摇，必须把改革开放同坚持四项基本原则统一起来。中国特色社会主义之所以具有蓬勃的生命力，就在于它是实行改革开放的社会主义。我们的改革开放所以能够健康发展，就在于它是有利于巩固和发展社会主义的改革开放，坚持四项基本原则，坚持改革开放，都是为了发展生产力。

第四，集体主义观念是政治素质的基础。集体主义是无产阶级思想意识在道德观念、人生价值观念上的反映，表现了无产阶级和劳动人民的整体利益，体现着个人利益和集体利益的辩证统一。集体主义的基本内容是：坚持集体利益高于个人利益；坚持集体利益和个人利益的有机结合；坚持个人利益服从集体利益。

大学生集体主义观念主要表现在三个方面：①集体主义人生观，主要是指在马克思主义世界观的指导下，体现社会主义时代精神和社会要求的人生观。②集体主义价值观，个人的价值是在集体中体现的，人生价值反映了个人与集体和社会的关系。个人离开了集体无所谓人生价值，这是因为，人作为价值的主体和客体，表现出自身的双重性特点，是自我价值与社会价值的统一。③集体主义道德观，主要是要求大学生在学习、工作和生活中自觉坚持集体主义道德原则，主要包括三个方面：关心集体，增强集体责任感；遵守法纪，增强组织纪律性；刻苦学习钻研，掌握为人民服务的本领。

第五，现代思想观念是 21 世纪年轻一代大学生政治素质的重要组成部分。21 世纪是知识经济时代，科技的迅速发展和信息化，导致经济全球化和国际社会结构的变化，为 21 世纪大学生提供了前所未有的施展才能的机会，同时也使他们面临严峻的挑战，竞争将会更加激烈，人才所需的素质需要不断提高。同时，在 21 世纪，人类社会也在政治、经济生活中有更新更高的发展。民主、法制的不断发展与健全是现代社会的重要特征，只有民主法制建设不断加强，现代社会才能健康发展。21 世纪人才的民主、法制意识的

---

① 张西立. 基本路线要管一百年，动摇不得. 成都日报，2018-10-24（007）.

加强，必将推动社会的政治进步，为经济发展、人民生活水平的提高，提供一个更加公平、合理、有序的社会环境。另外，21世纪大学生还必须具备科学意识、信息意识、改革开放意识、实效意识、创新意识等。这些现代思想观念是21世纪大学生政治素质的重要组成部分。

2.2 大学生政治素质教育的根本要求

2.2.1 坚持以马克思列宁主义、毛泽东思想、邓小平理论、"三个代表"重要思想、科学发展观、习近平新时代中国特色社会主义思想为指导

马克思列宁主义揭示了人类社会历史发展的规律，它的基本原理是正确的，具有强大的生命力。坚持马克思列宁主义的基本原理，走中国人民自愿选择的适合中国国情的道路，中国的社会主义事业必将取得最终的胜利。毛泽东思想是马克思列宁主义在中国的运用和发展，是被证实了的关于中国革命和建设的正确的理论原则和经验总结，是中国共产党集体智慧的结晶。邓小平理论是马克思列宁主义的基本原理同当代中国实践和时代特征相结合的产物，是毛泽东思想在新的历史条件下的继承和发展，是马克思列宁主义在中国发展的新阶段，引导着我国社会主义现代化事业不断前进。"三个代表"重要思想是对马克思列宁主义、毛泽东思想、邓小平理论的继承和发展，反映了当代世界和中国的发展变化对党和国家工作的新要求，是加强和改进党的建设、推进我国社会主义自我完善和发展的强大理论武器。科学发展观是同马克思列宁主义、毛泽东思想、邓小平理论、"三个代表"重要思想既一脉相承又与时俱进的科学理论，是发展中国特色社会主义必须长期坚持的指导思想。习近平新时代中国特色社会主义思想是对马克思列宁主义、毛泽东思想、邓小平理论、"三个代表"重要思想、科学发展观的继承和发展，是中国特色社会主义理论体系的重要组成部分，是全党全国人民为实现中华民族伟大复兴而奋斗的行动指南，必须长期坚持并不断发展。

2.2.2 坚信中国共产党是领导我国社会主义建设事业的核心力量

习近平同志指出："在中国，发展社会主义民主政治，保证人民当家作主，保证国家政治生活既充满活力又安定有序，关键是要坚持党的领导、人民当家作主、依法治国有机统一。"[①] 每一个中国人都知道：没有中国共产党就没有新中国，没有中国共产党，就没有中国社会主义的现代化。所以，坚持和拥护党的领导，是全国各族人民在长期斗争中做出的历史性选择。可是，共产党的领导有失误，党内存在着腐败现象，为什么还要坚持党的领导呢？因为，党和一个人一样，世界上没有不犯错误的人，也没有不犯错误的政党。正因为如此，党中央才下决心，并带头纠正党内不正之风，对情节严重的党

---

① 习近平. 设计和发展国家政治制度要从国情出发从实际出发——在庆祝全国人民代表大会成立60周年大会上的讲话. 中国人大，2014（18）：8-13.

员给予党纪政纪的严肃处分,甚至将其绳之以法。正如恩格斯所说:"伟大的阶级,正如伟大的民族一样,无论从哪方面学习都不如从自己所犯错误的后果中学习来得快!"①邓小平同志说:"我们党也犯过严重错误,但是错误总还是由我们党自己纠正的,不是别的力量来纠正的。"②党的十一届三中全会,就是公开承认并纠正我们党过去所犯的错误,而重新恢复了马克思列宁主义、毛泽东思想的实事求是的思想路线,确定了以经济建设为中心来发展社会生产力的根本任务。因为,坚持真理、修正错误是我们党一贯坚持辩证唯物主义和历史唯物主义的立场,也是我们党具有旺盛生命力和巨大威力的表现,过去,我们党采取了这个立场,结果转危为安,转败为胜;现在,我们党仍然采取这个立场,坚决果断地采取有力措施,肃清党内腐败现象和不良作风,赢得了全国人民的拥护和爱戴,并且一定能够在社会主义现代化建设中取得新的更大的胜利。所以,加强党的建设,坚持党的领导是取得现代化建设胜利的根本保证。

2.2.3 永远把坚定正确的政治方向放在首位

庆祝中国共产党成立95周年大会上,习近平同志指出:"改革必须坚持正确方向,既不走封闭僵化的老路、也不走改旗易帜的邪路。我们要把完善和发展中国特色社会主义制度、推进国家治理体系和治理能力现代化作为全面深化改革的总目标,勇于推进理论创新、实践创新、制度创新以及其他各方面创新,让制度更加成熟定型,让发展更有质量,让治理更有水平,让人民更有获得感。"③现阶段我们各族人民的共同理想、发展经济的战略目标、根本任务和党的基本路线,中心是发展社会生产力。正确方向是由历史唯物主义所阐明的中国社会发展规律所制约的。我们选择和辨别正确方向的能力,不是从天上掉下来的,或与生俱来的,只有学习和掌握了马克思列宁主义、毛泽东思想的基本原理,学会用马克思列宁主义的立场、观点、方法去分析与认识中国实际问题,才能够提高政治思想素质,坚定前进的正确政治方向。

2.3 大学生政治素质教育的基本途径

政治素质的提高,一是要注重学习理论,增长理论知识;二是要注重理论联系实际,参与社会实践,把理论知识内化为自身素质,不断修正、探索、凝练、升华,切实提高政治思想素质;三是要加强政治思想修养,提高理论水平和政治心理品质,坚定正确的政治方向。

2.3.1 学习政治理论,增强国家认同

在现代国家建构中,国家认同具有十分重要的意义和价值。国家认同是指个人在

---

① 马克思,恩格斯. 马克思恩格斯全集(第二十二卷). 北京:人民出版社,2016:325.
② 邓小平. 邓小平文选(第二卷). 北京:人民出版社,1991:267.
③ 习近平在庆祝中国共产党成立95周年大会上的讲话. 人民日报,2016-07-02(02).

心理上认为自己归属于该共同体，意识到自己具有该国成员的身份资格。国家认同表现为国民对国家具有持久的爱，在祖国面临生死存亡的关头，国民能赴汤蹈火，与祖国同甘苦，与同胞共患难。对任何一个国家而言，如果无法使国民确立起对自己的牢固情感，并形成强烈的认同感，国家就缺乏稳固的心理基础，也就很难应对重大变故的考验。因此，从世界范围来看，作为国家"软实力"的国家认同问题始终受到各国的高度重视。

学习政治理论是提高大学生政治思想素质的基础，这里的政治理论是广义的，不仅包括马克思列宁主义、毛泽东思想、邓小平理论、"三个代表"重要思想、科学发展观、习近平新时代中国特色社会主义思想等党在社会建设不同阶段的重要思想和党的方针政策，还要学习有关的政治学、社会学、法律知识等。大学时期是人的一生中最充满活力的时期，也是人的主观能动性最大限度发挥的时期，他们对各种政治影响的接受是积极的、有选择的和富于创造性的。所以，大学生学好政治理论对于培养和提高自己的政治思想素质是非常必要的，有利于增强国家认同。

（1）系统学习马克思列宁主义、毛泽东思想。对大学生进行系统的马克思列宁主义教育，重点是使学生学会用马克思列宁主义观察问题、分析问题、解决问题，学会在马克思列宁主义的指导下思考和分析社会政治现象，研讨政治问题。坚持理论联系实际的原则，不回避社会热点问题，对这些问题敢于并善于做出马克思列宁主义的回答和解释。学习马克思列宁主义、毛泽东思想，重点要把握精神实质，牢固树立党的基本路线观念，正确理解党的指导思想和路线方针，理解改革、开放、发展和稳定的关系，深刻认识党在不同阶段适应社会发展的重要思想是对马克思列宁主义、毛泽东思想的继承和发展的结果。大学生在学习马克思列宁主义理论的同时，要注意批判各种反社会主义、非社会主义的政治思潮，要认识其本来面目，坚决抵制这些思潮的影响。

（2）学习政治、法律知识，提高民主、法制意识。民主与法制是现代社会的重要特征，依法治国与以德治国相结合是我们的基本治国方略。社会越发展，民主法制水平就会越高，而民主法制水平的提高，必然会促进社会的进步。因此，21世纪的大学生，要不断增强民主意识，提高参政、议政能力，为治理国家献策献力，为建设我们自己美好的国家而奋斗。同时，要不断加强法制观念，学习法律知识，增强依法治国的观念、意识，做到知法、懂法、守法，用法律规范约束自己的行为，学会用法律手段判断是非和用法律手段维护自己的合法利益。党的十五大报告指出，建立比较完善的社会主义市场经济体制，保持国民经济持续快速健康发展，是必须解决好的两大课题。同时，市场经济也必然使个人与个人、个人与集体、集体与集体之间的利益冲突加剧，因此，21世纪大学生作为市场经济的参与者必须具有相应的法制意识和法律知识，依法参与市场经济生活。

（3）有选择地读一些西方政治学、中国古典政治学著作以及相关的社会学著作，运用马克思主义思想武器对其进行科学的"扬弃"。政治学是最古老的一门学问之一。人类各大文明最早的文字记载与思考几乎都与政治息息相关，从欧亚大陆的东端有中国商周两代的鼎铭及《尚书》《诗经》《春秋》《易经》《周礼》《仪礼》《礼记》《论语》与诸子百家的鸿篇巨制，到欧亚大陆的西端有《荷马史诗》、希罗多德的《历史》、修昔底德的《伯罗奔尼撒战争史》、柏拉图及亚里士多德的众多著作等，均一再印证东西两方绝大多数的文字，一开始就有对政治的思考、叙述、臧否、讽刺与歌颂。认真研读东西方政治学及与之相关的社会学知识，了解其发展的历史背景，运用马克思主义思想武器分析、研读，对当代大学生的健康成长有积极的作用。

2.3.2 积极参与社会实践，增强社会责任感

社会责任是指在一个特定的社会里，每个人在心里和感觉上对其他人的伦理关怀和义务，是一种道德义务。大学生不仅要努力学习科学知识，更要不断加强自己的社会责任。

大学生积极参与社会实践，不仅有利于培养他们的政治情感，使他们在认识社会政治现实的同时，产生愿意接受马克思主义政治观的内在趋向，有利于他们明确自身的社会责任和历史使命。21世纪大学生只有投入到社会现实中去锻炼，才能对政治和社会有亲身体验，从而提高自身的政治素质和现代思想观念，增强政治行为能力，提高合作意识、竞争能力和创新能力。因此，大学生要勇于参加社会实践，在实践中提高政治思想素质，锻炼成才。

21世纪大学生的社会政治实践是在马克思主义指导下的社会实践活动。组织大学生参加社会实践要注意解决好四个问题：一是社会实践和大学生的专业知识拓宽相结合；二是减少社会实践的自发性、盲目性，增强针对性、自觉性，大学生要有意识地主动参加有利于提高自身政治思想素质的实践活动；三是要注重让大学生在实践中培养竞争能力、合作意识和创新精神，积极投身到现代社会实践中去，到改革开放的前沿去，感受新的技术、新的管理思想和新文化，增强现代思想观念，使大学生毕业后能很快融入现代社会生活中去；四是要注重理论联系实际。

在社会实践中，大学生把已有的政治知识和政治经验重新进行实践的检验，并通过实践发现真理和证明真理。作为教育工作者，要注重引导启发，使他们自觉做到理论联系实际，全面提高学生的思想政治素质。

思想政治修养是指一个人为了适应社会需要，在政治方面形成一定的素质并达到一定水平所进行的长期学习和实践活动。人的政治思想修养不仅对其知识的把握、理智的形成、才能的进步起着促进作用，而且对其在社会生活中养成一定的良好习惯，对提高每个人的素质乃至整个国家和民族的素质，对提高社会的文明程度都起着举足轻重的作用。它既是主体的自身要求，也是通过内在努力塑造自我形象的要求。

2.3.3 加强政治修养，增强国际理解

国际理解是指青少年在对本民族主体文化认同的基础上，尊重、了解其他国家、民族、地区文化的基本精神及风俗习惯，学习、掌握与其他国家、民族、地区人民平等交往、和睦相处的技能，探讨全人类的共同价值观念，增进不同宗教信仰和文化背景的民族、国家、地区的人民之间的相互理解与包容。当代大学生要积极加强政治修养，不断增强国际理解，成为21世纪具有全球视野的大学生。

加强政治修养要注重从以下三个方面入手。

（1）要学习掌握正确的世界观和方法论。由于人们的世界观支配人们的言行，各种具体的思想和工作方法都是在一定方法论指导下形成的，所以，只有具备正确的世界观和方法论，才能有正确的立场、观点、方法，才能有良好的政治思想素质，因而学习马克思主义的世界观和方法论是政治思想修养的首要内容。

（2）要树立正确的政治方向。21世纪大学生要成为社会主义的建设者和接班人，必须永远把坚定正确的政治方向放在首位。

（3）要培养良好的政治心理品质，要全面提高大学生的政治思想素质，必须培养其良好的政治心理品质。解决好政治理想和政治现实的心理反差、改革期望值高于改革实际的心理反差。学校的政治教育与社会不良风气碰撞造成的心理反差等。唯其如此，才能使大学生在政治上真正成熟起来。

21世纪是一个崭新的世纪，是以信息化为特征的知识经济时代，这就必然对我们21世纪大学生提出了更高的要求，21世纪大学生处在一个瞬息万变的时代，要正确把握自己，就必须培养和提高自己的政治思想素质，坚定正确的政治方向，准确地分析国内外形势和时空条件，确立适合自己的成才目标，树立为社会主义现代化事业而奋斗的崇高理想，只有从这三个方面入手，才能真正成为21世纪中华民族的坚实的脊梁。

2.4 阅读材料及思考与实践

2.4.1 精选案例

香港回归升旗时间 谈判16轮1秒没耽误

1997年7月1日零时零分零秒，在香港政权交接典礼上，中国国旗准时升起，香港如期回归祖国。

一个没有出现在影像资料上的身影，戴着耳机，背着两节很重的电池。国旗升起来，仪式结束以后，他流着泪，已全然不知还有天有地有自己，因为太紧张，精神太集中，他感到周围一切都不存在。他的眼里，只有那面五星红旗。看着五星红旗飘扬在空中，他终于如释重负。

这个人，就是我国资深外交官、外交部礼宾司前司长安文彬。为了能让中国国旗零时零分零秒在香港上空升起，他与英方代表进行了16轮谈判。

近日，央视《朗读者》节目让安文彬走进了公众视野。

1996年底，安文彬率领交接仪式筹备小组进入香港开始前期工作。然而，世界上尚无任何一个国家或地区举办过类似的交接仪式。于是，一切只能由自己设计策划。在具体安排中，最关键的是要完成中央交给筹备小组的一个重之又重的任务：确保中国国旗必须要在7月1日的零时零分零秒准时升起，让香港准时回归祖国。

在节目现场,安文彬回忆道,"我们每一次的谈判都只为2秒钟。我跟英方代表说我们的国旗一定要在零时零分零秒升起来,分秒必争,这件事情毋庸置疑。所以你们的旗子一定要在23点59分58秒降落,当时英方代表非常不认同,他们不给我们这2秒,所以我们前前后后为这件事情进行了无数次的谈判"。晚2秒钟,对当时的中国意味着什么?意味着香港不能准时回归!升旗晚2秒,英国殖民香港的时间就多2秒。

一般谈判他们都坐着,穿着笔挺的西服,非常心平气和地谈话。尽管安文彬心里已经千层浪、万重山,但他还是要有外交官的风度,因为代表的是国家。据媒体报道,最后一次谈判中,他非常庄严地站了起来,对英方的谈判代表说了一段话,"香港已经被你们占领了150多年!而现在我要的只是2秒钟,你们却是这样无理相拒。我认为英方这种态度不仅中国人不能容忍,世人也是不能容忍的"。

香港这条回归之路漫长坎坷亦波澜壮阔,其间也是无数幕后英雄不舍昼夜的血泪史。如果不是一位中国外交官用坚定的立场、强硬的态度为国家争取到这短短的2秒钟,想必香港回归也会留下无法弥补的遗憾。

1997年7月1日零点零分零秒,当国旗升起、国歌奏起的那一刻,安文彬的心情是激动、感动、扬眉吐气的。他当时激动地流下眼泪,对自己说道,香港你终于回来了。回顾为了国家利益争取到2秒的那一天,安文彬再一次热泪盈眶,不能自已:"不在现场的人是体会不到那种感情的。"20多年了,香港的成长已经同祖国密不可分,而7月1日这一重要的日子,也被记载在历史中,它将始终为国人所铭记!

在节目中,安文彬穿了一套西装,一套不舍得穿的西装。他回忆称,香港回归那一天,下着大雨,在送查尔斯王子等人坐船回英国的时候,他的西装被雨淋透了。后来,国家在香港又给他做了一身西装,他一般舍不得穿!

香港顺利回归后,安文彬依然在为中国外交竭忠尽智。他先后五次访美,出访俄罗斯、亚非拉等国家和地区。这些访问都无一例外取得了圆满成功,成为中国外交史上的典范。2001年,亚洲太平洋经济合作组织(APEC)首脑会议在中国上海举行。不用说,负责协调APEC组委会的还是安文彬。

他用自己赤诚的爱国之心和杰出的外交才华,让中国一次又一次在世界舞台上展现出了大国风采。

(《北京文摘》,2017年5月4日,第十版)

2.4.2 精选故事

最美中学生梁帆

每天黎明,当太阳刚刚露出地平线,天安门广场都要举行庄严的升旗仪式;每当外国元首到中国访问,我国都要举行迎宾仪式。看到冉冉升起的国旗和解放军战士的飒爽英姿,听到雄壮的国歌,每个中国人都会感到自豪和骄傲,因为这些代表着祖国的尊严和中国人的风貌。

维护祖国尊严不仅是国家和政府的事，而且是每个公民的事。随着对外开放程度的不断扩大，我们与外国人的交往越来越多。我们在交往中，要时刻想到祖国的尊严，一言一行都要以祖国利益为重。北京有个名叫梁帆的中学生，她用对祖国母亲的挚爱谱写了一曲维护祖国尊严的赞歌。

1990年5月，梁帆应联合国儿童基金会的邀请，参加在荷兰举行的"世界儿童为和平为未来"的联谊活动。

梁帆兴致勃勃地来到了会场，只见十面色彩缤纷的国旗迎风招展。她仔细寻找，却不见中国国旗，刚才的那股高兴劲儿一下子全没了。

梁帆知道在国际活动中，有哪个国家的代表参加，就要升挂这个国家的国旗。于是，她立刻去找会议主办方，急切而有礼貌地问："我怎么没看到中国的国旗？"主办方抱歉地说："因为一时找不到中国国旗，所以没挂。"主办方表示一定设法办好这件事情，但梁帆心里还是觉得不踏实。就餐时，她再次向主办方提出："如果实在找不到，应立刻制作一面中国国旗。"

经过梁帆的一再交涉，中国国旗终于飘扬在会场上空。她望着鲜艳的五星红旗，舒心地笑了，梁帆用实际行动维护了祖国的尊严，人们称她是"合格的中华人民共和国的代表"。

国旗、国徽是国家的标志，代表着国家的尊严。作为中华人民共和国的公民，就要像梁帆那样心中有祖国，无论在何时何地都牢记自己是中国人，用自己的实际行动自觉维护祖国的尊严，不做有损于国家尊严的事。

（代雪伦：为了祖国的尊严，北京市"阳光少年美德故事"征文大赛小学组 征文评选，http://kid.baby.sina.com.cn/2005-08-11/14379875.html[2018-04-15]，本文根据此网址内容整理编写）

2.4.3 思考与实践

（1）联系实际，谈谈大学生政治素质主要表现在哪些方面？
（2）结合政治素质的组成，谈谈政治素质对个人成长成才的重要意义。
（3）培养大学生政治素质的途径有哪些？浅议大学生社会实践对政治素质培养的作用。
（4）对安文彬为争取香港回归升旗时间谈判16轮的做法，你如何评价？
（5）看了梁帆的故事，思考我们大学生应该如何爱国。

第3章 大学生道德素质教育

📖 **故事导读**

三次乘车逃票被罚

十二年前，有一个小伙子刚毕业就去了法国，开始了半工半读的留学生活。

渐渐地，他发现当地的公共交通系统的售票处是自助的，也就是你想到哪个地方，根据目的地自行买票，车站几乎都是开放式的，不设检票口，也没有检票员，甚至连随机性的抽查都非常少。他发现了这个管理上的漏洞，或者说以他的思维方式看来是漏洞。凭着自己的聪明劲，他精确地估算了这样一个概率：逃票而被查到的比例大约仅为万分之三。他为自己的这个发现而沾沾自喜，从此之后，他便经常逃票上车。他还找到了一个宽慰自己的理由：自己还是穷学生，能省一点是一点。

四年过去了，名牌大学的金字招牌和优秀的学业成绩让他充满自信，他开始频频地进入巴黎一些跨国公司的大门，踌躇满志地推销自己，因为他知道这些公司都在积极地开发亚太地区市场。但这些公司都是先热情有加，然而数日之后，却又都是婉言相拒。

一次次的失败，使他愤怒。他认为一定是这些公司有种族歧视的倾向，排斥中国人。

最后一次，他冲进了某公司人力资源部经理的办公室，要求经理对于不予录用他给出一个合理的理由。然而，结局却是他始料不及的。下面的一段对话很令人玩味。

"先生，我们并不是歧视你，相反，我们很重视你。因为我们公司一直在开发中国市场，我们需要一些优秀的本土人才来协助我们完成这个工作，所以你一来求职的时候，我们对你的教育背景和学术水平很感兴趣，老实说，从工作能力上，你就是我们所要找的人。"

"那为什么不收天下英才为贵公司所用？"

"因为我们查了你的信用记录，发现你有三次乘公交车逃票被处罚的记录。"

"我不否认这个。但为了这点小事，你们就放弃了一个多次在学报上发表过论文的人才？"

"小事？我们并不认为这是小事。我们注意到，第一次逃票是在你来我们国家后的第一个星期，检查人员相信了你的解释，因为你说自己还不熟悉自助售票系统，只是给你补了票。但在这之后，你又两次逃票。"

"那时刚好我口袋中没有零钱。"

"不、不，先生。我不同意你这种解释，你在怀疑我的智商。我相信在被查获前，你可能有数百次逃票的经历。"

"那也罪不至死吧？以后改还不行吗？"

"不、不，先生。此事证明了两点：一、你不尊重规则。不仅如此，你擅于发现规则中的漏洞并恶意使用。二、你不值得信任。我们公司的许多工作是必须依靠信任进行的，因为如果你负责了某个地区的市场开发，公司将赋予你许多职权。为了节约成本，我们没有办法设置复杂的监督机构，正如我们的公共交通系统一样。所以我们没有办法雇用你，可以确切地说，在这个国家甚至整个欧盟（欧洲联盟），你可能找不到雇用你的公司。"

直到此时，他才如梦方醒、懊悔难当。然而，真正让他产生一语惊心之感的，却还是对方最后提到的一句话：道德常常能弥补智慧的缺陷，然而，智慧却永远填补不了道德的空白。

（聪明填补不了道德缺陷. https://wenku.baidu.com/view/f8fbcfd3a1116c175f0e7cd184254b35eefd1a2e.html[2020-7-1]. 本文依据此网址内容整理编写）

党的十八大明确提出"把立德树人作为教育的根本任务",党的十八届三中全会进一步强调"坚持立德树人"的重要性,党中央提出立德树人作为教育的根本任务,既是对教育本质的深刻阐释,也是对高等学校"培养什么人,怎样培养人""办什么样的大学,怎样办好大学"两个根本性问题的精确解答。这不仅规定了我国高等教育发展的总方向,而且体现了党和国家对人才培养的总要求,指明了我国高等教育的根本使命。教育是百年大计,关乎国家和民族的未来。大学之道,德育为先,社会主义国家的大学生,如果只具备较高层次的科技文化知识,而不懂得做人的社会准则和行为规范,缺少德行,人格低下,那就不是一个全面发展的人。因此,加强大学生道德素质培养,明确社会主义道德的基本内涵和要求,掌握道德素质培养的基本方法,是高等学校培养社会主义现代化建设者和接班人的艰巨任务。

3.1 道德素质的基本内涵

3.1.1 道德的定义

朱熹曾对道德作了明晰而简洁的界说:道者,人之所共由;德者,己之所独得。[1]道者,古今共由之理,如父之慈,子之孝,君仁,臣忠,是一个公共底道理。德,便是得此道于身,则为君必仁,为臣必忠之类,皆是自有得于己。[2]就是说,道乃是古往今来人们应当共同遵循的基本道理、准则,其内容便是父慈子孝、君仁臣忠等原则。德则是人们对道的领悟、获得,并变之为自身的行为准则和品德,做到为父必慈,为子必孝,为君必仁,为臣必忠。概言之,道德即社会的准则、规范,以及主体对它的接受、践履。朱熹的这一界说,可看作中国古代先哲对道德的经典定义。

马克思主义认为,道德是一种社会意识形态,是调整人与人、个人与集体,以及个人与社会之间相互关系的原则和行为规范的总和。人们之间的相互关系是随着人类本身的发展而发展的,它是常存的、客观的。每一个社会的人,都是和人们结成一定的关系,而进行生产、生活的人,不论是哪一个人,离开了相互之间的关系,就像鱼离开了水,瓜离开了秧,是难以生存的。正因为如此,马克思概括地说:"人的本质并不是单个人所固有的抽象物。在其现实性上,它是一切社会关系的总和。"[3]所以说,人们的相互关系是人本质外向性的表现。就整个社会来讲,有经济关系、阶级关系、政治关系、法律关系等。具体地讲,人,谁无父母、兄弟姐妹和亲属;谁无老师、同学、朋友和知己;哪一个人不置身于群体之中,有领导,有同事,又有朋友。人就是在生产、生活中,在相互接触、接近、交谈、交往、互助、合作中,发生着不以人们的主观意志为转移的社会关系,亦即人际关系。这种关系在社会和国家中逐渐形成了大家共同遵守的准则和用以衡量人们

---

[1] 朱子语类(卷六).
[2] 朱子语类(卷十三).
[3] 中共中央马克思恩格斯列宁斯大林著作编译局. 马克思恩格斯文集(第一卷). 北京:人民出版社,2009:501.

的行为规范。人们用一定的准则和行为规范的总和来调节相互关系，就是社会的道德科学。

道德，指衡量行为正当的观念标准，是指一定社会内调整人们之间以及个人和社会之间关系的行为规范的总和。不同的对错标准是特定生产能力、生产关系和生活形态下自然形成的。一个社会一般有社会公认的道德规范，只涉及个人、个人之间、家庭等的私人关系的道德，称私德；涉及社会公共部分的道德，称为社会公德。

3.1.2 道德素质及其特征

1．道德素质

所谓道德素质，是指人类主体认识一定的道德原则和行为规范的水平，以及用以处理相互关系的实际能力的总和，是人们的道德认识和道德行为水平的综合反映，包含一个人的道德修养和道德情操，体现着一个人的道德水平和道德风貌。

2．道德素质所具有的特征

1）内在性

素质是一个人的内在之物。道德素质是一个人道德心理活动与道德行为发展方向的准备状态，即道德心理活动的潜势，具有内在性。它的形成是个体通过自觉地学习、吸纳、修养等内化方式实现的。

2）基础性

我们常讲到，在人的整体素质中，道德素质是根本，这是就道德素质在三大素质中的作用而言的；就个人道德的完善过程来说，道德素质处于基础性地位。首先，高尚的道德品质的形成有赖于道德素质。其次，优良的道德人格的产生有赖于道德素质。再次，崇高的道德境界的升华有赖于道德素质。道德境界的升华一方面有赖于一定的社会因素和物质条件，另一方面有赖于个人的道德实践。道德素质高的人，不仅能深刻认识符合历史发展趋势的道德要求，而且会以其良好的道德实践条件和能力去践履这种道德要求以达到较高的道德境界。

3）整合性

由于道德素质是顺利地从事道德活动并进而培养道德品质、形成道德人格、升华道德境界的前提条件和基础，因此，道德素质还具有依据自身的道德认识素质、情感素质、意志素质来统一和调适自己多种行为动机的能力特征。

4）动态性

道德素质一经养成就有它的稳定的一面，因为它已发展为道德主体自身的价值观念和价值目标，成为支配行为的意识。但是，人的价值观和意识在指导行为时又是复杂的，要受到社会条件、物质因素的制约，也受到行为发生时情境的影响。此外，道德素质本身的养成模式说明它具有发展性、可塑性。

5）差异性

个体道德素质成熟或丰富的标志，在于它能做出正确的道德判断和推理，从而形成自己的道德选择、道德行为的能力，而不只是具备服从周围其他人的道德判断和推理的能力。然而，每个人的这种能力是有差异的。

3. 作为行为规范的道德和法律的关系

1）相互区别

第一，道德是与人类社会共存亡的。法律则不同，道德先于法律而产生，早在原始社会就已经产生了道德，但尚无法律。法律是社会划分为阶级的产物，只要有阶级存在，法律与国家就存在。

第二，法律是由国家制定的强制性的行为规范，道德则是依靠社会舆论的力量起作用的。某种法律一旦由国家颁布之后，不管你赞成还是反对，都要严格执行，不然就要受法律的制裁。道德则不同，它不是由国家强行制定的，也不是由国家强制执行的。各种道德概念，如善与恶、正义与非正义、公正与偏私、诚实与虚伪等，都是在人们长期的社会实践中逐步形成的，是靠社会舆论的力量，靠人们的习惯、传统，特别是通过各种形式的教育形成的内心信念来维持的，也就是说通过社会舆论、道德评价以及良心的作用，调节人们的行为。但是，我们决不能因为道德不能强制人们执行而轻视其作用，应该认识到，它在社会生活中发生作用的范围很广。它对人们行为的支配作用，有时是法律所不能代替的。一个没有道德素养的人，做了损人利己的事，会受到人们的评论与谴责，以匡正、制约他的行为；而一个道德素养高的人，一旦发现自己的行为违反了道德规范，就会受到良心的责备，吸取经验教训，努力改正自新。

第三，道德和法律起作用的范围不同。法律管的范围狭一点，道德管的范围要宽一些。道德注重思想与情感，法律注重行为。法律只管行为，而道德要追问行为的动因。道德是意在改善个人的品性，而法律只在支配个人彼此间的关系。如不得有贪心、不得有淫心、不得存杀机、不得有恶念等都是道德规则，法律就不过问。如不得偷盗、不得奸淫、不得诈欺等，不但是道德规则，同时也是法律规则。

2）密切联系

第一，道德是不成文的法律，法律是最低限度的道德。法律中包含有道德的内容，《中华人民共和国宪法》第五十三条规定："中华人民共和国公民必须遵守宪法和法律，保守国家秘密，爱护公共财产，遵守劳动纪律，遵守公共秩序，尊重社会公德。"这既是每个公民必须执行的法律义务，又是必须遵循的道德规范。

第二，道德和法律的作用是互相补充的。任何社会的统治阶级都是用道德和法律维护其阶级利益保持社会安定团结的。因此，我们在社会主义现代化建设中，大力倡导社会主义道德，有助于加强人们的社会主义法制观念。我们进行社会主义法制建设，也有利于提高人们的社会主义道德素质。这就是道德和法律在社会生活中的辩证关系，我们绝不能忽视两者的互补作用。

3.2 大学生道德素质教育的基本要求

《论语·述而》中，孔子曰："德之不修，学之不讲，闻义不能徙，不善不能改，是吾忧也"。在《论语·卫灵公》里子曰:"群居终日,言不及义,好行小慧,难矣哉"!孟子在《告子章句上》里曰:"恻隐之心,人皆有之;羞恶之心,人皆有之;恭敬之心,人皆有之;是非之心,人皆有之。恻隐之心,仁也;羞恶之心,义也;恭敬之心,礼也;是非之心,智也。仁义礼智,非由外铄我也,我固有之也,弗思耳矣。"孔子、孟子的思想彰显了理想人格和人生理想,充满人文关怀,继承其中合乎时代要求的思想精华,对当代大学生的思想道德修养具有积极作用。

21世纪的今天,世界各国虽然已步出了冷战的阴云,但地区热点依然频现,国与国之间在政治、经济、军事、文化等方面的竞争十分激烈。2013年10月21日,习近平同志在北京举行的欧美同学会成立100周年庆祝大会上强调:"人才竞争已经成为综合国力竞争的核心,谁能培养和吸引更多优秀人才,谁就能在竞争中占据优势。"[①]那么究竟什么样的人可以称为人才呢?现代人才学认为,人才在本质上应该是德才兼备的,换言之,所谓"人才"需要具备两个最基本的特征,即人民性与创造性。人民性是人才在道德层面和社会层面的最高表现,而创造性则是人才在智力高低和能力大小方面的最高表现。因此"德"是人才概念的基础与核心,一个人如果缺乏高尚的道德情操作为指引,即使其在某些专业和领域取得了一定成绩,他也不会成为社会和人民所需要的"人才",甚至有可能堕落为一个"歪才",会因其更高的智力和才气对社会造成更大的危害。所以,我国对大学生的思想品德教育提出了更高的要求。

大学生应该在公民道德建设中发挥表率作用,以高层次的道德标准来要求自己,衡量自己,在社会公德、家庭美德和职业道德建设中发挥模范带头作用。

3.2.1 大学生要做遵守公民基本道德规范的楷模

《公民道德建设实施纲要》在公民道德建设的指导思想中,将基本道德规范概括为5句话、20个字,即爱国守法、明礼诚信、团结友善、勤俭自强、敬业奉献。这既是从最基础、最重要的公民道德规范方面,使这些道德规范与已有的社会主义道德内容形成了一个有机的整体,又是从公民道德建设的方面,对已有道德内容做的一种新的概括和提炼。它是全社会各个领域的人们都应该遵守的最基本的道德规范,涵盖了社会生活的各个领域,适用于不同的社会群体。在这一点上,它不同于社会公德、职业道德、家庭美德等几个领域的伦理规范,而是一个总的基本道德规范。它既包含了中华民族的传统美德,也包括了党领导人民在长期的革命和建设实践中形成的优良道德传统,又总结了改革开放以来在道德实践中积累的好经验,反映了社会主义市场经济所需要的道德要求,体现了民族文化传统与革命传统的有机结合。

《公民道德建设实施纲要》提出的20个字可以再细分为10个道德规范,即爱国、守法、明礼、诚信、团结、友善、勤俭、自强、敬业、奉献。它们在调整公民个人与社会、与国家、与他人的关系中,各有不尽相同的功能。

---

① 习近平在欧美同学会成立100周年庆祝大会上的讲话. 人民日报,2013-10-22(02).

1. 爱国守法

"爱国",主要是规范公民与国家的关系。爱国主义是团结、凝聚我国各族人民以及海外华人的一面旗帜,在 21 世纪的国内、国际环境中,爱国是我们放在首位的一种品德。

"守法",是"爱国"规范的延伸,规范的也主要是公民与国家的关系,即把"守法"作为公民对国家的道德责任的"底线"。在我们为推进中国的民主法制建设、为建立一个法治国家而奋斗的时候,"守法"是每一个公民必备的品质,也是实现法治与德治相结合的基础。

2. 明礼诚信

"明礼",主要是规范公共场所的公共品德行为,待人接物时要文明礼貌,这是公民在公共场所应当遵守的最基础的道德准则。有人认为,"礼貌"与美德是有区别的,一个彬彬有礼的纳粹分子仍然可以是一个杀人恶魔。但是,一个连人和人之间交往的起码礼貌都没有的人,决不能认为他是有道德的人,比如满嘴污言秽语,在公共场所乱扔脏物,在公共汽车上不给老人让座,这难道是有道德吗?

"诚信",主要也是规范公共关系的道德行为,是对"明礼"规范的进一步深化和升华,即古人所说的"礼于外,诚于内"。它更是在今天市场经济条件下应该大力提倡的一种品德,信用是市场经济的道德前提,没有信用,交换就无法进行。

3. 团结友善

"团结",主要规范公民之间的道德关系,强调公民之间的亲和力。这包括家庭的团结、集体的团结、各个组织内部的团结、全世界爱好和平人民的团结,等等。团结是在为某个目标而奋斗时形成的紧密联系,团结会产生钢铁般坚不可摧的力量。毛泽东同志认为:"凡属于思想性质的问题,凡属于人民内部的争论问题,只能用民主的方法去解决,只能用讨论的方法、批评的方法、说服教育的方法去解决,而不能用强制的、压服的方法去解决。"① 团结对革命和建设都具有特别重要的意义,有一首歌不是唱得很好吗:"团结就是力量,这力量是铁,这力量是钢……"深刻理解团结的重要性,珍惜团结,维护团结,顾全大局,是人们应有的品德。

"友善"与"团结"是同一层次的道德规范,功能也是相类似的,但更加注重公民个人之间的亲善关系。这也是处理人际关系的一种美德,无论是对自己的家人、亲人、邻居、同事,还是素不相识的人,对外国人,对不同肤色、种族、民族,对不同文化背景、不同宗教信仰的人,无论老少、贫富,无论他是健康的还是有残疾的都要一视同仁,友善待之。这体现了社会主义的人道主义精神。

4. 勤俭自强

"勤俭",主要是对公民个人提出来的道德要求,勤俭的品德素质更多地在公民个

---

① 选自毛泽东文集(第七卷).北京:人民出版社,1999:209.

人的行为中表现出来。勤俭包括勤劳、节俭两个方面。勤劳，热爱劳动，用劳动创造世界，创造美好的生活，是每一个人、每一个民族自立自强、艰苦奋斗的表现。中华民族是一个吃苦耐劳、勤奋刻苦的民族，同时又是一个节俭的民族。节俭不仅是对劳动产品的珍惜、爱护，也不仅是"丰年想歉年"的忧患意识，还包括了对生活的计划安排和对欲望的克制。我国古代有"俭以养德"的思想，认为俭朴的生活可以"淡泊明志，宁静致远"，对人的身心修养大有益处。对于为官者，"俭以养德"，可以戒奢侈，取道义，去邪心，做到清正廉洁。勤俭既是持家之道，又与廉洁相联系。有勤俭之德，为官从政可以做到清白不污，纯正不苟，自我约束而不贪求。

"自强"，主要也是对公民个人的道德素质提出的要求，与"勤俭"是同一层次的道德准则。这更是中华民族的传统美德，《周易》里就有"天行健，君子以自强不息"的思想，代代相传，鼓舞中华民族在任何艰难险阻面前都能做到自立自强，只要有一息尚存，就要奋斗不止。

5. 敬业奉献

"敬业"，主要是规范公民与职业的道德关系，这是职业道德的重要内容，主要包括恪尽职守、兢兢业业、精益求精、视责任为生命等。

"奉献"，主要是规范公民与社会的道德关系，并引出公民对待他人的道德责任。这是在处理个人与社会、与国家、与他人的关系时应该具有的品质，其内涵是大公无私、克己奉公、超越自我、服从整体、先人后己。"有一分热发一分光""人人都献出一点爱，让世界变成美好的春天"，这些美好的诗歌、语言，都是人们对奉献精神的赞颂。今天我们讲奉献，主要是讲一种精神，强调在公与私、义与利、奉献与索取之间，把前者放在首位。

3.2.2 社会主义核心价值观与大学生道德建设

党的十八大报告明确指出："倡导富强、民主、文明、和谐，倡导自由、平等、公正、法治，倡导爱国、敬业、诚信、友善，积极培育和践行社会主义核心价值观。"这是对社会主义核心价值观的一种凝练和升华。其中，"富强、民主、文明、和谐"是国家层面的价值目标，"自由、平等、公正、法治"是社会层面的价值取向，"爱国、敬业、诚信、友善"是个人层面的价值准则。良好的大学生道德素养、均衡的社会整体道德水平，是确立和完善社会主义核心价值观不可或缺的伦理环境。同样党的十八大报告也指出：全面提高公民道德素质，这是社会主义道德建设的基本任务。要坚持依法治国和以德治国相结合，加强社会公德、职业道德、家庭美德、个人品德教育，弘扬中华传统美德，弘扬时代新风。

第一，社会主义核心价值观和公民道德素质是密不可分的统一整体。核心价值观的内核是文化建设，公民的道德风貌是其外在表现。将社会主义核心价值观纳入公民道德建设的全过程并以此作为根本的价值目标、指导思想和重点内容，不仅是我国社会和时代发展的迫切需要，也是公民道德建设不断取得实效的内在要求。公民道德建设既是社会主义核心价值体系建设的重要方面，又体现和反映着社会主义核心价值体系的要求。社会主义核心价值观只有内化为公众的价值追求，外化为公众的行为准则，才能真正发挥社会价值导向和价值引领的功能。公民道德只有在社会主义核心价值观的引领下，在改革开放和现代化建设的实践中不断得以培育和提升，才能为社会主义核心价值观的弘扬提供源源不断的动力源泉。

第二，社会主义核心价值观本身包含了公民道德建设的基本内容。2001年，中共中央印发的《公民道德建设实施纲要》提出，要坚持以为人民服务为核心，以集体主义为原则，以爱祖国、爱人民、爱劳动、爱科学、爱社会主义为基本要求，在全社会倡导"爱国守法、明礼诚信、团结友善、勤俭自强、敬业奉献"的基本道德规范。社会主义核心价值观本身包含了公民道德建设的基本内容，爱国、敬业、诚信、友善是我国公民应遵守的基本美德。

第三，以社会主义核心价值观引领公民道德建设，是核心价值观内化、培养合格公民的必然要求。公民生活的范围主要包括公共生活、职业生活、婚姻家庭生活，同样，公民道德建设相应也包括三个方面，即社会公德、职业道德和家庭美德。社会公德是指在社会交往和公共生活中公民应该遵守的道德准则。社会公德涵盖了人与人之间、人与社会之间、人与自然之间三个层次，具有继承性、基础性、广泛性、简明性的特点。随着社会主义市场经济的发展和传统社会结构的解体，新型的现代人际交往关系的产生，公民不再像过去一样只生活在由亲人和朋友组成的熟人圈子里面，而是必须面对越来越多的"陌生人"，以亲情和友情为主的"人情"伦理已不能适应其人际交往的现实需要，以利益纽带发展起来的新的人际关系需要公民进行新的人际伦理探索，这就使得以一种新的视角重新构建公民社交道德成为必要，加之现代社会尊重个人自由、尊重个性发展、尊重个体利益，人们对于自我的关注比以往任何时期都更为强烈，但是社会成员之间有着内在的相互依赖关系，个人的生存与发展不可能脱离社会和他人。只有认识自我在社会中的合理地位，认识自我与他人、自我与社会的内在关系，才能系统了解自己的社会角色，明确自己的社会责任，认识自己与社会其他成员之间的相互关联和彼此间的义务。

第四，爱国、敬业、诚信、友善四位一体集中体现了社会主义国家公民的基本价值追求和道德准则要求。大学生要正确认识国情和社会发展规律，正确认识自己肩负的历史责任，将爱国主义情怀转化为实际行动，把个人理想同国家、民族的奋斗目标相统一。大学生应注重对自身基本技能和实践能力的丰富和提升，把对职业的追求化为热爱职业、忠于职业、勤奋努力、锐意进取、精益求精、勇于创新的新时代"敬业"精神。"诚信"是人立身之本、国家立业之本、人类发展之本。大学生要做到诚信于己，诚信于人。"友善"是大学生成功、成才和发展的重要因素，加强友善能力的培养对大学生的健康发展具有重要的现实意义。

《公民道德建设实施纲要》指出："在全社会大力倡导'爱国守法、明礼诚信、团结友善、勤俭自强、敬业奉献'的基本道德规范，努力提高公民道德素质，促进人的全面发展，培养一代又一代有理想、有道德、有文化、有纪律的社会主义公民。""要大力倡导以文明礼貌、助人为乐、爱护公物、保护环境、遵纪守法为主要内容的社会公德，鼓励人们在社会上做一个好公民。""要大力倡导以爱岗敬业、诚实守信、办事公道、服务群众、奉献社会为主要内容的职业道德，鼓励人们在工作中做一个好建设者。""要大力倡导以尊老爱幼、男女平等、夫妻和睦、勤俭持家、邻里团结为主要内容的家庭美德，鼓励人们在家庭里做一个好成员。"十八大报告指出："加强社会公德、职业道德、家庭美德、个人品德教育，弘扬中华传统美德，弘扬时代新风。"如果说公民道德规范和社会公德、职业道德、家庭美德、个人品德共同构成一个完善的道德体系的话，那么社会主义核心价值观的第三层次爱国、敬业、诚信、友善，就是这个道德体系的核心。

党的十八大正是在继承和发展我们党关于社会主义核心价值体系思想的基础上，紧密结合全面建成小康社会和发展中国特色社会主义的新需要，从公民层面提出了"爱国、敬业、诚信、友善"的社会主义核心价值观，集中体现了中华民族传统美德、中国共产党革命道德和社会主义道德的精华，是中国共产党对马克思主义公民道德和价值理念的新发展。

3.2.3 大学生的家庭美德建设与职业道德建设

1. 大学生的家庭美德建设

家庭美德是每个公民在家庭生活中应该遵循的行为准则，涵盖了夫妻、长幼、邻里之间的关系。家庭美德是在一定的社会历史条件下形成的，是规范家庭生活、调节家庭关系和鼓励或约束家庭成员行为的道德准则。家庭美德具有很强的社会属性，既是家庭生活质量的保障，又是形成良好社会道德风尚的根基。因此，家庭美德建设是社会道德建设的一个重大课题。

家庭美德是维系家庭和谐幸福的主要精神支柱，是现代家庭健康向上、和谐融洽的标志，家庭的幸福与否，固然与家庭的物质生活水平相关，但更重要的还在于用什么样的价值观来指导和调整家庭生活中的各种关系。由于家庭成员在年龄、辈分、性格、文化、理想、志趣等方面的差异，家庭中的利益矛盾、兴趣冲突不可避免，这就必须用一定的道德规范来调整和约束家庭成员的行为，否则，家庭中就会矛盾冲突不断，甚至导致家庭破裂。

第一，家庭美德规范基本内容。《公民道德建设实施纲要》指出："要大力倡导以尊老爱幼、男女平等、夫妻和睦、勤俭持家、邻里团结为主要内容的家庭美德，鼓励人们在家庭里做一个好成员。"尊老爱幼是指要孝敬父母，敬重长辈，关心他们的物质生活和精神生活，理解、尊重老人的意愿。精心抚养子女，以平等民主的态度对待孩子，鼓励他们自强自立，积极向上。男女平等是指要尊重和保障妇女权益，反对歧视妇女。恋爱自由，婚姻自主，反对包办买卖。共同商量和处理家庭事务，反对大男子主义。反对重男轻女的思想。夫妻和睦是指夫妻间要互相信任，互相尊重，真诚相待。共同承担家庭责任，有福共享，有难同当。理解和支持对方工作，主动分担家务劳动。实行计划生育，做到优生优育。注意思想交流，增进夫妻感情，反对轻率离婚。勤俭持家是指要勤俭节约，量力而行，量入为出，妥善安排家庭生活。衣食住行，合理消费。婚丧嫁娶，文明简朴。文化娱乐，丰富健康。反对盲目攀比、铺张浪费、好吃懒做、奢逸败家。邻里团结，是指邻里之间要以礼相待，互谅互让，互帮互助。心里有他人，不乱挤乱占公用场地和设施。发生纠纷,无理要认错,有理要让人。关心社区建设,积极参与社会活动。

第二,家庭美德建设的作用。家庭美德不仅对家庭起着至关重要的作用,而且对社会也具有强烈的辐射功能。家庭是社会的细胞,家庭成员也是社会成员,其道德意识和文明行为对社会公德和职业道德形成有着重要的影响和作用,直接关系到整个社会的安定和团结。我国历代思想家都极为重视家庭伦理道德的作用,强调"修身""齐家""治国""平天下",强调家和万事兴。文明幸福的家庭是社会问题的"减压阀",如果家庭关系处理不好,夫妻反目,婆媳相嫌,邻里成仇,必然会损害整个社会的安定和谐。因此,《公民道德建设实施纲要》指出:"家庭生活与社会生活有着密切的联系,正确对待和处理家庭问题,共同培养和发展夫妻爱情、长幼亲情、邻里友情,不仅关系到整个家庭的美满幸福,也有利于社会的安定和谐。"

家庭美德对社会的安定的作用,主要通过个体道德化的途径来实现。家庭作为人类的初级群体,它是个体与社会的中介,是引导个体走向社会的桥梁,在人的社会化过程中有着非常重要的意义。其一,家庭是人们的生活共同体,家庭成员在长期的共同生活中密切接触,有着相互影响和潜移默化的作用。其二,家庭成员的根本利益是一致的,子女是父母生命的延续,父母对子女进行教育的过程中具有高度的责任心和深厚的感情。其三,子女从小生活在家庭中,心理上对父母有着强烈的依赖感和高度的责任感,易于接受父母的教育与训练。从这个意义上说,家庭伦理道德是个体与社会发生联系的润滑机制,当家庭伦理道德与社会公德、职业道德趋于一致时,个体道德的社会化就能沿着健康的轨道发展,从而保证社会的正常秩序。

第三,大学生应该以正确的价值观做好家庭美德建设。家庭美德是社会主义道德体系的重要组成部分,是调节家庭成员之间以及与家庭生活密切相关的人际交往关系的行为规范。在公民道德建设中,家庭美德建设是一块重要的基石,每一位大学生都应该从这个高度来认识家庭美德建设的重要性,用正确的价值观来处理家庭成员以及与之相关的人际交往的关系,始终坚持全心全意为人民服务的道德宗旨,每个家庭成员就是人民群众中的一个分子,而且是与自己关系最为密切的"人民",倘若不能正确地处理好家庭关系,不能全心全意地为这些"人民"服务,而要说为广大人民群众服务,那不过是高调,是奢谈。

因此,每个大学生都要以《公民道德建设实施纲要》中提出的家庭美德规范为准则,在家庭美德建设中发挥积极模范作用。

2. 大学生的职业道德建设

职业道德是所有从业人员在职业活动中应该遵循的基本准则,涵盖了从业人员与服务对象、职业与职工、职业与职业之间的关系。职业道德是同人们的职业活动紧密相关的,具有不同职业特征的道德规范的总和。一般来说,从事某种特定职业的人们,由于有着共同的劳动方式,接受着共同的职业培训和职业的熏陶,承担着共同的职业义务,因而形成了具有自身职业特征的道德观念、道德情感和道德品质。正因为如此,恩格斯指出："实际上，每一个阶级，甚至每一个行业，都各有各的道德。"[1]这里所说的"每一个行业"的道德，指的就是职业道德。

第一，职业道德规范的基本内容。《公民道德建设实施纲要》指出："要大力倡导以爱岗敬业、诚实守信、办事公道、服务群众、奉献社会为主要内容的职业道德，鼓励人们在工作中做一个好建设者。"爱岗敬业是指要树立正确的职业理想，干一行，爱一行，干好一行。脚踏实地，不怕困难，有吃苦精神。忠于职守，团结协作，认真完成工作任务。钻研业务，提高技能，勇于革新，做行家里手。诚实守信是指要做老实人、说老实话、办老实事，用诚实劳动获取合法利益。讲信用，重信誉，信守诺言，以信立业。平等竞争，以质取胜，童叟无欺，反对弄虚作假、坑蒙欺诈、假冒伪劣。办事公道是指要坚持公平、公正、公开的原则，秉公办事。处理问题出以公心，合乎政策，结论公允。主持公道，伸张正义，保护弱者。清正廉洁，克己奉公，反对以权谋私，行贿受贿。服务群众是指要听取群众意见，了解群众需要，为群众排忧解难。端正服务态度，改进服务措施，提高服务质量，为群众工作和生活提供便利。反对冷硬推脱、吃拿卡要，抵制行业不正之风。奉献社会是指要有社会责任感，为国家发展尽一份心，出一份力。承担社会义务，自觉纳税，扶贫济困，致富不忘国家。艰苦奋斗，多做工作，顾全大局，必要时牺牲局部和个人利益。反对只讲索取，不尽义务。

第二，爱岗敬业是社会主义职业道德所倡导的首要规范。爱岗敬业是职业道德的基础和核心，是社会主义职业道德提倡的首要规范。爱岗敬业是任何一种职业的从业人员的本分。我国近代学者梁启超说过，任何职业都是神圣的，因为人不仅为生活而劳动，也为劳动而生活，劳动、做事是生命的一部分。视职业岗位如同生命一样神圣，全心全意地热爱它，尽心尽力地做好它，就是爱岗敬业。爱岗敬业是一种高尚的道德情感，源于对自己所从事的职业价值的认同。有或者没有这种情感，会导致极不相同的工作态度和工作效果。在格外重视自我价值、"自我实现"的今天，只要有爱岗敬业的精神，每个人都能够在平凡的岗位上创造出不平凡的业绩。

第三，大学生是未来的建设者，要做好职业道德建设，需从以下四个方面努力。

其一，要树立正确的职业理想。一个人是否有作为，不在于他从事的是何种职业，而在于他是否尽心尽力地把所从事的工作做好。俗话说"七十二行，行行出状元"。因此，将来无论从事什么工作，只要是对社会有益，对人民有益，就要做到干一行、爱一行、专一行，不能朝秦暮楚，见异思迁，得过且过，正如毛泽东同志在《纪念白求恩》一文中所指出的那样"精益求精"。中华民族历来就是一个推崇敬业乐业精神的民族，素有"宠位不足以尊我，而卑贱不足以卑己"的职业价值观，非常鄙视那种"大事干不来，小事不愿为"的浮华习气。古今中外的杰出人物，没有一个是不热爱自己所从事的职业的，也没有一个是不乐意为自己所从事的职业而献身的。任何一个敬重自己事业的人，都会把这种爱表现在自己所从事的工作岗位上。再平凡的工作岗位，也能体现出崇高的敬业精神，能做出突出的成绩。离开了这一点，任何鸿鹄之志，都是不可能实现的。

---

[1] 中共中央马克思恩格斯列宁斯大林著作编译局. 马克思恩格斯选集（第四卷）. 北京：人民出版社，1972：236.

其二，要具有脚踏实地的工作态度。脚踏实地做好工作是爱岗敬业的具体表现，工作没有做好，爱岗敬业就是一句空话。做好工作就需要不怕苦、不怕累、不怕流汗水，具有强烈的事业心和责任心。

其三，要具有刻苦钻研、善于创新、勇于创新的精神。任何工作都有学问，所谓"行行出状元"。只有认真学习钻研工作中的学问，才能真正做到爱岗敬业。

现代社会里，要做到爱岗敬业，必须树立追求卓越的志向。我们身处的市场经济社会，是一个充满竞争的环境。要参与竞争并赢得竞争，就是要追求"最好""一流"，就是要追求卓越。只有卓越，只有"人无我有、人有我优、人优我新"，才能在激烈的竞争中始终处于主动的态势和领先的地位。面对快速变化的时代和蓬勃发展的形势，因循者和平庸者必然落伍，只有奋进者和卓越者才能与时俱进，始终站在时代前列。当然追求卓越不仅仅是绝对意义上的，它的实质在于每一个人的一种精神气度和奋斗意志，特别是在快速变化和发展的现代社会，一方面旧事物不断遭到淘汰，另一方面，新的机会、新的事物也在不断获得生长和发育。即使一个人在某一领域可能会落伍和淘汰，但他还有机会在其他领域获得领先和发展的机会。就这一意义而言，只有不懈奋斗，每一个人都有追求卓越的机会。

其四，诚实守信，是干好工作成就事业的基本品质。"诚信"的基本内涵，包括"诚"和"信"两个方面。"诚"，主要是讲诚实、诚恳；"信"，主要是讲信用、信任。"诚信"的含义，主要是讲忠诚老实、诚恳待人，以信用取信于人，对他人给予信任。诚实守信，是做人的基本准则，是职业活动中人们相互合作的凭借。

现实生活中，人们已经广泛使用"诚信"概念，现代人对"诚信"的使用，大多不再是本体论意义的"诚"，而是从规范层面取其"诚实守信"的基本意义。但是，如果我们细察起来，"诚"与"信"的规范意义仍然是存在细微差别并各有侧重的："诚"更多的是指"内诚于心"，"信"则偏重于"外信于人"；"诚"更多的是对道德个体的单向要求，"信"则更多的是针对社会群体提出的双向或多向要求；"诚"更多的是指道德主体的内在德行，"信"则更多的是指"内诚"的外化，体现为社会化的道德践行。当然，这种区分并不具有绝对的意义，二者是相互贯通、互为表里的，"诚"是"信"的依据和根基，"信"是"诚"的外在表现，正如北宋理学家张载所言："诚固信，无私故威"[①]，"诚"与"信"共同保证我们的道德。

"诚信"首先是处理个人与社会、个人与个人之间相互关系的基础性道德规范。孔子讲"民无信不立"，是指国家的统治者应取信于民，否则就得不到老百姓的支持。孔子讲的是国家与民众的关系。把孔子的话引申开来，在个人与社会、个人与个人之间，也可以说是"无信不立"。国"无信不立"，统治者"无信不立"，领导者"无信不立"，家庭"无信不立"，个人当然也是"无信不立"。今天我们在公民道德建设中，要大力倡导做老实人、说老实话、办老实事，要大力倡导以信待人、以信取人、以信立人的美德。

诚实守信，是做人的基本准则，也是职业活动中人们相互联系的凭借。在现代社会

---

① 张载. 张载集. 北京：中华书局，2012：11.

中，人与人之间的接触越来越广泛，越来越频繁，人们尤其是原本不相识、不相亲的人，能够彼此合作，依靠的就是诚实守信。诚者，开心见诚，无所隐伏也；信者，诚实不欺，信而有征也。诚实守信，关键在于信。自古以来，信被视为一切德行的基础，是最基本的道德。中国传统道德讲"仁义礼智信""人无信不立"，人不讲信用，就难以在社会上立足。"江南药王"胡庆余堂的总经理室高悬的"戒欺匾"："凡百贸易均着不得欺字，药业关系性命，尤为万不可欺。"这是创办人、著名的清朝商人胡雪岩立下的。重义守信，作为中华民族的传统美德，今天应该将它进一步发扬光大。信用是发展市场经济的道德前提。没有信用，交换就不能进行。我国民间流传的谚语中有许多都是讲商业道德特别是信用的重要性的，如君子爱财，取之有道；诚交天下客，誉从信中来；诚信赚得字号久，谦和赢来顾客长；买卖不成仁义在，等等。做买卖是要赚钱的，但是也要赚得光明磊落，不能赚黑心钱。

诚实守信，要讲信用。信用是成就事业的根本。一个人没有信用，就不能与别人合作共事。我国著名的思想家、教育家孔子说过："人而无信，不知其可也。"[①]诚实守信，历来是成就事业者的基本品质。在改革开放，发展社会主义市场经济的过程中，要求人们讲信用重信用有着很强的现实意义。大学生要带头讲信用，带头与各种不讲信用的现象和行为做斗争，促进全社会养成诚实守信的良好风气。

诚实守信是现代社会互相合作的重要前提，也是市场经济条件下公平竞争赖以维护的重要准则。现代社会是一个高度复杂的大系统，社会生活必须依据各种规则有序的运行，其中法律是社会规则的一种成熟形态。但是，法无尽备、法无尽善，法律不是规则的全部，因此，人们要有诚实守信的道德，从内心深处来规范自己的行为。通过信守承诺，人们建立起健康有序的社会生活和群体生活。如果在这样一个高度复杂的现代社会里，每一个人都各行其是，或者隐私作假，就没有群体生活和公众秩序可言。因此，就某种意义而言，来自道德层面上的自我约束比来自法律层面上的约束更为重要。法律约束仅仅在一定的范围内对人的特定行为产生约束作用，受到时间、空间及其有关技术手段和执行成本的限制，而自我的和来自社会成员道德概念的道德约束更具有一种经常性、及时性和广泛性。当诚实守信成为每一个人的自觉行为和整个社会约定俗成的规范时，它就成了维护社会成员具体的个人利益和整个社会的共同利益的强有力的基础。

3.3 大学生道德素质教育的方法和途径

任何一个人向善从恶的道德素质都不是遗传的、不是先天固有的，而是在社会生活环境中培养形成的，通过教育、锻炼巩固发展的。人的本质特点就是他的社会性和可塑性，特别是青年人的道德素质、人格素质还没有定型，可塑性极大。具有良好道德素质的人，可能"更上一层楼"，继续前进；也可能向坏的方面转化，落后退步，甚至堕落，成为人民的罪人。

[①]《论语·为政》。

3.3.1　掌握道德素质培养的方法

中国伦理思想史上是特别重视道德修养方法的。所谓"修养",主要是指人们在政治、思想、道德、学术或科学技术等方面进行的勤奋学习和涵育锻炼,以及经过努力实践所达到的能力水平和精神境界。孔子及其门徒是用所谓"内省""自讼""吾日三省吾身"等方法来反省、检查,达到克己复礼、为仁的道德境界的;庄子提倡"心斋"和"坐忘"的修养方法。所谓"心斋",就是使内心虚而静;"坐忘",就是面壁而坐,不思不动,排除一切感情欲望,做到物我两忘,使自己成为一个精神上绝对自由的真人。明朝黄绾在《明道编》中说,为了提高自己的道德品质,他经常"悔恨发奋,闭户书室,以至终夜不寐,终日不食,罚跪自击,无所不至"。还"以绳系于臂,又为木牌,书当戒之言藏袖中,常检之以自警","如此数年,仅免过咎,亦不能无猎心之萌。由此盖知习气移人之易,人心克己之难⋯⋯今不觉白首,数十年犹未足以纯道明德,其可惧何如哉!"[①]尽管他严格用"仁义道德"约束自己的行为,"灭人欲",结果还是做不到。清初著名的思想家颜习斋批判了程朱脱离生活实际的修养方法,提出"躬行实践",重视"实用",即实际练习,才能达到道德品质修养的目的。因此,他以书房为名,叫习斋。

实践是道德修养的根本方法。这是马克思主义伦理学在修养方法上区别以往伦理学的本质标志。人的道德素质,只有在人们相处的社会关系中,并通过相互关系才能产生和形成。任何人的存在都不是孤立的,而是在社会关系的影响和制约中存在的,人们的道德素质和行为,也只能在人和人相处的道德关系中,才能够形成和表现出来,否则是绝对不可能的。所以,马克思主义伦理学特别强调实践的重要作用。

素质修养的一个重要原则就是理论联系实际,身体力行。所以,努力学习,掌握集体主义的道德原则和规范的科学理论,是极为重要的。因为,只有有理论,才谈得上去联系实际,只有在理论的指导之下,树立崇高的道德理想,才能在素质培养中认识哪些是道德的,哪些是不道德的,并通过道德实践活动,反复检查自己的言论和行为,不断克服那些违背道德要求的坏习惯,努力提高自己的道德境界。

人的道德素质修养是一个从认识到实践,循环往复,不断提高的过程,永无停止之时,就是人们常说的:活到老,学到老,改造到老。毛泽东同志在中共中央举行庆祝吴玉章六十寿辰大会上的祝词中讲:"一个人做点好事并不难,难的是一辈子做好事,不做坏事,一贯地有益于广大群众,一贯地有益于青年,一贯地有益于革命,艰苦奋斗几十年如一日,这才是最难最难的!"[②]大学生要提高自己的品德素质就必须不断地把自己的认识付诸实践,使道德情感、道德意志、道德信念,通过学习、修养、锻炼以及反省、对照、检查,通过知、情、意、信等内化贯通为一体,再转化到个人的道德行为实践中去,这样,才能达到道德的较高境界。

---

① 黄绾. 明道编. 北京:中华书局,1959:23.
② "寻求救国安邦真理"——吴玉章的革命故事. 人民日报,2016-06-24(009).

3.3.2 创造良好的环境加强道德教育

人总是生活在一定的具体历史环境中，人的思想、认识、情感、意志都要受到社会环境的影响和制约，所以，创造一个良好的环境，能促进良好道德的形成和提高。

良好道德素质的形成要经过复杂的过程，包括道德认识、道德情感、道德意志、道德信念和道德行为的形成。因此，在进行道德教育时，主要应从以下诸方面入手。

1. 提高道德认识

道德认识，指行为者对个人与他人、个人与社会的关系以及调节这些关系的理论、原则和规范的了解和掌握。道德认识是道德行为和习惯的先导，没有正确的道德认识，就不能形成相应的道德行为和习惯，即使表现出道德行为也是偶尔的、不系统的。正确的道德认识是推动人们采取相应的道德行为和习惯的巨大精神力量，是使良好道德转化为个人内在品质的首要因素。因此，要培养良好的品德素质，首先要提高人们的道德认识，有目的、有计划地讲解良好品德的理论、原则和规范，形成良好品德素质的概念，提高道德判断能力。

2. 增强道德情感

道德情感，是指恶恶、善善的心理体验和态度倾向。道德情感是随人们的道德认识而产生和发展的，对道德行为起着巨大的调节作用。因此，人们在提高道德认识的同时，还要加深对道德情感的体验。道德情感应从多方面进行陶冶，如听取先进人物事迹报告、日常生活多做好事等；道德情感的形成还需要在实践过程中，经过长期的甚至痛苦的磨炼。它一经形成，就会成为一种稳定的强大力量，影响人的品德。因此，高校要组织各种有益的活动，促进大学生道德情感的形成。

3. 锻炼道德意志

道德意志，是指人们在履行道德义务的过程中所表现出来的，自觉地克服内心的一切障碍和外部困难做出抉择的力量和坚持精神。它主要表现在能够用理智去战胜欲望，排除来自主客观的各种干扰和障碍，按照所定目标把道德行为坚持到底。道德意志有助于人们顽强地进行良好品德素质的修养，是能达到一定道德水平的重要条件，因而是形成良好品德素质的关键。因此，我们要重视道德意志的培养和锻炼。培养大学生的道德义务感、责任感，以充实道德意志的力量源泉，培养大学生抵制外部的腐蚀和引诱的能力，保持"富贵不能淫，贫贱不能移，威武不能屈"的高尚情操。

4. 强化道德信念

道德信念，它是行为者对道德理想、道德人格、道德原则、道德规范的坚定不移的信仰。道德信念是深刻的道德认识、炽热的道德情感和顽强的道德意志的有机统一。它具有综合性、稳定性、持久性的特点，是良好品德素质形成的核心因素，是道德认识转化成道德行为的内在力量。在历史和现实生活中，无数先进人物之所以能成为人们学习的榜样，就是因为他们能不折不扣地完成道德准则的要求，严格要求自己，不为社会上不良的现象所影响，忠诚地履行自己的道德义务。因此，我们在进行道德教育过程中，必须紧紧抓住这一中心环节。

5. 养成道德行为

道德行为，是指人们在一定的道德认识、情感、意志和信念的支配下，采取的有目的的行为。它是衡量人们道德水平高低、道德品质好坏的重要标志。看一个人的道德品质，不是取决于他的言语是否动听，而是取决于他的行为是否高尚，是否言行一致，是否有利于他人和社会。偶尔的一种道德行为并不能体现一个人道德品质的好坏，道德行为只有养成道德行为习惯，才能达到完善的地步，良好品德素质才得以定型。因此，人们不要忽视培养道德习惯。

在整个道德教育过程中，道德认识、情感、意志、信念和行为这几个基本要素，是相互联系、相互制约、相互渗透、相互促进的，道德认识是前提和依据，道德情感和道德意志是必备的两个内在条件，道德信念是核心和主导，道德行为的自觉性和持续性是道德品质高低的主要标志，道德实践贯穿于这一教育的始终，并为各个因素或环节相联结、相统一。

3.3.3　道德修养是培养良好品德素质的决定因素

道德教育是个人品德素质提高的外因，道德修养是个人品德素质提高的内因，外因只有通过内因才能起作用，具体做法如下。

1. 自觉接受道德教育

大学生自觉接受道德教育就是能自觉主动地、系统地学习良好品德的理论体系，不要有厌学的思想和行为。这是因为理论是行动的指南，理论越扎实，认识越正确，进行自我修养的自觉性就越高，在修养过程中的盲目性就越小，就能增强识别能力，抵制消极影响，坚持正确方向，免受挫折，少走弯路。因此青年大学生应自觉接受政治经济学、哲学、中国特色社会主义理论及思想品德修养、法律基础等理论教育，在这些理论的指导下，自觉树立崇高的理想和科学的人生观。

2. 知行合一，言行一致

大学生的思想道德素质教育要与社会实践相结合。学校应努力创造条件，帮助学生深入社会，了解国情民情，增强社会责任感。实践教育要突出劳动教育和艰苦奋斗精神教育。现在的大学生独生子女居多且都是从校园到校园，缺乏体力劳动的锻炼，缺乏艰苦生活的锤炼，缺乏逆境挫折的考验，这是他们的"先天不足"。通过有效的劳动教育和开展广泛的社会实践，可以磨炼他们的意志，锻炼他们各方面的能力，培养他们吃苦耐劳、艰苦奋斗的精神。

道德知识与其他知识不同，道德知识需由道德行为来体现，没有道德行为，就等于没有掌握道德知识，而其他知识只要记在心里，即使没有去实践，也仍视为有知识，可见，良好的品德素质必须知行合一、言行一致。大学生在接受系统的道德理论学习后必须投身于实践中去，只有投身到实践中，才能改造自己的主观世界，只有在与人们相处的道德关系中，才能改造和完善自己的道德品质。只有在社会实践中，才能达到知行合一、言行一致，这是道德修养的特点也是道德修养的最高境界。道德修养过程的实质是两种道德观念在人们头脑中的斗争，这种斗争是一个复杂而长期的过程，这种斗争过程实质是大学生从认识到实践，从实践到再认识、再实践，不断循环往复的过程。通过这种不断循环、不断提高，达到道德修养的目的，此外，在实践中，我们应从身边的小事做起，只有不弃小善，才能积成大善；不舍小德，才能积成大德。一个人做一件好事并不难，难的是一辈子做好事。每一位有高尚品德的人，都是从一点一滴的小事做起的。平时不检点，大事做不来，小事又不愿做，幻想在一夜之间就成为德高望重、一鸣惊人的人，是根本不可能的。

3. 学习榜样，不断内省

榜样的力量是无穷的，英雄、模范人物的事迹和言行，集中体现着时代精神的风貌，体现着优秀的道德品质和高尚的情操。无论一个人进入哪一种道德境界，往往都是从仿效开始的。自我修养者，往往自我选择榜样，将自己认为真实、感人、伟大、舍己的道德模范作为自己的榜样，对自己的榜样发自内心的喜欢、崇敬，在言行上亦步亦趋地追求，渴望自己未来成为他。雷锋精神已经成了我们民族精神的瑰宝，他的一生虽然仅仅只有二十二个春秋，也没有惊天动地的壮举，但他甘做一颗永不生锈的螺丝钉，在平凡的岗位上乐为人民献青春。他的这种精神，曾鼓舞了几代人的成长，至今还在发挥着巨大的作用。

人们在学习榜样的过程中，要注意不断内省。内省是从古到今行之有效的一种自我修养的方法。内省就是自己进行反省，见不良行为而反省自己，警示自我，发现良好品德行为的人便主动向他学习，找出自己的不足。在日常生活中，人们应主动地把自己的行为与榜样相比较，找出差距，不断反省自己，开展自我批评，对照自己的言行，自觉揭露思想上和行为上的矛盾和问题，开展思想斗争，抛弃错误思想，确立正确思想。内省者，是自觉战胜自我的强人，是具有高尚品德的人。鲁迅先生曾被毛泽东同志称誉为"中国的第一圣人"。鲁迅先生自己说"我的确时时解剖别人，然而更多的是无情地解剖我自己"[①]。可见，人无完人，模范人物也有其不足的一面，他们之所以能成为模范，是因为他们能自觉进行自我批评，不断反省自己，始终坚持正确的方向。

4. 严于律己，努力做到慎独

"慎独"是道德素质修养的又一种方法，也是要达到的较高的道德境界。所谓"慎

---

① 鲁迅. 鲁迅全集（第一卷）. 北京：人民文学出版社，2005：300.

独"，《礼记·中庸》里讲道："莫见乎隐，莫显乎微，故君子慎其独也。"就是说，无论有没有人监督，都要严格要求自己，独善其身，小心谨慎，甚至连一个细节也不放过。正如人们常说的，"若要人不知，除非己莫为"。因此，道德品质高尚的人就特别注意从最隐蔽的心境和最微小的事情上提高自身的道德素质。"慎独"的特点就是要求人们在道德修养过程中，必须自觉树立坚定的道德理想和信念，言行一致，表里如一，始终如一。在今天，就是用社会主义道德原则和规范来约束自己、控制自己，选择道德的行为。这种"慎独"和"自律"的方法，对于大学生进行道德素质的教育和修养是值得借鉴的。

古希腊著名哲学家德谟克立特认为应该在大家看不见时和大家都看见时一样不做坏事。慎独最基本的特征，是充分发挥自觉性在道德修养中的作用，一方面，慎独要求一个人即使在别人看不见自己的行动，听不见自己的声音的情况下，对待最隐蔽、最细微的事情能按道德的准则行事，这是以高度自觉性为先决条件的，要做到这一点，必须重视道德修养本身的锻炼，提高道德修养的自觉性或主观能动性。另一方面，慎独要求人们在独立工作，无人监督的环境下，也能够严格按照道德准则行事，做到时时处处不离道德原则，即达到"人心所欲，不逾矩"的境界。这就要求对道德的种种原则、规范不仅熟知，而且接受，成为自己的内心信念。要达到这种水平，需要长期不懈地学习、锻炼，依靠在实践中所形成的内心信念来支配自己的行动。一个人在公共场所，众人面前，按照良好品德要求说话办事是比较容易做到的，而在无人之处，别人"永远"不会知道的情况下，永远不做坏事是比较难的。公开场合中讲套话，表现出大公无私，而在背后也做到不计较个人的利益得失也是不容易的。人一旦做到这一点，就说明能严于律己，做到慎独。所以，慎独是道德修养具有高度自觉性的表现，也是衡量一个人道德水平的标准。

3.4 大学生道德素质教育有关问题的探讨

3.4.1 强化责任感是大学生道德素质教育的重要内容

人在社会生活中必然要扮演一定的社会角色，承担一定的社会责任，在社会历史进程中发挥这样或那样的作用。对肩负全面建成小康社会伟大历史使命的青年大学生而言，在社会主义市场经济条件下，正确认识和处理个人与社会的关系，明确人生的社会责任，无论是对于促进自身的发展完善，还是对于推动社会历史的进步，都具有极其重要的意义。

1. 责任感的内涵

所谓责任感，是指人们在保护和促进自身权益的过程中，不忘他人和社会的整体利益，自觉履行各种法定义务，积极承担自己应尽的责任。从道德自身的特点和实践经验来看，大学生道德素质教育应该把培育和强化事业责任感、工作责任感、社会责任感作为一个重要的基点。

第一，责任感是道德的内核。任何道德规范都是相应责任的体现，如政治道德、社会公德都是一定的政治责任、社会责任在道德领域的内在反映。如果没有相应的责任要求，道德规范就成了空洞的条文，很难发挥积极的作用。

第二，责任感是自觉遵守道德规范的前提。任何道德规范的落实，都要靠人的自觉性，而这种遵守道德规范的自觉性的培养和形成，恰恰是以人的责任感为前提的。责任感是自觉性的基础。如果一个人有了强烈的责任感，就会自觉地遵纪守法，遵守各种道德规范，对自己、对他人、对社会认真负责，妥善处理好不同利益主体的关系，严格自律。相反，缺乏责任感的人，往往对自己的言行极不负责任，有的甚至不顾最基本的道德准则，损害他人和社会的利益。道德行为是道德本质的外在表现，从一个人的言谈举止中，我们可以看出他的道德涵养、他的责任感。生活告诉我们，任何高尚的德行，都是以某种责任感为支撑的。不能想象，一个没有责任感的人，会对他人、对社会负责任，成为一个道德高尚的人。

第三，责任感是道德评价中最一般的价值尺度，是一条"底线"。不可否认，由于职业的不同，人与人之间在政治水平、经济状况和文化素质方面存在一定差别，其道德规范、道德觉悟和道德水平也肯定会有所不同，但是责任感是对每个人共同的道德要求。我们评价一个人的道德状况，关键是看他有没有承担起相应的责任和遵守相应的道德规范，如果他承担了相应的道德责任，遵守了相应的道德规范，他就是一个有道德的人，否则，他的道德水平和道德觉悟就有问题。正是责任感在道德实践中的这些重要功能使我们确信，人的责任感是整个道德大厦赖以建立的基石，我们要在新的形势下扎实有效地提高大学生的道德素质，就必须以培育责任感为突破口，夯实道德建设的基础。

社会责任作为一个道德范畴，往往同使命、职责和任务具有同等的意义。所谓社会责任，就是一个人为社会、集体应该做到的事情以及对自身行为的后果负责。人作为一定的社会成员，在社会生活中，不论个人是否意识到，客观上都必然要对社会和他人承担一定的使命、职责和任务，因而都有对社会和他人履行义务的社会责任。义务表明个人对社会和他人所承担的社会责任，也表明社会和他人对个人行为的要求。它是由社会的物质生活条件决定的人与人之间道德关系的反映，是一个正常人赢得他人和社会承认、尊重的价值尺度。

2. 社会责任的特征

第一，社会责任具有客观性。社会、集体是客观存在的实践，人对社会、集体所承担的责任就是客观实在的，而且也是客观规定的。社会、集体给每个人的发展都提供一定的条件和帮助，也就是向每个人负责，因而每个人也必须为社会负责任、尽义务，这是不以人的意志为转移的，正如人要吃饭，必须种粮食或以某种劳动从社会上换得粮食一样。那种只想享受社会给予的权益而不为社会承担义务，或者对自己所负的责任采取漠然置之的态度是不能容忍的。有的人虽然可以蒙混一时，但终究是要受到谴责和惩罚的。因为他们的那种行为，就会造成社会成员间事实上的不平等，甚至是一种对他人劳动、权益的侵犯行为。如果每个人都这样做，那么这个社会、集体势必会遭到毁灭。

第二，社会责任的实现受着主观能动性的制约。作为社会的人具有意识和思维创造能力。人能够根据客观存在着的事和物，提出自己的想法和见解，在思想、意识的驱动下制订出改造事物不合理现状，向自然界索取物质生活资料的行动计划、方案，并将其付诸行动，以此来履行自己的社会责任，达到认识世界和改造世界之目的。这个过程就是人的主观能动性发挥的过程，它体现了一个人对社会、集体的责任心。责任心的强烈与否，直接影响着社会责任实现的程度。对社会、集体有着强烈责任心的人在为社会、集体承担责任时，就会充分发挥自己的主观能动性，并以极大的毅力克服重重困难，义无反顾地为实现自己的目标而奋斗。正因如此，人类的许多理想才得以实现，如宇宙飞船、载人航天飞机、人造卫星上天等。中华民族的多少英烈，为解救在水深火热之中的人民，铁肩担道义，勇敢地挑起了拯救中国的重任，在为履行自己的社会责任过程中发挥了极大的主观能动性，贡献了自己的一切。相反，那些缺乏责任心的人对社会、集体就会冷眼旁观，对那些为社会所急需的问题无动于衷，不愿意也不想去发挥自己的主观能动性，甘愿让自己的潜力隐藏起来，因而不能很好地履行自己的那一份社会责任，也使自己沦为平庸之辈。

在完成社会责任时，主观能动性体现在以下几个方面：①个人的活动是有计划、有目的的活动，带有明显的指向性。②个人承担社会责任的活动带有预见性。在履行自己社会责任时能够预见自己行动的后果。③个人的活动是主观受之于客观的实践活动。个人对社会集体所承担的责任的履行过程，就是他发挥主观能动性改造自然、改造社会的实践过程。只有将自己的愿望、目标付诸实施，社会责任才算尽到，而这只有在个人的主观意识认识到自我对于社会的责任时，个人的意识观念才会去指导他按责任的要求去认识世界和改造世界，去创造人类所需要的东西。主观能动性人人都有，但只有在主观意识中具有责任心时，人的主观能动性才能发挥出来，才能对人们的实践活动起指导作用。

3. 强化责任感是大学生价值观教育的基础

当代大学生的思想特点之一是观念随着身心的发展正处于逐步形成时期，具有不成熟和不稳定性。受家庭、社会、教育状况等诸多环境因素的影响，其价值取向具有积极与消极的两重性特征。积极性表现在：受传统思想影响形成的爱国主义意识；较强的组织观念及遵纪守法观念；受市场经济影响形成的竞争意识、开拓意识、独立自主意识和锐意进取精神；在时代进步影响下形成的民主与法制意识等。消极因素表现在：部分大学生受传统观念影响而形成的故步自封意识；在西方不良思潮影响下形成的个人中心主义、自由主义、极端主义；受不完善的市场经济体制冲击而形成的重索取轻奉献、重个人轻集体、重物质利益轻精神文明、一切向钱看的意识等。这些消极因素是阻碍大学生形成正确价值观的绊脚石。正是由于大学生价值取向的两重性特征，他们迫切希望实现自我价值却又缺乏深层次的社会思考和高层次的理想追求，由此出现了部分大学生的行为"怪圈"，表现在有些人强烈要求进步，但对党的性质及自身奋斗目标没有深刻认识和高尚追求；有些人报考研究生，但缺乏为科研而献身的精神；有些人争做学生干部，但缺乏甘当公仆的严肃思想和坚强意志；有些人争取出国"镀金"，却只为自我价值的实现而丧失奉献和报效祖国的良知；有些人痛恶社会不正之风，却不重视自身的基础文明与修身养性……凡此种种思想都表现了一点，即缺乏社会责任感，过分肯定自我价值而否定社会价值。这与社会发展形势不相适应，若不加以正确引导与纠正，他们则必为社会所淘汰。

思想教育工作者应充分利用思想教育课和政治理论课，对大学生进行价值观教育，用辩证唯物主义和历史唯物主义观点加以正确引导，在肯定学生实现自我价值的积极性的同时，强调社会价值包容个人价值，个人价值只有通过其创造出的社会价值才能为社会所肯定与承认，任何脱离集体与社会的个人都只可能是无源之水和无本之木，只有崇高的理想和与之相伴随的自觉行为才可能创造出真正的社会价值。只有让大学生有了深刻的理性认识后，才能确立稳定的正确的价值观，其思想与行为才能保持良性发展而非随波逐流。

大学生在接受高等教育的同时，又处在走向社会的预备期这一特殊阶段，就其心理发展而言，是一段迅速走向成熟而又未能达到完全成熟的关键时期。面对即将跨入的纷繁社会领域，他们不得不经历自我反省，期待着对自身的重新认识和重新发现。就在这一特殊阶段，他们发现和认识到自己处在了人生的重要十字路口——现实的自我和理想的自我之间的差距，到了必须认真思索和定位的时候了。这种矛盾伴随着痛苦和不安摆在了他们面前，涉及他们生活的各个方面：国家需要、个人理想、事业选择、恋爱婚姻家庭等。大学阶段的教育，正是针对青年学生的这一特征，引导大学生由理想的自我过渡到现实的自我；引导和帮助他们走向成熟与完善；在传授知识技能的同时，强化他们的人格品质，并以培养他们的责任感为首要任务。

教育的真正目的是什么？马丁·路德·金说，知识加上品性，这就是教育真正的目的。根据上海市教育委员会的一项对两万人调查的结果，用人单位对高校毕业生最大的希望和要求是懂得做人的道理、有责任心。他们认为，知识、经验可以在岗位实践中积累和培养，而责任心只能从小养成，否则上岗后再培养就太晚了。有一家公司招聘职员，公司总裁特意在门口扔了一张纸片，在进来的应聘者中，有的人视而不见，有的人不屑一顾，只有一位应聘者在进门时看到纸片并将它捡起扔进废纸篓，然后从容应聘。后来，这位捡起纸片的应聘者果然被公司录用。对此，公司的解释很耐人寻味："善于做小事的人，才能做大事。一个连举手之劳都不屑一顾的人，会为公司的发展尽心尽力吗？"由此可以看出，人的个性品质对其人生的影响有着非常重要的决定作用，尤其是责任心的培养对高等教育提出了多么严峻的现实考验。概括而论，教育的真正目的不但是使受教育者在拥有知识的同时不为知识所困，而且以知识主人翁的姿态对知识加以灵活应用；更重要的在于运用知识投身于崇高、正义、公益的事业中去，并且投入得越深入，我们就越高尚、正直、聪明、诚信，更有责任感。

3.4.2 富有事业心是大学生实现人生理想的力量源泉

实践证明，要成为有用人才，需要进行多方面的锻炼和修养，其中最基本的则是树立远大理想和培养强烈的事业心，因为它是进行其他修养的基础。

1. 事业心的内涵

事业心是人为实现远大理想而献身于某项具体事业的决心和对事业负责的心理状态。事业心与理想既有区别又有联系,事业心受理想(特别是社会理想和职业理想)的制约与支配。任何理想都要通过一定的具体事业去实现,而任何事业又都是在一定的理想指导下进行的。具有高尚理想的人,即使在平凡的工作岗位上也能为大的事业贡献力量;缺乏高尚理想的人,即使在社会意义极其重要的部门里工作,也不免成为碌碌无为的庸人,或者虽有一定成绩,但因目光短浅,不能做出更大贡献。

现实生活中有些人不热爱本职工作,或追名逐利;或只追求个人兴趣、爱好;或把工作作为满足个人私欲、涉异猎奇的手段;或为科学而科学,自命清高,不关心社会需要,等等,都是缺乏远大理想的表现。若只有"理想"而没有强烈的事业心去努力实现它,那种"理想"也只不过是空洞的幻想,是不能实现的。一般情况下,如果真正树立了远大理想,就会产生强烈的事业心。

2. 事业心的主要表现

第一,自觉地认识自己所从事的事业对社会的意义,明确自己肩负的历史使命。只有这样才能根据社会的需要,选择自己的奋斗目标,并有饱满的工作热情,有强大的动力和献身精神。我国著名地质学家李四光,少年时看到祖国海面上都是外国的船只,洋人耀武扬威。他就下决心长大以后为祖国造出最好的船,振兴祖国。他后来东渡日本学造船,回国后,感到造船需要钢铁,又学冶金,以后感到冶金需要矿石,需要采矿、找矿,所以又学地质。他多次改学专业,完全是为了振兴祖国,为了使他所献身的具体事业对国家更有利。最终,他终于为祖国的地质学研究和找矿、采矿等事业做出巨大贡献。鲁迅先生开始学医,是为了改善中国人民的体质,后来认识到中国人民被欺负,不是因为身体弱,而是因为缺乏觉悟,需要觉醒,他由学医改为学文,决心用自己的文章唤醒中国人民起来战斗,拯救危难中的祖国。这些人才都是由于明确自己所从事的事业对民族、社会、国家的意义,明确自己肩负的历史使命,才能以强烈的事业心选择自己的职业和工作,并为之献身。科学史上,凡有较大成就的科技人才,一般都有强烈的事业心以及为科技事业献身的精神。这种事业心和献身精神,使他们像蜡烛一样,心甘情愿地燃尽自己而给别人以光明。我们中华民族是一个有志气的民族,培育了许许多多为民族振兴、祖国富强而献身的人才,他们的业绩可歌可泣,他们强烈的事业心值得世世代代学习和继承。

第二,不断探索,勇于创新,永不停步。社会不断进步,人类认识自然和改造自然,认识社会和改造社会也是永无止境的。所以,需要人才不断探索、勇于创新、永不停步。强烈的事业心可以使人才在取得成绩后永不满足,不断追求新成就,永远保持旺盛的创造激情和实干精神。

人类对自然界和社会的认识与改造是没有止境的,正如著名英国医学家哈维写的一首诗:

谁也没有达到完善的地步。

他以为知道的，实际上还有许多地方不知道，
时间、空间和经验增加了他的知识，
或改正他的错误，或训诲他，
或引导他放弃那些他过去曾经深信不疑的东西。

所以，优秀人才不会满足于一得之功或一孔之见，一时的成功和随之而来的荣誉不会使他们停步。不可穷尽的未知世界和事业的召唤，驱使他们自强不息，奋力拼搏，为事业鞠躬尽瘁，为人民负责到底。

第三，兢兢业业，埋头苦干，百折不挠，顽强奋斗。一个立志成才者，树立远大理想是非常必要的，但是还必须有强烈的事业心，去兢兢业业，埋头苦干，百折不挠，顽强奋斗，才有可能最终实现理想。因为改造自然和改造社会都不会是一帆风顺的，总要遇到各种各样的困难和挫折，如探索和创造过程中的困难。

科学的道路上没有平坦的大路可走，要探索和创造，就要披荆斩棘，开辟新路，难免会遇到各种各样的困难、挫折，甚至失败。要战胜它们，就需要有强烈的事业心，兢兢业业，埋头苦干，百折不回，顽强奋斗。英国发明家富尔顿，为了发明轮船，不屈不挠地奋战了十三个春秋。当他经过九年艰苦奋战，在工人的帮助下制造出一艘小轮船，进行试航时，不料被狂风暴雨打翻沉入河底，但他没有灰心。在水中苦战了二十四小时，把船上的机器全部打捞上来，不顾一些人的恶意中伤和嘲笑，继续试验，经过多次失败，终于成功地发明了新型的水上交通工具——轮船。科学史上，类似的例子不胜枚举，完全一帆风顺的例子则是少有的。要有所发现、有所发明、有所创造、有所前进，就要苦干，就要奋斗。华罗庚同志说得好，面对悬崖峭壁，一百年也看不出一条缝来，但用斧凿，能进一寸进一寸，得进一尺进一尺，不断积累，飞跃必来，突破随之。这种能进一寸进一寸，得进一尺进一尺的苦干、实干精神，当然来自强烈的事业心。

社会弊病、传统观念、习惯势力等许多复杂因素，也会给人才的探索与创造带来很多困难，同样需要人才百折不挠地战胜它们。科学史上，欧洲中世纪大批科学家遭到教会的迫害；大发明家爱迪生曾找不到工作；爱因斯坦曾遭希特勒政策的排斥；贝尔发明电话后，却不被人采纳；琴纳发现牛痘疫苗预防天花，却被造谣中伤等，这些都是社会问题、习惯势力、传统观念给人才造成的巨大困难。在现代社会里，人才的处境好多了，但是，也曾有人才被误解、打击和迫害的现象，如果抵制不利，就会兴风作浪，阻碍人才成长。要战胜上述各种困难和挫折，就需要人才有强烈的事业心，去顽强搏斗。

个人生活方面的困难或业务素质修养不足，也会给人才带来很多困难，需要去战胜它们，如居里夫妇没有良好的实验条件，后来居里又横遭车祸，对居里夫人是巨大的打击，但她在忍受巨大悲痛的情况下继续工作，两次获得诺贝尔奖。若没有强烈的事业心，没有坚强的意志和顽强的毅力，这是很难想象的。今天，在现代社会里，人们的学习、工作条件尽管有很大的改善，但是，还会有个人生活方面的困难，或由于各种复杂因素造成的知识基础差等，这些都需要人才兢兢业业、百折不挠地去战胜它们。埋怨是没有用的，唯一的出路就是奋斗。要奋斗就要有强烈的事业心，在这样的思想基础上，人们才会自觉地去战胜困难。

第四，不图名利，勇于献身。一个有远大理想和强烈事业心的人，不会被名利所倾

倒。因为他明白，一个人的贡献再大，对于整个事业、对于人类的进步所起的作用，仍然是微乎其微的；更明白自己所做的一切是对人民应尽的责任，人民给自己的荣誉、报酬，应该成为自己前进的动力，绝不应该成为包袱，更不应该"利令智昏"，向人民讨价还价。马克思曾经说过："科学绝不是一种自私自利的享乐。有幸能够致力于科学研究的人，首先应该拿自己的学识为人类服务。"[①]白求恩同志就是一个突出的典范。科学史上的爱因斯坦、诺贝尔、居里夫妇等；我国的李四光、陈景润、蒋筑英、罗健夫、钟南山等许许多多的人才，都是不图名利、勇于献身科技事业的人。

综上所述可以看出，强烈的事业心是立志成才者所必需的，也是一切成才者继续前进所必需的。然而，"事业"并不完全是正义的，还有非正义的。如果为反动阶级的"事业"去服务，其"事业心"越强，对人民的危害则越大，如第二次世界大战期间，有的人为法西斯研制细菌武器，杀害无辜的人民，甚至用活人做试验，就是明显的例证。所以，事业心是有阶级性的。我们所说的事业是国家富强、民族振兴的事业，是人类进步的事业，其事业心是建立在这种事业的基础上的。

3. 自觉培养强烈的事业心

第一，需要树立科学的世界观。如果一个人不以科学的世界观观察自然和社会，就不能正确认识社会发展的总规律，也不会正确地认识自然和改造自然，在复杂的自然现象和社会现象面前，往往迷失方向，分不清是非曲直、真理与谬误，在复杂的政治问题面前，还可能受骗上当，走上歧途。一个人只有树立科学的世界观，才能把握住大的方向，以辩证唯物主义观点分析各种复杂问题，事业心才能建立在科学的理论基础上。

第二，要了解自己所从事的工作和专业的意义，培养兴趣，热爱自己的工作。因为一个对自己工作的意义毫不了解、没有兴趣、更不热爱的人，不可能有什么事业心。这就需要人们注意克服单纯的个人兴趣，培养对自己工作的兴趣。作为管理者，在安排工作时应考虑每个人的兴趣，但个人则应该更多地考虑事业的需要。个人的兴趣是可以改变的、可以培养的。

第三，警惕和抵制消极腐朽思想的侵蚀，否则，让消极思想熏染，就有可能丧失对事业的追求。英国诗人萧伯纳曾说：如果我们自己不能动手建设幸福生活，我们就没有权利享受幸福；如果我们不能创造财富，我们就没有权利去享受财富。青年一代应该有雄心壮志，树立起强烈的事业心，肩负历史重任，用自己的双手写出全面建成小康社会的历史新篇章。

3.4.3 弘扬艰苦奋斗的精神，必须突出其现代意蕴

艰苦奋斗是一种人生态度，是职业生活中的一种美德。毛泽东同志曾多次要求全党同志和各级干部必须坚持勤俭建党的方针。邓小平曾经说过"我们的国家越发展，越要

---

① 马克思. 资本论（第一卷）. 中共中央马克思恩格斯列宁斯大林著作编译局译. 北京：人民出版社，2004：19.

抓艰苦创业""在艰难困苦的时候需要艰苦奋斗，在物质条件优越的时候也需要艰苦奋斗"。①坚持这个传统，才能抵制腐败。毛泽东等老一辈无产阶级革命家关于艰苦奋斗的谆谆教诲，应该成为我们每一个大学生的座右铭。

1. 艰苦奋斗是中华民族的传统美德

生于忧患，死于安乐。历史告诉我们，缺乏艰苦奋斗精神的国家是没有前途的国家，没有艰苦奋斗精神的民族是没有希望的民族。正如习近平指出："中华传统美德是中华文化精髓，蕴含着丰富的思想道德资源。不忘本来才能开辟未来，善于继承才能更好创新。对历史文化特别是先人传承下来的价值理念和道德规范，要坚持古为今用、推陈出新，有鉴别地加以对待，有扬弃地予以继承，努力用中华民族创造的一切精神财富来以文化人、以文育人。"②历史上因骄奢淫逸而招致亡国的事例举不胜举。我国清王朝曾出现过"康乾盛世"，八旗兵也曾所向无敌，但由于统治阶级不思进取、贪图享乐、无所事事，从18世纪中后叶开始走向了衰落。

人类认识世界和改造世界是一个历史的过程，艰苦奋斗作为人们在认识和改造世界的过程中所展现出来的一种精神状态、一种意志品质，其要求是随时代的发展而发展的。当前，我们所处的时代与传统社会相比已大不相同，与过去党领导人民进行革命和建设的时期相比已有很大的差异，即使与改革开放初期相比也有不小的变化，坚持和发扬艰苦奋斗精神，必须突出其现代意蕴，科学把握其时代要求。

2. 艰苦奋斗是一种积极的人生态度

艰苦奋斗首先要求人们树立正确的苦乐观、得失观，正视艰难、直面挫折、百折不挠。在社会发展过程中，艰难是客观存在的。即使在今天，我们也会遇到这样或那样的曲折和艰难。忧患增人慧，艰难玉汝成。艰难是人生的老师，是成功的阶梯。只有正确对待艰难，迎难而上，敢于和善于同艰难做斗争，才能苦尽甘来。今天，我们坚持艰苦奋斗的精神，最为重要的是要吃苦在前、享乐在后，正确对待个人的得与失。

3. 艰苦奋斗以节俭为本

崇尚节俭、艰苦朴素，是艰苦奋斗的一项基本原则，其实质在于尊重劳动、尊重人民、珍惜劳动成果，把消费控制在合理的限度内，反对任何形式的奢侈浪费。我们民族历来有崇尚节俭朴素、反对铺张浪费的传统美德，艰苦朴素也是我们党的光荣传统。当然，我们今天提倡艰苦奋斗、崇尚节俭朴素，并不是片面地要求人们节衣缩食过"苦日子"，而是反对奢侈浪费，反对沉迷于声色犬马，尤其要狠刹挥霍浪费的歪风。消费水平的提高是社会进步的表现，我们艰苦奋斗的目的就是改善人民群众的物质生活条件，使人们生活得更富裕。但是，经济发展决不能成为放弃俭朴的理由。我们任何时候都必

---

① 邓小平. 邓小平文选（第三卷）. 北京：人民出版社，1993：306.
② 习近平在政治局集体学习时强调核心价值观是文化软实力的灵魂. 人民日报（海外版），2014-02-26（01）.

须坚持勤俭节约、勤俭建国、勤俭办一切事情。

4. 艰苦奋斗重在埋头苦干、不断进取

艰苦奋斗，核心是"奋斗"，是脚踏实地地工作，是拼搏进取。今天我们坚持和发扬艰苦奋斗的精神，强调这一点尤为重要。邓小平指出："中国搞四个现代化，要老老实实地艰苦创业。"①实干兴邦，空谈误国。讲大话、空话、假话，搞花架子、弄虚作假、投机取巧等，都是和艰苦奋斗精神背道而驰的，更为严重的是它会败坏党的威信和社会风气。应该指出，发扬艰苦奋斗的精神不等于关起门来搞建设，继承艰苦奋斗的优良传统也不意味着墨守成规。邓小平号召全体党员和各级领导干部要有一点"闯"的精神，习近平在五四讲话中指出："我们距离实现中华民族伟大复兴的目标越近，就越需要广大青年锲而不舍、驰而不息地艰苦奋斗。青年人要立足本职、埋头苦干，从自身做起，从点滴做起，以勤劳和业绩实现人生的精彩。"②因此，发扬艰苦奋斗的精神，必须勤奋刻苦工作，扎扎实实创业，勇于改革，不断创新。只有这样，建设中国特色的社会主义事业才能取得新的更大的胜利。

3.5 阅读材料及思考与实践

3.5.1 精选案例

德润人心行为世范——聚焦"最美大学生"江雨佳

南阳师范学院学生江雨佳同学的先进事迹先后被中央人民广播电台、《中国教育报》《河南日报》《浙江教育报》等100多家媒体深度报道，被网友誉为"最美大学生""最美文明学生"。江雨佳先后被评为"最美新闻人""南阳市十大新闻人物"，入选2014年"3月中国好人榜""浙江好人榜"，获得国家励志奖学金、"中国大学生自强之星"提名奖、河南省文明学生、邓州市编外雷锋团学雷锋十佳先进个人、南阳师范学院十佳大学生青年志愿者等殊荣。这位朴实直率的女孩被誉为南阳师范学院一张耀眼的"道德名片"。

是什么使江雨佳如此受媒体"热捧"？是什么使她荣获"最美大学生"的殊荣？

江雨佳，浙江省温岭市人，南阳师范学院历史文化学院2012级学生。她没有说过豪言壮语，也没有创下丰功伟绩，然而却拥有纯朴善良、无私奉献的心灵。她持续不断地做好事，一件件平凡实在、温暖人心的善举，彰显了她作为当代青年崇德尚义、善小而为的品格，以及勇于实践、助人为乐的精神和热

---

① 中国搞四个现代化，要老老实实地艰苦创业. 广安日报，2016-07-20（007）.
② 媒体评习近平五四讲话:实现中国梦须矢志艰苦奋斗. http://www.chinanews.com/edu/2013/05-10/4804587.shtml（2013-05-10）[2018-04-15].

心公益、奉献社会的责任。她就如同春日里的一缕阳光，所到之处尽是明媚，尽是温暖和希望！

1. 一张相片，一碗便饭，温暖百位老人的心

时下"空巢老人"的养老问题令人担忧。当代大学生，该如何面对这一问题？江雨佳用自己的实际行动作了回答。山里人，有的一辈子都没有照过相。无意间听到山村老大娘的一句话，江雨佳的心头"猛得一疼"，在数码影像发达的今天，照相竟然是山区老人的奢望。2013年国庆期间，江雨佳不顾路途艰辛，只身来到浙江温岭坞根镇革命老区，开始实施"用镜头定格爹娘的微笑"公益计划。然而，她的行为一开始却引起老人们的质疑："骗钱的吧？""给我们拍照干什么？"听到这些，江雨佳指着"大学生免费照相"的横幅微笑着解释。第二天，她将所拍照片放大至16寸印出，然后挨家挨户送到老人手中，这才赢得了老人们的信任。92岁的老太太步履蹒跚地来到拍摄点，要求给自己"来一张"；88岁的老大爷也想"看看相片里的自己长啥样"。江雨佳在累并快乐中一次次摁下快门，共为103位60岁以上的老人拍照，并冲印出照片送给他们。这次活动中，江雨佳共花费2275元，这些钱全部来自大学期间的稿费和奖学金。

公益拍摄结束时，老人们听说江雨佳要走，急忙送来煮熟的玉米棒、热乎的鸡蛋。一位阿婆拉着江雨佳的手说："孩子，过年的时候你还会来看我们吗？"江雨佳心想：不少孤寡老人最盼望的就是过年时有人陪他们聊聊天。这个春节，不能再让他们孤独地过。

除夕这天，江雨佳带着汤圆、红枣、春联，辗转几小时去探望丈夫和儿子已去世多年的84岁老人潘仁浩。当天中午，江雨佳撸起袖子和潘仁浩阿婆一起贴春联、做汤圆，阿婆动情地说："过年有人陪真好……"

大年初一，70岁的陈新顺大爷吃着江雨佳做的汤圆，流下了幸福的眼泪；初二，孤寡老人瞿福根迎来了大学生"孙女"，吃上了久违的"团圆饭"；初三，独自照料两个残疾儿子的林小英阿婆，吃着江雨佳亲手包的水饺，感动得热泪盈眶；初六，江雨佳喂98岁孤寡老人林文锦吃长寿面，阿婆笑逐颜开。江雨佳说："我虽然放弃了过年和家人在一起的机会，但在走近这些孤寡老人的同时，我也收获了温暖和感动。在我心里，爱即是付出，给予即是收获！"江雨佳无怨无悔，她让传统孝道充满每个细节，付出的是孝心，赢得的是尊重。

2. 一份礼品、一块巧克力，发出"健康环保"的时代之音

2013年1月，一场来势汹汹的雾霾天气席卷了大半个中国。面对雾霾，很多人忧心忡忡。可在浙江省玉环县消防大队实习的江雨佳却在想：或许"鞭炮换礼品"可以让市民少放烟花爆竹呢？说干就干，她自掏腰包拿出700元压岁钱购买了牛奶、纸巾、杯子、洗涤剂等礼品，以换取市民家中的鞭炮，同时倡议市民争做"弃炮族"，远离火患和雾霾。居民热情很高，共有20户居民前来换礼品。一天下来，江雨佳共收集了73挂鞭炮，最后统一由县消防大队采用水浸法予以销毁。

2013年暑期，江雨佳又走上温岭市街头，开展"香烟换巧克力"活动。"先生，请把烟戒了吧，我给你一块德芙巧克力。"3天时间里，江雨佳连续送出250块巧克力。而购买这巧克力的钱，是江雨佳从生活费中节省出来的。

记者问她："有些路人，也许为了得到礼品或巧克力，这一次会把鞭炮送来，把烟掐了，但难保他们将来不放鞭炮、不吸烟。你觉得自己这样做有意义吗？"江雨佳微笑着说："那也不能因为这样，我就什么都不做吧。哪怕只能影响到一个人，我的行为也是有意义的。"中国有句古训：勿以善小而不为。聚沙成塔、积善成德，这朴素的道理江雨佳始终铭记于心。

3. 一堂课，一份包裹，让爱在服务社会中延续

江雨佳了解到：近年来，很多村民外出打工，导致"留守儿童"数量日益增多。在教育方面，乡亲们都迫切希望自己的孩子能多学知识，考上大学，但教师的匮乏让大家束手无策。

今年7月15日，江雨佳第三次走进坞根镇，开始了为期15天的义务支教活动。在支教生活中，江雨佳共迎来了17名学生。村干部告诉她，这里的学生底子很差，能不能按每个学生的个体差异分别施教。为此，江雨佳在课程和教学内容上做了一些变化。她每天给学生们上8节课，按年级分类辅导、因材施教。面对害羞的孩子，江雨佳用微笑鼓励；面对顽皮的孩子，江雨佳用行动指引；面对基础比较差的孩子，江雨佳用话语激励；面对机智优秀的孩子，江雨佳则真诚赞赏。支教过程中，江雨佳也收获了许许多多的感动：每天上课前，一年级的杨佳怡都亲自采摘家里的新鲜黄瓜送给江老师品尝；9岁的小女孩缪雨欣，用红纸亲手制作了一张生日邀请卡，希望老师能参加她的生日活动；小坞根村被台风"麦德姆"笼罩时，全体学生竟然无一缺勤……

江雨佳说："校园之内是学习，校园之外是责任。我是一名平凡的大学生，只想通过一件件力所能及的小事，让爱照亮自己的内心，温暖他人的心灵。"

2015年3月，南阳师范学院成立了"雨佳爱心服务队"，以固定的组织，开展规范化、常态化的公益活动，让爱在平凡中延续。3月15日，"雨佳爱心服务队"带着装有整箱牛奶、挂面、糕点等的"爱心包裹"，来到河南省新野县歪子镇，看望90岁的抗战老兵腾文山。4月13日，"雨佳爱心服务队"同样带着"爱心包裹"来到南阳市卧龙区七里园乡达士营村，看望96岁的抗战老兵梁玉林。当记者问起"寻找关爱抗战老兵"活动的初衷时，江雨佳说，"抗战老兵曾为抗战胜利做出过重要贡献，如今健在的老兵很多体弱多病。我们赠送'爱心包裹'，只是想实实在在地解决他们生活中的一些困难。再说听老兵们讲抗战事迹，能感受浓浓的爱国情，深深体会到当代青年应担当的责任"。

海尔集团总裁张瑞敏曾说："能够把简单的事天天做好，就是不简单；公认非常容易的事情，非常认真地做好它，就是不容易。"江雨佳自从踏上公益之路后，就坚信这条路只有开始，没有结束。面对严峻的火灾形势，她元宵节前连续五夜穿棉衣当"更夫"，巡逻敲梆保民安；面对"红色遗址"渐被人遗忘的现实，她第一个为温岭市太平街道山下金村修缮"革命遗址"捐款……她深信：平常小事只要着力践行，就能传递一种创造美丽、营造和谐的向善力量；唯有如此，社会主义核心价值观才能更加弘扬，青春正能量才能更加凝聚，美丽中国梦才会早日实现！

（大学生道德楷模——江雨佳. 河南日报，2015-03-04，第八版. 卧龙学子江雨佳. 南阳师范学院招生信息网. 本文依据这两篇文章整理编写）

3.5.2 精选故事

把帮助别人变成习惯

犹太人认为，热情地帮助别人，不仅能够影响别人，更能够改善双方之间的关系。社会上的所有人都需要别人的帮助，然而，许多人不希望帮助别人，也不喜欢帮助别人。可是，成功的人都把帮助别人当作一种习惯。因为，他们乐于帮助别人，善于帮助别人，习惯于帮助别人，一旦他们有需求的时候，别人会主动来帮助他们。

犹太人乔伊斯移民美国的时候，创业起点并不高，他开了家律师事务所。这个时候，受美国经济持续增长的影响，来自世界各地的移民一浪接一浪地涌来，而许多移民因为证件或者其他原因不能进入美国，所以移民的权益无法得到有效的保护。由于他是个移民，对移民的需求和美国法律的熟悉，让他把自己定位在服务移民上。乔伊斯接了许多移民的案子，慢慢地他的名字在移民中传播开来，人们把他当作自己的救命稻草。乔伊斯的生意也有了很大起色。他的办公室扩大了，电话线换成了4条，扩大了业务，营业额更是翻了几番。

天有不测风云，赚了钱的乔伊斯将资产投资到股票市场，结果几乎亏尽，更不巧的是，岁末年初，移民法又再次修改，移民名额削减，他的生意顿时冷落下来，面临破产的窘境。

好在天无绝人之路，正在此时，乔伊斯收到了一家公司总裁写来的信，信中说：愿意将公司30%的股权转让给他，并聘他为公司和其他两家分公司的终身法律顾问。这可真是天上掉馅饼的好事，处于困境中的乔伊斯有些不太相信。于是，乔伊斯找上门去想探个究竟。

"还记得我吗？"那个总裁笑着问他。

"我们认识吗？"乔伊斯吃惊地问。

"您不记得我了，"总裁接着说，"我10年前移民来美国，可是当时由于人多，轮到我的时候，移民局就要关门了，我在办理申请表的时候遇到了麻烦，他们只收现金，可是当时我的钱包被偷了。"

"钱包被偷了，那可真糟糕，你该不会被拒签吧？"

"我当时也这样想的，可是正在我无助的时候，有一个我至今不能忘怀的恩人给了我需要的费用。"

"那你可真幸运！"

"难道您真的不记得了吗?"

"记得什么?"

"那个人就是您呀!"

"什么,我?"

"是的,您呀!"说着,总裁微微一笑,从硕大的办公桌的抽屉里拿出一张有些褪色的 50 美元汇票,上面夹的名片印着乔伊斯律师的地址、电话。乔伊斯这才恍惚有些印象了,但是他只是模模糊糊记得有这回事,至于是谁他早就没有了印象,因为这个总裁的提示才渐渐地让他回忆起来。

"那么,后来呢?"乔伊斯问到。

"移民成功后,我就找到了现在这家公司,很快我就有了两个发明专利。我本打算用我第一个月的工资给您汇去您借给我的钱,可是我一直在想就这样不足以报答您对我的帮助。我单枪匹马来到美国闯天下,经历了许多冷遇和磨难。这 50 美元改变了我对人生的态度,所以,我不能随随便便就寄出这张汇票……"

乔伊斯做梦也没有想到,多年前的小小善举竟然获得了这样的善果,仅仅 50 美元就改变了两个人的命运。去热情地帮助别人吧!热情能够增加你的人格魅力,助人一定会得到好的回报。敞开心扉,走出狭隘自我,在帮助别人的过程中分享快乐。

(何国松. 犹太人智慧全集. 长春:吉林大学出版社,2010)

3.5.3 思考与实践

(1) 联系实际,谈谈道德是如何产生的。

(2) 同为行为规范,道德与法律的区别与联系表现在哪些方面?

(3) 举例说明《公民道德建设实施纲要》在指导公民道德建设中的重要作用。

(4) 什么是社会公德?作为一名大学生,应如何在生活中发挥模范带头作用?

(5) 结合自身实际,谈谈如何培养自己的道德素质。

(6) 联系实际,谈谈强化大学生社会责任感的重要意义。

(7) 通过对精选案例内容的学习与分析,思考今后将如何按照道德要求来改进自己的行为。

(8) 精选一个道德失范的故事,写一则短评。

第4章 大学生科学素质教育

📖 故事导读

五名在校大学生和他们自制的"小卫星"

2015年9月20日7时01分,西安电子科技大学自主研制的"空间实验一号"皮卫星在太原卫星发射中心由长征六号运载火箭搭载发射升空,而它的研发者却是西安电子科技大学5位刚刚进入大四的学生。这颗皮卫星由西安电子科技大学空间科学与技术学院本科四年级的张子恒、叶向阳、蔡信岳、吴天琦、何翼景5名在校大学生自主设计研发完成,也是国内首个由本科生独立研发的卫星。

皮卫星是指重量为公斤级的微小卫星。相对较大卫星,成本低廉、制造和发射周期短、应急反应快是皮卫星的最大优势。制造一颗大卫星的成本是10亿~20亿元人民币,至少需要2年时间,制造一颗微小卫星也需要几亿元,但制造一颗皮卫星,成本仅为几百万元人民币,时间仅需要几个月。此次升空的"空间实验一号"皮卫星仅重173克,主要用于超低功率的星地通信试验、氮化镓器件空间效应试验等。

五名"学霸"回忆了他们艰辛的研发历程。皮卫星研发团队的负责人张子恒说:"我们项目组成立的时候,大家充满激情,可刚一上手就遇到了困难。最难的就是方案论证阶段。因为还有几个月就要搭载发射,时间不等人,我们全天都在实验室忙碌,曾经四天三夜未合眼,经历了一次次失败,甚至也有放弃的念头。放寒假同学们都回家了,我们依然在实验室忙碌。当时我们遇到的最大难题就是卫星的烧线装置如何解决。很沮丧的时候,学院老师把我们带出去吃饭散心,回来的路上经过一家杂货店看到的电子点烟器给了我们灵感。于是,连夜拆装琢磨,最终解决了这个难题,研发工作出现转机。"历时5个多月的方案论证、研发和模拟测试,最终这颗小卫星通过了整芯测试。吴天琦、何翼景说,研发过程相当辛苦,不过,当看到项目每一点进步的时候,大家都会忘记苦和累,现在我们看到我们亲手打造的第一颗卫星顺利上天,真是又激动又兴奋。

(西安5学霸独立研发最小卫星. 西安日报,2015-4-15. 本文依据此文章整理编写)

2016年5月30日习近平同志在全国科技创新大会、两院院士大会上指出"科技兴则民族兴，科技强则国家强"[①]。大学生是国家的未来和民族的希望。加强大学生的科学素质教育与培养，对我国社会主义现代化建设和把我国建成创新型国家具有重要的现实意义。科学素质是大学生素质构成的重要基础之一。科学素质培养是提高大学生创新能力、建设创新型国家的需要，是大学生科学发展的本质要求。当前，我国经济社会发展已进入加快转变经济发展方式的攻坚时期、推动产业优化升级的关键时期，国家提出了加快提高自主创新能力、建设创新型国家等一系列重大发展战略。高校担负着发展科学技术文化、培养专门人才、促进现代化建设的重大任务，所以，在高等教育中突出科学素质教育，正是应时代发展的基本要求。

4.1　科学素质的基本内涵

4.1.1　科学素质的含义

科学素质是指人们在获得和应用科学知识的过程中所表现出来的内在品质，包括了解必要的科学技术知识，掌握基本的科学方法，树立科学思想，崇尚科学精神，并具有一定的应用科学技术处理实际问题、参与公共事务的能力。在不同的历史时期、不同的社会制度里，尽管人们对科学素质的理解不同，但它的基本内容却是相通的。科学素质的基本内容包括以下几点。

1. 对科学的态度和感情

在科学史上，人们对科学有两种态度：一种是唯物主义的态度，即科学的实事求是的态度；另一种是唯心主义的态度，即完全从主观愿望出发的反科学态度。在这两种态度中，第二种态度只能把科学引向死胡同，只有第一种态度才是可行的。爱因斯坦说过："相信有一个离开知觉主体而独立的外在世界，是一切自然科学的基础。"[②]但是，这种"相信"也有两种情况：一部分人像恩格斯所说"在他们自己那门科学的范围内是坚定的唯物主义者，但是在这以外就不仅是唯心主义者，而且甚至是虔诚的正教教徒"[③]。他们是"伟大的科学家，渺小的哲学家"，自然科学观与世界观处在尖锐的矛盾中。列宁在分析奥斯特瓦尔德和彭加勒这些自然科学家的唯心主义观点时说："这些教授们虽然在化学、历史、物理学等专门领域内能够写出很有价值的作品，可是一旦谈到哲学问题

---

① 全国科技创新大会两院院士大会中国科协第九次全国代表大会在京召开　习近平发表重要讲话.人民日报，2016-05-31（01）.
② 爱因斯坦. 爱因斯坦文集. 许良英，李宝恒，赵中立，等译. 北京：商务印书馆，1976：292.
③ 恩格斯. 自然辩证法. 中共中央马克思恩格斯列宁斯大林著作编译局译. 北京：人民出版社，1971：177.

的时候,他们中间任何一个人所说的任何一句话都不可相信。"[①]另一部分人是自觉的唯物主义者,他们不仅在自然科学领域内承认唯物主义,而且自觉地接受唯物主义世界观的指导。例如,我国著名的地质学家李四光、著名生物学家童第周,他们在科学研究中自觉接受马克思主义哲学指导,由自发的"自然科学唯物主义者"上升为自觉的唯物主义者。

人们对科学的感情,表现在热爱科学、追求科学、坚持真理和献身科学事业等方面。科学与道德,真与善历来是密切联系的。在人类历史上,科学从一开始就不仅是人们用来认识自然规律、控制自然力量、获取物质财富的手段,而且是改造社会、造福人类,达到道德进步和精神解放的武器。任何科学的发展,都推动了社会文明的进步。社会文明进步反过来也要求尊重知识、尊重人才、热爱科学。社会主义制度的确立,为学科学、用科学、爱科学开辟了一个新天地。中华人民共和国成立初期,中国人民政治协商会议把"爱科学"写进了《中国人民政治协商会议共同纲领》,作为国民公德的基本内容。热爱科学具体表现为对科学事业不懈地追求,今天,爱科学是公民的道德规范之一。明朝名臣于谦有一首借物言志的诗:"千锤万凿出深山,烈火焚烧若等闲。粉身碎骨浑不怕。要留清白在人间。"追求科学要有"千锤万凿"的决心。

2. 对科学知识拥有的水平和结构

对于科学知识的掌握和运用,科学工作者需要处理好"专"与"博"的关系问题,不"专"是不行的,否则就成不了"大"科学工作者。但是,仅有某一方面的知识和才能又是不够的。因为:①自然科学所要解决的实际问题,无一不是综合性的、复杂的,涉及许多科学门类。现实中的自然过程、生产过程是复杂的整体,交织着许多类物质对象、多种运动形态和许多物性侧面。而科学门类的划分则是一种抽象,抽象地研究某类共同的物质对象,某种共同的运动形态,某个共同的物性侧面,再加之学科划分越来越细,门类愈来愈多,专业愈来愈狭窄,很难适应实际的需要。在现实生活中,无论是农作物栽培,还是半导体研究、新材料的研究制造,仅靠某一门学科都是无法完成的,需要多学科知识的综合运用。②现代科学的发展趋势是,一方面学科划分越来越细;另一方面各个学科之间互相渗透和交错,边缘学科、综合性学科迅速发展起来。例如,生物化学、生物物理学、放射生物学、物理力学、化学流体力学、电磁流体力学等。边缘科学的发展,不限于两门科学或三门科学之简单叠加,不是简单的 1+1=2,它还向更广泛的联系和渗透上发展,是 1+1=3、4、5…控制论就是一门涉及数学、物理学、电子学、通信理论、生物学等一系列科学门类的边缘学科。还有一些学科被应用到一个新的领域、向别的学科渗透,特别突出的是数学向其他学科渗透,自然科学与社会科学也出现"合流"等。

第一,知识爆炸现象加剧。20 世纪 40 年代以来,原子能、生物技术、微电子学和空间技术的飞跃发展,把人类带进一个全新的时代。科学技术的新成果、新理论和新应

---

① 列宁. 列宁选集(第二卷). 中共中央马克思恩格斯列宁斯大林著作编译局译. 北京:人民出版社,1972:349.

用，令人眼花缭乱、应接不暇。据粗略估计，20世纪前50年的研究成果已远远超过19世纪；而60年代科学技术的研究成果，则比过去两千年的总和还多。

21世纪初的学科门类已达2000多种，基础学科有500个以上主要专业，技术科学有412种专攻领域，科学文献按指数增长，每隔10~15年翻一番，科学知识年增长率在1980年已达12.5%。①

第二，知识老化速度加快。所谓知识老化速度，是指知识过时或者说知识陈旧所需要的时间。据调查，18世纪知识陈旧的速度为80~90年，19~20世纪为30年，近50年来缩短为15年，甚至有的学科已缩短为5~10年。专业知识的陈旧速度比专业知识汲取的速度快得多，统计结果表明，一个人从大学只能获得10%的有用知识，这就是通常所说的知识老化现象。①

第三，科学综合化、一体化的趋势加强。当代科学发展的趋势既高度分化又高度综合，而总的趋势是综合。科学体系是个有机的整体，各种新兴科学、边缘科学，无不综合了传统的各类专业知识。从事于这些领域的研究工作人员，单凭过去那种单向深入的研究方法很难奏效，必须以多学科的理论和方法，进行横向的立体研究。科技领域中的一些新发明、新发现、新突破，往往是"外行"把其他的专业理论知识引到另一个领域所创造的成果，这种现象在科学上称为"知识横移"。科学发展的综合趋势的一个突出表现，就是"知识横移"现象加剧。

系统论、控制论和信息论等横断学科的出现，为文理沟通创造了方法论方面的条件。"自然科学奔向社会科学的潮流"已经势不可挡。大量地运用数学与计算机技术、建立模型等自然科学的手段和方法，使社会科学的许多学科，由定性描述的科学转化为可量化的严密的科学。

与此同时，自然科学领域的影响面广的新发明以及科学技术和工业发展所带来的负面作用，又要求社会科学的介入和干预，比如克隆技术的发展和生态的严重失衡，呼吁道德和法律要对有关领域加以规范和限制，生态伦理学就是适应这种需求而产生的新学科。所以"社会科学奔向自然科学的潮流"也将势不可挡。

科学发展的综合化、一体化的趋势以及前面提到的"知识爆炸"和"知识老化"现象的加剧，必然要强烈地冲击着教育。这就向教育提出了严肃的问题：什么知识是最有用的？怎样才算是有知识的人？博大才能精深，没有雄厚的知识基础，没有科学的综合化，就不可能产生伟大的文化，就不能造就出伟大的科学家。科学发展呼唤通才，教育必须培育通才。

在科学发展和应用实际面前，科学工作者要扩大自己的知识面，开阔视野，以便更加全面地观察和理解整个科学和整个世界，不能囿于一门狭窄的专业范围。扩大知识视野，不是不要精通某一专门科学。"人生有涯而知无涯"，一个人想精通所有的学科是不可能的，只能对其他学科有一个大概的了解，还要有重点，有侧重，做到"一专多能"，这样才算把"专"与"博"有机地统一起来。

---

① 桑宁霞，孙少敏. 试论科学素质的培养. 教育理论与实践，2001，（12）：58-60.

3. 科学的思维方法

恩格斯指出："一个民族想要站在科学的最高峰，就一刻也不能没有理论思维。"[①]著名科学家爱因斯坦介绍他成功的秘诀时，写过一个公式：$A=X+Y+Z$，并解释说，A 代表成功，X 代表艰苦的劳动，Y 代表正确的方法，Z 则代表少说空话。现代实验科学的始祖培根认为："跛足而不迷路能赶过虽健步如飞但误入歧途的人。"[②]确立正确的科学思维方法，可以帮助科学工作者自觉掌握正确的思想方法和工作方法；可以帮助科学工作者提高科学素质，增长才干，提高科学的鉴识力，从而认识科学发展的主流、趋势、前沿和远景，以便恰当地安排自己的研究工作；还可以帮助科学工作者充分运用自身智慧，进行创造性地工作。

科学研究的方法很多。例如，观察方法、假说方法、模型方法、理想化方法、类比方法、无过程方法、"黑箱"方法、移植方法、分析与综合方法、归纳与演绎方法、抽象与具体方法、历史的与逻辑的方法等。现代科学方法在其发展中出现了下列特点。

第一，科学实验与辩证思维成为科学研究的两大武器。实验手段不断改进，方法更新，实验已成为观测事物、发现问题、验证理论必不可少的手段。另外，不懂得辩证方法，就不懂得新的物理学，辩证思维方法已被越来越多的科学家自发地接受与采用。

第二，研究工作的计划性和目的性越来越多地取代了盲目性和偶然性。例如，在天体物理学中，为了弄清楚天体起源及演化的规律，人们正在研究距地球一百亿光年的银河系以外的宇宙；在基本粒子物理学中，为了揭开微观世界的奥秘，研究工作已深入到原子内部，原子核的内部，乃至更深的层次。

第三，在一个学科的研究中，其他学科的成就与方法越来越多地被吸收，学科之间产生了众多的接触点。布雷斯福特·罗伯逊指出："在世界进步中，起作用的不是我们的才能，而是我们如何运用才能。"[③]要掌握科学的思维方法，关键是要学会自觉地运用唯物辩证法。恩格斯说："不管自然科学家采取什么样的态度，他们还是得受哲学的支配。问题只在于：他们是愿意受某种坏的时髦哲学的支配，还是愿意受一种建立在通晓思维的历史和成就的基础上的理论思维的支配。"[④]自觉地运用唯物辩证法，就是要不断克服主观主义、经验主义和片面性；就是要分析和总结前人已有的科学研究方法，使之更加充实完善；就是要结合科学工作的实际创造性地加以发展，使科学的思维方法真正成为发挥自己才能、推动科学进步的巨大杠杆。

---

① 中共中央马克思恩格斯列宁斯大林著作编译局. 马克思恩格斯选集（第三卷）. 北京：人民出版社，1972：467.

② 刘军. 政工论文的选题艺术. 应用写作，2002，（10）：51-52.

③ 王维荣. 创造性人才的非智力因素与创造性教学的若干原则. 辽宁师范大学学报，1987，（6）：17-21.

④ 恩格斯. 自然辩证法. 中共中央马克思恩格斯列宁斯大林著作编译局译. 北京：人民出版社，1971：187.

4.1.2 科学研究与科学素质

人类生活在现今的世界上，每天都在学科学、用科学，并且有大量的专门人员从事科学研究活动。但是，究竟什么是科学？无论是在我国还是在别的地方，在不同的历史时期都有着不同的含义。在遥远的古代，人们经过长期的生产实践，虽则对不同领域的个别问题有了相当的认识，但是，这一切只给人以偶然的、不系统的和没有真正思考过的印象；青铜器时代的科学，尤其是数学和天文学，大部分只不过用于记账、测量土地，在性质上与工匠技术没有多大的区别，还不能算为真正的科学；古希腊人则力图用几何学对他们的天文观察进行理论性的解释，开始赋予宇宙理论一种定量的结构，但古希腊的科学难以与现代科学相比。

然而，历代的科学之间是有连续性的。每一时代的人们总是首先从前人的科学遗产中汲取营养，在继承遗产的同时，做进一步的补充和发展。因此，英国的自然科学史专家斯蒂芬·F. 梅森指出："科学就是人类在历史中积累起来的，有关自然界相互联系着的技术、经验和理论知识的不断发展活动。"[①]美国科学史权威乔治·萨尔顿在同样含义下，把科学看成是"人类的真正有积累性和进步性的唯一活动"。上述定义尽管反映了科学及其发展中的某些特征，但是，严格说来，这个定义并不是令人满意的。因为到目前为止，真正的积累性的只是科学中的一部分，即科学应用技术和它的经验事实及其规律。斯蒂芬·F. 梅森在《自然科学史》一书中指出："从长期来看，到今天为止的科学理论都是暂时的。古希腊人的杠杆原理和光的反射原理已成为科学永久遗产的一部分，但是古希腊人另外的一些理论，现在看来就只具有历史价值了。同样，只要现代科学的发展以目前的速度持续下去，我们就很难设想今天科学的任何理论会长期保持不变。"科学是不断革命和发展的。

到底什么是科学？它是人们关于自然、社会和思维的知识体系，是人类认识世界和改造世界的实践经验的总结和概括。恩格斯指出："科学是一种在历史上起推动作用的、革命的力量。"[②]科学是在人们的生产实践、社会实践和科学实践的基础上产生和发展起来的。它的特点是运用概念、判断、推理等逻辑形式反映客观世界及其本质和规律。

正是基于上述理解，我们可以说：科学研究就是人们以生产实践、社会实践和科学实践为基础，对未知的客观规律的认识活动，以及根据这些规律能动地改造客观世界和主观世界的探索过程。在这样的活动和过程中，人总少不了对前人遗产的继承，也少不了对前人遗产的补充完善，还少不了对未知领域与现象的研究。科学的普遍任务是建立符合于客观实在的观念，科学的真正作用在于使人类社会向更高级的文明世界发展。正如英国著名哲学家、实验科学始祖弗兰西斯·培根所说，科学的真正合法的目标，就只是给人类生活提供新的发展和力量。[③]凭借科学技术，就可以"建立和扩大人类本身对

[①] 斯蒂芬·F. 梅森. 自然科学史. 上海外国自然科学哲学著作编译组译. 上海：上海人民出版社，1977：562.

[②] 中共中央马克思恩格斯列宁斯大林著作编译局. 马克思恩格斯选集（第三卷）. 北京：人民出版社，1972：575.

[③] 王荣栓. 科学是一种精神. 济南：济南出版社，2000：12.

自然的权力和统治"[①]，使人成为自然和社会的主人。

科学研究的发现，关键取决于研究者的科学素质。1539年伽利略登上意大利的比萨斜塔，用实验方法证明了质量不同的物体具有同样的重力加速度，推翻了曾统治人们思想1700年的亚里士多德的结论，从而叩开了近代科学的大门。牛顿运用联想思维，使他自己"站在巨人肩上"，从苹果落地的思考，联想到炮弹射击的弧形运行，进而联想到月亮、地球、太阳等天体运行，提出"万有引力"定律，揭开了天体运行的奥秘并大胆提出人造卫星设想和运行机制，从而建造了经典物理学的大厦。法拉第在完成电能转化为磁能的实验后，逆向思维即磁能转化为电能，经过十年的潜心研究，终于提出了电磁感应定律。后经麦克斯韦之手，把光、电、磁三种观察统一起来，创立了麦克斯韦定律，实现了人类认识的又一次飞跃，为光电技术、无线电通信技术和各种微电技术的发展扫清了道路。普朗克、爱因斯坦、玻尔、德布罗意、薛定谔、狄拉克等一批现代著名的科学家，他们在科学上取得的巨大成就，都是与他们的科学素质分不开的。

科学的发展是真理不断战胜错误的过程。在天文学领域内，哥白尼指出了太阳、地球和其他行星的关系，提出了地动日心说，推翻了宗教神学的基础亚里士多德—托勒密的地心说；在化学领域中，拉瓦锡的氧化学说，推翻了统治一百多年的燃素理论；在生物学中，拉马克、达尔文的进化论，推翻了林耐的物种不变论，等等。随着科学的不断发展，人们的科学素质也在不断提高。如果在科学研究中不相应提高自身的科学素质，即使摸到科学入口的门槛，也很难迈进门槛一步，这是被许多事实所证明了的。

4.2 科学素质与科学精神

2016年9月13日，中国学生发展核心素养研究成果发布会在北京师范大学举行，课题组汇聚全国多所高校百名研究人员历时三年时间集中攻关，最终形成研究成果。会上公布了中国学生发展核心素养总体框架及基本内涵。研究成果指出中国学生核心素养分为文化基础、自主发展、社会参与三个方面，综合表现为人文底蕴、科学精神、学会学习、健康生活、责任担当、实践创新六大素养，具体细化为十八个基本要点。科学精神素养包括理性思维、批判质疑、勇于探究三个基本要点。

关于科学精神，我国理论界有很多的讨论，各种观点概括有不尽相同的意见和视角，但其基本的精神是一致的，同时又相互补充、相互发挥，如任仲平提出的"五种精神观点"。他在《人民日报》发表文章对科学精神概括如下：探索求真的理性精神；实验取证的求实精神；开拓创新的进取精神；竞争协作的包容精神；执着敬业的献身精神。再如蔡德诚的"五个要素观点"，他在《科技导报》上发表的文章把科学精神概括为：客观的依据、理性的怀疑、多元的思考、平等的争论、实践的检验。总而言之：科学精神就是尊重事实、尊重真理、反对迷信、反对盲从；就是不断创新、不断开拓、反对守旧、反对因循；就是实践检验的结果，就是具有批判的头脑、理性的思考、自由的讨论。

---

① 龚育之. 关于自然科学发展规律的几个问题. 上海：上海人民出版社，1978：39，74.

4.2.1 开拓创新是科学精神的本质要求

1. 开拓创新同解放思想、实事求是密切相关

客观世界和人类实践是无穷发展和无限展开的，人对客观世界的认识和凭借这种认识而对世界进行变革、改造和保护的能力也是无穷无尽的。科学之所以有生命力、创造力，其根源就在于不断开拓创新。可以认为，一部科学发展的历史，就是一部在实践和认识上不断开拓创新的历史。

开拓创新最忌讳的是墨守成规，不能总是停留在"谁人"说过，而是要有突破，要有发展，也要敢于突破。否则，社会何谈进步，科学何谈发展。这就如同托勒密的"地心学说"，在当时的大多数科学家都相信的情况下，必须有人去冲破它的约束，建立地动学说，也必须有人以有力的证据去验证它。自然科学和技术的生命在于开拓创新，马克思主义作为随着人类实践和整个科学发展而发展的科学也一样。邓小平说过："世界形势日新月异，特别是现代科学技术发展很快。现在的一年抵得上过去古老社会几十年、上百年甚至更长的时间。不以新的思想、观点去继承、发展马克思主义，不是真正的马克思主义者。"[①]他一方面强调"老祖宗"不能丢，另一方面又强调一定要说出一些"老祖宗"没有说过的有科学根据的新话，这样才能使社会主义理论和实践适应时代的发展而进入新境界。墨守成规的观点只能导致落后，甚至失败。

2. 批判精神是科学精神的鲜明体现

没有怀疑批判的精神，而把现有的一切认识尊为绝对，那就阻塞了科学前进、超越、开拓、创新的道路。但怀疑批判精神也有两种，一种是科学的怀疑批判精神，另一种是非科学、反科学的怀疑批判精神。前者建立在实践源泉和检验的基础之上；后者则脱离实践源泉和检验，建立在主观臆想的基础之上，从认识论上说就是否认客观真理的相对主义。列宁在论述实践标准的相对性和绝对性时深刻指出："这个标准也是这样的'不确定'，以便不至于使人的知识变成'绝对'，同时它又是这样的'确定'，以便同唯心主义和不可知论的一切变种进行无情的斗争。"[②]

3. 开拓创新、怀疑批判与歪曲、否定科学

科学精神倡导开拓创新、怀疑批判，但并不是要（或力图）去歪曲或否定科学。在伪科学和迷信盛行之时，开拓创新、怀疑批判，在一些人那里被歪曲为否定科学。"不要迷信科学！""现有科学还不能解释的自然奥秘多得很。科学历史上被事实推翻的理论多得很。为什么不能创新、突破，来一场科学革命？"[③]其实，现在争论的关键并不

---

① 邓小平. 邓小平文选（第二卷）. 北京：人民出版社，1994：44.
② 列宁. 列宁选集（第二卷）. 中共中央马克思恩格斯列宁斯大林著作编译局译. 北京：人民出版社，1995：103.
③ 龚育之. 坚持科学的唯物论和无神论（四）——回顾：五年和八年. 科学与无神论，2008，（1）：7-11.

在于现有科学能不能突破,而是在于一些人所宣扬的那些神秘现象,到底是不是用科学方法确认的实验事实或观察事实。只有人们掌握了被科学地确认的事实,才产生现有科学能不能解释、要不要突破的问题。科学界当然承认科学历史上不乏被突破了的理论,但这些理论不是被臆想或盲目否认突破的,而是被科学地确认了的新的实验事实和观察事实所突破的,没有这样的事实,靠什么神奇表演和狂言高论,都推翻不了被实验证明了的科学理论的。历史表明,现有科学已经成熟到这样的程度,只有尊重科学的基础,遵循科学的方法,才能不断发现新的真理。离开科学的基础和方法,依靠各种修炼和狂言,在科学上不能得到成果而只能走到错误和荒谬的道路上去。

这里还涉及科学发展中新旧理论之间的关系,涉及科学理论嬗变的规律性问题。新的科学理论,是概括新确认的科学事实的结果,但不能无视原来已经确认的科学事实(除非科学地证明了原来对事实的确认并不完备和准确),不能摒弃原来的理论中为科学事实所检验了的科学内容。新旧科学理论的嬗变,不是全盘否定,而是把原有理论的科学内容包括到新的理论之中。周光召以一些人常讲的牛顿力学被相对论、量子力学"推翻"的例子说明:具体真理在一定的适用条件和范围内是不能违反的,但在变化了的新条件和新范围内,则可以突破和创新。新理论可以扩展真理,因此,创新精神是科学精神的组成部分;扩展了的理论必须包含原有理论体现的客观规律。在继承中发展真理,也是科学精神的组成部分。

4.2.2 实事求是是科学精神的本质特征

1. 实事求是的内涵

什么是实事求是?实事求是是我国的一句古成语,出自《汉书·河间献王传》,书中记载,汉景帝的第三个儿子河间献王刘德,十分好学,从民间收集、抄录大批古书缮本,认真阅读,研究鉴别真伪,去伪存真。《汉书》作者班固称赞他:"修学好古,实事求是。从民得善书,必为好写与之,留其真。"唐朝训诂学家颜师古注:务得事实,每求真是也。

毛泽东同志在《改造我们的学习》一文中对实事求是做了精辟的解释:"'实事'就是客观存在着的一切事物。'是'就是客观事物的内部联系,即规律性。'求'就是我们去研究。"所谓"实事"就是要从实际出发,要尊重事实,承认事物都是客观存在的,不依人们主观意志为转移。人的正确思想,既不是从天上掉下来的,也不是从头脑里主观自生的,而是客观事物的反映,它只能从实践中来,这就是常说的认识论中的唯物论。所谓"求"就是在尊重客观事物的前提下,充分发挥主观能动性。这种主观能动性表现在两个方面,一是在实践的基础上从感性认识能动地发展到理性认识,即从大量的现象中找出它的规律性;二是运用理性认识能动地指导实践,通过实践检验和发现真理,改造客观世界和认识主观世界,这就是认识论的辩证法。实事求是本身,既是一个探索真理、认识真理、掌握真理的过程,又是一个理论与实际相结合的实践过程。

2. 实事求是是高尚的品质

为了实现美好的理想,人们必须不断地发现真理、掌握真理,而要做到这一点,必须具备实事求是的思想品质。

第一，只有实事求是才能认识真理，掌握真理。凡是真理都是客观事物及其规律在人们意识里的正确反映。认识的真理正是在于它的客观性，只有符合客观实际的认识，才能称其为真理。脱离、歪曲客观实际的认识就是谬误。实事求是就是承认存在第一性，思维第二性，思维是存在的反映。它不凭主观想象，不凭一时的热情，不凭死的书本，而凭客观存在的事实，详细地占有材料，从这些材料中引出正确的结论。我国地质学家李四光，在华东地区发现了第四纪冰川遗迹，推翻了中国没有第四纪冰川的断言，遭到国内外地质权威的反对和压制。有人嘲讽他，认为他要推翻德国权威的结论是痴心妄想。李四光坚信自己的结论，他发表了论文《扬子江流域之第四纪冰期》和专著《冰期之庐山》。

第二，只有认识真理、掌握真理，才能更好地改造客观世界。认识真理、认识世界并不是最终目的，认识的目的在于改造世界，推动社会向前发展。邓小平同志在长期的革命活动中形成了高尚的品质。1975年，还在"四人帮"横行时期，他就敢冒风险抓整顿，就是因为他认清了国家的形势，掌握了存在的问题。他果断地讲了共产党员应该讲的实事求是的话，做了共产党员应该做的实事求是的事。"四人帮"被粉碎以后，要总结历史经验，要研究中国的国情，要公开批评我们党的错误，要实行重点转移，搞"四个现代化"，这是中国当时社会主义革命和社会主义建设的真理所在。邓小平同志在那个徘徊的时期、人民期望的时刻，做出了共产党员的选择，讲了实事求是的话，批评了"两个凡是"，提出了重点转移的任务，进而又提出对外开放，使我国经济出现转机，并迅速发展。十一届三中全会以后，有些人怀疑和否定"四项基本原则"，搞资产阶级自由化，又是邓小平同志率先公开批评了这种错误倾向，使我国的"四化建设"沿着健康的道路向前发展。

第三，只有坚持实事求是，才能在改造客观世界中成为强者。改造客观世界不可能都是一帆风顺的，有艰难困苦，也有陡峭山崖，还有惊涛骇浪，更有流血牺牲。在此面前，是回避退缩，还是勇往直前，这是区别强者与弱者的重要标志。

3. 实事求是是科学精神的根本

科学发展的成果，不仅表现为科学知识、思想和方法，更宝贵的是贯穿于科学知识、思想和方法之中的经过长期科学实践形成的科学精神。科学精神是使科学之所以成其为科学，使科学之所以能够不断前进的本质的东西。如果用最简洁的语言来概括，用我们国家多数人熟悉的语言来概括，那么应该说：科学精神最根本的一条就是实事求是。

主张实事求是，主张客观真理，主张理论和实践一致，毛泽东所说的这"三个主张"，就是对科学精神的解释。以实践作为检验真理的唯一标准，邓小平倡导和支持的关于真理标准问题的大讨论，就是主张实事求是的科学精神，就是要求用科学态度对待马克思主义。党中央两个关于精神文明建设的决议在总结新时期的进展时，也把重新确立解放思想、实事求是的思想路线，恢复和发扬马克思主义的科学精神和创造活力，列为第一条。

"实事就是实际存在的事实，求是就是探索和寻求反映客观事实、客观规律的真理，实事求是就要尊重反映客观事实、客观规律、客观真理的科学。"[①]实事求是就是反对

---

① 许永祥，刘学求. 论科学精神的培养. 江苏社会科学，2009，（s1）：15-18.

迷信盲从，倡导科学精神。个人在人生奋斗中，在追求科学真理的过程中，在学习、科研、工作中，都要尊重客观事实、客观规律及真理，从现实出发，不过分强调客观条件的约束，而要利用客观条件支持自己的工作。反过来，迷信盲从，则是痴迷地相信和盲目地跟从某些固定的观念，被这些观念所束缚，而不问这些观念是否合乎实际，是否有道理，是否经受得住实践的检验。从思想路线上说，历史上我们的胜利是从实事求是而来的，失误和挫折是从违背实事求是而来的。

4.2.3 弘扬科学精神的社会意义

我国现代化建设和全面建成小康社会的进程，在很大程度上取决于科学技术的发展水平。马克思、恩格斯所指出的："社会的劳动生产力，首先是科学的力量""科学是一种在历史上起推动作用的、革命的力量""是历史的有力杠杆""现代自然科学和现代工业一起改变了整个世界。"①工业革命以来，人类文明取得的巨大进步，主要是科学技术作用于社会生产与人们思想的结果。正是在这个意义上，邓小平同志把科学技术概括为"第一生产力"。当前，我国正处于社会主义初级阶段，传统儒家文化和农耕文明孕育的那种鄙夷科技、注重经验、迷信传统的心态尚存，科学技术比较落后，高投入、高消耗、低效益的情况依然存在。这一现实国情决定了我国比其他任何国家都更需要科学。从21世纪世界综合国力竞争和经济格局的走势看，角逐的中心主要是聚集于科学技术的实力。谁拥有现代科学技术，谁就拥有强盛的综合国力，就能推动经济持续快速增长，尤其是第二次世界大战结束以来，由于新科技革命的推动及新科技成果的广泛运用，西方发达国家的生产力得到了空前的发展，创造了高度发达的物质文明，对中华民族的复兴提出了严峻的挑战；而信息化及经济一体化，更把21世纪中国的命运和科学技术的发展水平紧密地联系在一起。我们必须从全面建成小康社会的战略高度，深刻认识在全社会弘扬科学精神的重要性和紧迫性。

科学精神不仅为我们提供了改造客观世界的物质力量，而且为我们提供了改造主观世界的精神力量，提供了如何认识社会问题的科学世界观和方法论。建设中国特色社会主义，作为一项前无古人的伟大事业，马克思的书本没有答案，亦无先例可鉴。这就要求我们掌握科学的思想方法，扬弃形而上学的僵化的思维模式，形成科学求真的精神，探寻社会主义发展规律，从而使我们在前进的道路上不断逸出盲点，使社会主义事业沿着符合人类理性的方向发展。

4.3 科学精神与人文精神的关系

这里提及的科学是狭义的，指的是就自然科学、科学技术而言。科学精神是迷信思想和神学观念的克星，它是人类探索和追求真理的精神，也即实事求是的精神。显然，由人类优秀文化孕育的人文精神，是包含了科学精神在内的。恩格斯在《在马克思墓前

---

① 文兴吾. 对"传统的历史唯物主义叙述体系"批判的批判. 中国社会科学, 2012,（10）: 21-25.

的讲话》这篇著名短文中,曾把马克思关于自然科学对人类历史意义的重要思想,同他的两个伟大的发现相提并论,已向世人深刻揭示了科学精神同人文精神的内在一致性。把科学精神、科学技术同人文精神截然对立起来,认为二者互相排斥的观点是站不住的。应当看到,伴随近现代科学技术发展而出现的诸如环境、生态、伦理等问题,固然凸显了强化人文精神课题的重要,但并没有因之使科学精神的光芒有所暗淡。解决问题的途径,只在于对科学技术正确的社会运用;在于把科学精神同人文精神更好地结合起来,就像有的学者所指出的,在科学技术突飞猛进和大力推进社会主义现代化建设的今天,应当更加明确:"科学精神是人文精神的重要组成部分。离开人文精神的科学精神,并不是真正意义上的科学精神。而离开科学精神的人文精神,只是一种残缺的人文精神……我们需要弘扬的是包括科学精神在内的人文精神。"[①]

4.3.1 科学精神与人文精神的有机结合构成精神文明的主体

精神文明包括两大方面,一是科学、教育、文化,二是理想、道德、纪律。这两个方面的结合,从一定意义上也可以说是科学精神和人文精神的结合。在反思迷信和伪科学盛行的教训时,可以认为,我们教育的缺失,不仅在于科学精神不足,而且还在于人文精神不足。

马克思主义讲世界观、方法论,这是解决认识问题,属于科学精神;马克思主义还讲人生观、价值观,这是解决价值问题,属于人文精神。马克思主义的世界观、人生观、价值观和方法论,是科学精神和人文精神的统一,不应该把人文精神同科学精神对立起来。否则,就容易流于神秘主义和反理性主义。

科学精神本身也有深刻的人文意义。近代科学的诞生,把人从神权的奴役下解放出来,这不是充满着人文精神吗?自动化和信息化技术的发展,提供了把人从繁重的单调的劳动中解放出来的可能,控制论奠基人维纳有一本著作《人有人的用处——控制论与社会》,希望改变把人当机器来用的状况,这不也是充满着人文精神吗?

科学界的优良传统中的道德观念,也是一种宝贵的人文精神。古往今来,科学界的优秀分子为真理、为科学、为人类进步而斗争,充满着献身精神,不惜牺牲生命。他们在科学研究中孜孜不倦、锲而不舍、自甘淡泊、不求闻达,把精力倾注在事业中,而不是花费在享乐上。他们意识到自己从事的科学工作对社会、人类的责任,积极地参加反对侵略、维护和平和人道、保护生态和环境的种种斗争。这都是科学精神和人文精神高度结合的体现。

总之,我们提倡的科学精神应该是充满高度人文关怀的科学精神,我们提倡的人文精神应该是具有现代科学(自然科学和社会科学)意识的人文精神。

4.3.2 实现科学精神与人文精神的紧密结合

掌握必要的科学知识,具有科学精神和科学世界观,能以科学态度和方法提出问题、分析解决问题,是全面的、完善的现代小康社会的公民应有的科学素养。提高全民的科学素养,首先必须抓住培养青少年科学精神这一关键环节。科学精神是从科学发展的历

[①] 庞守兴. 大学人文精神教育六问. 江苏高教, 2009, (5): 7-10.

史长河中汲取出来的关于科学本质属性以及科学方法论的概括。尽管科学家对科学精神有着不同的表述，但实事求是、勇于探索寻求和坚定地捍卫真理，无疑应当是科学精神的精髓，求实精神与创新精神则是科学的集中体现。因此，当前学校的科学教育不应局限于科学知识的传承，也不应局限于科学能力的提升，更应高度重视以求实精神与创新精神为重点的科学精神的培养。

恩格斯说过："历史发展主要依靠一种合力。"[①]经济的发展，社会的进步，不仅需要科学技术的促进，同时需要人文精神的推动。我国全面建成小康社会的重要任务之一，就是要实现在市场经济体制下公民道德的重整，在社会主义现代化过程中人文精神的重振。人文精神突出对人的尊重、对人格的尊重，同时也突出了对做什么样的人和怎样做人的关注。习近平指出："抓住落实科学发展观的核心，按照构建社会主义和谐社会的要求，转变思想观念，激发群众活力，切实把人的发展贯穿于经济社会发展各项工作之中，回归了经济发展以社会发展为目的，社会发展以人的发展为中心的本义。这个过程，体现了经济增长、社会进步和人的全面发展之间的辩证统一关系，涵盖了科学发展观关于经济社会又好又快发展的关键内容。"[②]这里，他深刻地指出了人的发展既是社会发展的一个重要组成部分，也是社会发展的最终目标，而社会的发展又是实现人的发展的途径。这是对人的全面发展与社会发展辩证关系的科学尝试。

我们所倡导的人文精神，无论是在道德和心理层面上的感情、意志、行为规范、审美情趣，在政治层面上的热爱祖国、热爱人民、热爱中国共产党、热爱社会主义，还是在哲学层面上的正确科学的世界观和方法论，都是做人的基本准则，都是国民素质的重要组成部分，因此，人文精神应当成为学校教育的重要目标和内容。当前，我国由于对发展知识经济过程中人文精神的作用缺乏充分的认识，由于在学校教育中对人文精神教育成果的评估难于量化，从而产生了忽视人文精神培养的现象，对此必须予以高度重视。

4.3.3 科学精神与人文精神的教育的过程中应注意的几个问题

在加强科学精神与人文精神的教育的过程中，有三个问题值得关注：一是忽视人文和社会科学学科的教学和在这些学科中的人文精神的培养，二是将科学精神与人文精神的教育割裂开来，三是将现代人文精神与传统文化割裂开来。在当前的学科教学中，仍然普遍存在重理轻文的现象，部分学校变相削减某些文科课时，有些学校把某些文科的教学要求只定位于使学生能够通过考试的标准。至于在文科教学的过程中只重视知识传授而忽视精神的弘扬、情操的陶冶、情感态度的培养，更是相当普遍的现象，把生动的充满人文精神的文学作品，肢解为零碎的语言文学知识，更是语文教学的通病。

同样值得重视的是，一些同志在强调人文精神作用的时候，用肤浅的认识来理解科学，无视科学特别是自然科学的精神价值，于是，在客观上形成了理性与感性的割裂，科学精神与人文精神的割裂。基础教育的教学工作突出表现为将进行人文精神的教育只作为人文和社会科学学科的任务，数学、物理、化学、生物等学科则严重忽视自觉的人

[①] 朱玉珍. 论人的道德素质对建设全面小康社会的作用. 思想政治教育研究，2005，(3)：5-6.
[②] 习近平. 之江新语. 杭州：浙江人民出版社，2007：248.

文精神培养。当然科学精神的培养离不开良好的科学技术教育，人文精神的陶冶需要有良好的人文学科教育，但人文精神和科学精神是相互依存的，任何学科的教育目标，没有了科学精神，人文精神也就失去了存在和发展的基础；反之，没有了人文精神，就不可能真正把握科学精神，树立正确的方向。教育应当实现科学精神与人文精神的完美结合。课程改革应当高度重视纠正学科教学目标的偏颇，以体现科学精神与人文精神相结合的教学目标对社会发展以及对人的发展的价值。

我们倡导人文精神，固然应当借鉴西方的人本主义中体现出的积极思想，但更应高度重视我国文化传统的精神价值。中国传统文化源远流长，其中有些和现代人文精神并行不悖，有些与现代人文精神有着历史渊源。在全球化进程加快的今天，使学校的人文精神教育充分体现时代精神和民族精神的完美结合，这一做法更有其深远的意义。

将科学精神与人文精神的教育统一于全部教育活动之中，既提倡有高度人文关怀的科学精神，又提倡富于科学精神的人文关怀，并努力在教学过程中实现两者的完美结合，这是落在教育工作者肩头的历史责任。

4.4 大学生科学素质教育有关问题的探讨

4.4.1 现代大学生应强化自身科学素养

1. 时代需要大学生具备良好的科学素养

人类社会生存发展的基础是物质生产，科学技术是第一生产力，这已经为人们所普遍认识，由此推论科技创造的智慧是第一智慧，应该说是意味深长的。人类社会认识和改造自然的过程，归根到底也就是人类依靠自身的智慧，在不断地发现、发明和科技创造中产生和发展的。从最初人类祖先是怎样在石器与火的发现、发明中，使人脱离动物界，成为完全意义上的人，到现代社会人类依靠自己的新思维、新思路、新方法，创造了一个崭新的高科技时代，人类的智慧在推动社会物质生产乃至整个社会文明中具有最本质的动力意义。在现代高科技社会，一个人具有较高科学文化素质的基本点，就是具有善于开拓和创新的意识和智慧。否则，他在一个"知识经济"的时代就会成为落伍者。

习近平在北京大学师生座谈会上的讲话中指出："当代青年是同新时代共同前进的一代。我们面临的新时代，既是近代以来中华民族发展的最好时代，也是实现中华民族伟大复兴的最关键时代。广大青年既拥有广阔发展空间，也承载着伟大时代使命。青年是国家的希望、民族的未来。我衷心希望每一个青年都成为社会主义建设者和接班人，不辱时代使命，不负人民期望。对广大青年来说，这是最大的人生际遇，也是最大的人生考验。"[①]作为新时代青年中的优秀群体代表——当代大学生，当然要"不辱时代使命，不负人民期望"。改革开放以来，随着社会主义市场经济体制的建立与发展，社会对复合型人才的需求越来越大，那种"书呆子"型的人才已越来越不受欢迎，时代要求

---

① 习近平在北京大学师生座谈会上的讲话. 人民日报，2018-05-03（02）.

大学生博学多才，既能当某一领域的能手，又能胜任其他工作。对大学生专业素质的培养首先要重视学生对本专业所需要的基础知识的掌握，这是汲取新知识尤其是应用性知识、增强社会适应能力的前提，也是培养抓住机遇、占领科技发展前沿能力的必不可少的奠基过程。现代科学技术越来越多地产生于学科的交叉渗透和综合，因此，大学生的基础知识应该在宽度和深度两个方向上努力拓展和进取。一方面注重基础知识的学习，打下广博深厚的基础，另一方面，要努力使今天的学习符合科学技术的发展趋势，紧紧跟上科技发展的步伐，学习处于高、精、尖前沿的科学文化知识，对与本专业有关的科技前沿上的新发明、新发现有所了解。

2. 引进理科知识，传统文科向现代文科转变

文科院校有社会科学的雄厚实力，利用这些优势和资源，再加上理工科和管理科学的配套，有利于寻找并形成新的学科生长点，在研究科学、技术与社会的关系，尤其是高科技与社会发展之间的互动关系这些重大课题上形成自己的风格，办出一流文理交叉学科。比如，传统的新闻学，已经不能适应信息化社会的要求，特别是21世纪的社会，人们处在"网络化生存"状态下，新闻学科有必要进行改造，我们应该有超前意识。新闻系和计算机系合作，可以举行多媒体技术与新闻传播的研究，对于改造新闻学科，使之实现从宣传学到新闻学再向新闻传播转变，具有重要的作用。

目前，经济学科已出现毕业生就业难的情况。究其原因，除了数量多以外，毕业生的知识结构太偏文，不能适应社会主义市场经济的需要。有鉴于此，有的高校经济学院进行培养"工程（计算机）-经济联合学士""2+3模式"试点。这对于经济学科的改造，对于传统文科向现代文科的转变，也是一个有益的尝试。再如，环境问题是一个全球性的特别是发展中国家所面临的一个严重问题。比之发达国家，我国环境科学不但相对落后，而且是偏重工程，忽视关注人文。事实上，环境学科是一个系统工程，它包括综合环境学、理论环境学和部门环境学。就部门环境学来说，它由自然环境学、技术环境学和社会环境学组成。社会环境学主要研究环境与政治、经济和文化的关系。环境问题不仅与自然科学和工程技术有关，而且与社会科学、人文科学有着十分紧密的联系。就是在自然环境学和技术环境学中，人文社会科学的含量也不小。如果进一步加强环境与社会、法学、史学、思想史等学科的研究与建设，特别是加强环境工程与人文社会科学的交叉结合，就能真正建立起一流的环境学科。

3. 以理"充电"，文科大学生新动力

对于高校文科专业来说，以理"充电"，既是跟上技术发展的步伐和信息时代的要求，也是适应社会主义市场经济的择业需要，更是以理性思维和科技精神重新审视、全面定位学科发展的更深要求，比如会用电脑是大学生进入21世纪的通行证，大学生不会用电脑，这将是世纪的悲哀。而目前的计算机教育，一方面其日益重要的地位显露出来，另一方面，从教育内容、体系、方法、硬件建设到思想认识还没有到位，突出表现在以下几方面。

第一，理论与实际脱节，大学生操作技能欠缺。许多实践性很强的课程教学，一些高校只重视理论知识的传授，而忽视了实验、实践环节的教学，忽视了学生动手能力的培养，造成了学生实际动手能力不高，与实际的要求脱节。如"生产现场设施规划"课程，在高校的教学活动中，理论与实际的脱节是极为严重的。多数学生通过理论的学习，只学会了纸上谈兵。这种教学方法的直接结果是学生无法较好地应用自己所学的理论知识，到生产现场后无所适从。

第二，知识面窄，内容滞后，不能适应社会需求。当前多数文科类专业计算机课程设置都表现为"1+1"模式，即一门基础知识课程加上一门语言课。走进社会，对买计算机的起码常识都不具备，各种软件都不会操作。个别学校教学脱离现实，现在普遍认为Fo-chase语言已经落伍，可是Basic语言竟然还出现在高校讲坛上。再如，计算机应用已经转移到Windows平台上，而教学还停留在DOS平台上，大学教学应该领先于社会，大学生毕业后才能推动社会发展。可现在恰恰相反，社会应用超过了高校教学的水平。

第三，某些文科类专业对计算机基础教育重视不够。①师资队伍建设力度不够。②在教学计划的安排上，计算机教育学时偏少。③教学设备落后。因为缺乏可视化教学系统，用黑板和嘴巴讲"Window"是很普遍的现象。某些高校的机房不够用，直接影响教学活动的开展。

4.4.2　大学生作为未来的科学工作者，应该努力提高自己的科学道德素质

科学道德素质是科学工作者应遵循的道德规范和应具备的道德素质。欧洲从文艺复兴时期以来，随着科学的突飞猛进，科学家的道德问题常常成为资产阶级伦理学家探讨的一个重要方面。他们提倡的科学道德，除了要求科学家应具有人道主义精神外，还要求科学家们具有同别人进行科学协作、诚实谦虚、为人类而牺牲自己的精神，加强道德上的修养等。著名的德国唯物主义哲学家费尔巴哈、科学家爱因斯坦等对科学家道德所做的精辟阐述对以后从事科学工作的人产生了积极的影响。社会主义社会的科技道德，应该在继承以往科学道德的优良传统的同时，依据新的历史条件，提出更高的要求，其中包括要勇于探索、不畏艰险、锲而不舍、为追求科学真理而奋斗终身；要严谨治学、实事求是；报告成果要准确而无虚假；评定成果要公正而无偏私；发扬学术民主，坚持百家争鸣，支持发明创造，鼓励别人超过自己；树立民族自尊心、自信心，虚心学习国外新成就，为祖国多做贡献。

改革开放以来，我国广大科学工作者发扬"献身、创新、求实、协作"精神和"坚持真理、诚实劳动、亲贤爱才、密切合作"的职业道德，为我国现代化建设做出了很大贡献。

但是，我们也应该看到，当前社会一些违反科学工作者职业道德的不规范行为和不正之风也有所抬头，特别是由于我国经济、社会处于转型时期，个别人想利用市场经济建立初期法制不健全等弱点，在科研活动中做出违反科学道德乃至违法乱纪的不端行为。譬如，现在有的人既想赚钱，又想出文章，既想当教授，又想当经理、老板，"一心几意"，科研工作中急功近利，不肯坐冷板凳下苦功夫，如此等等。这些问题的出现，必须引起我们的警觉，每一个将要从事科学工作的大学生都必须高度重视这些问题，从自身开始，自觉、自省、自律，带头提高自己的科学职业道德。

现代自然科学的发展，应用到社会生活的各个方面，一方面给人类带来了幸福，另一方面，如果应用错误，也会给人类带来痛苦。自然科学应用到生产技术，在一定意义上说，减轻了体力劳动者的体力负担；但同时由于生产自动化的紧张情况，也增加了体力劳动者的精神消耗。自然科学应用到医疗卫生和日常生活中，减少了人类的病痛，增进了人体健康和延长了人的寿命，但在还不是很平等、公正的社会条件下，真正的先进科学在医疗上的应用，也只有少数有钱人能够享受，无钱、少钱的劳动者是无权享受的。这在道义上是不公正的，应该受到道德上的监督。至于自然科学应用到军事上，就更需要受社会道德舆论和国际道德舆论的监督和限制，既要有社会舆论的限制，又要有科学家的道德良心的监督，否则，就会带来许多社会问题。

今天，科学研究日益成为人类社会中最重要的事业之一，科学家成为社会中最受人尊敬的人群之一。科学技术使生产水平和生活质量大为提高，但同时也带来了诸如环境污染、资源滥用、大规模杀伤性武器和精密制导武器的高度发展等严重危害。在利益驱动和竞争压力下，科学不再是完全中性和客观的事物。科学对社会、政治的直接影响，已经成为不可改变的事实。这些导致科学道德问题显得日益突出。

1999年6月联合国教科文组织和世界科学联盟在布达佩斯联合召开世界科学大会。英国核物理学家Joseph Rotblat在会上作《科学与人的价值》的演讲。他在演讲中提出："科学家是否应该关心科学的道德以及科学对社会的影响？科学家是否应该为科学研究对人类及社会环境造成的后果承担责任？"

科学道德的重要性至少表现在三个方面：一是外在方面，科学家对科技发展可能带来的正面影响和负面影响都比普通人要认识得更为清楚，公众期望科技界为保护公众的利益指出潜在的危险，并要求科学家抵制明显危害公众利益的研究，比如"克隆人"问题；二是内在方面，科学是一种逻辑性、系统性的研究过程，科学的诚实性和严格遵循良好科学实践规则是科研工作质量的必要保证，缺乏严肃、严格、严密的作风，科学工作的质量必然受到影响，甚至走向伪科学；三是精神方面，高尚的科学道德是科学研究的精神力量。有人把世界上的科学家分为两种，一种是杰出的科学家，一种是伟大的科学家。杰出的科学家需要具有其国际承认的成果贡献，伟大的科学家首先是杰出的科学家，其次，他还有伟大的人格和高尚的科学道德。

4.5 阅读材料及思考与实践

4.5.1 精选案例

第十届中国大学生年度人物丁云广："小木匠"变身科研怪才

22项国家专利，其中发明专利授权6个，1项国防专利，1篇ISTP国际会议论文……很难想象，这些奖项的得主是位90后本科生。

南京理工大学机械工程学院飞行器专业2011级本科生丁云广，被誉为"科研小怪才"。2013年9月，两次获得南京理工大学校长奖章；2013年，获得第九届中国大学生年度人物提名奖（二十强）；2014年8月，入选2014年江苏好青年百人榜；2015年6月，在他即将毕业前，他又获得第十届中国大学生年度人物称号，也是江苏省唯一一名获得者。

从曾经爱拆装各种器械的孩子，到如今的"科研小怪才"，丁云广的成长足迹很清晰。

1. "小木匠"出师

从2011年2月，丁云广踏进校园参加自主招生考试特殊才能类面试起，他就吸引了很多目光。用卡车拖来的装满九个盒子的小发明，加上精湛的木工技能，让他获得了达安徽一本线便可被南京理工大学录取的优录资格，同时也让他收获了"小木匠"的称号。同年9月，丁云广进入南京理工大学机械工程学院飞行器设计与工程专业学习，师从航空宇航专家周长省教授。

来到大学后，"小木匠"找到了更大的平台施展拳脚，发明创造也由高中时代的纯机械型转向机电一体化系统设计。

如今，"小木匠"学成出师了。4年来，丁云广完善了多开门窗的设计，并动手发明了大型移动平台距离检测装置、临近空间飞行器、基于航模直升机的机械抓手、火箭弹控制翼作业控制装置等13个设计。3年半时间里，他获得了6项民用发明专利授权、1项国防专利，发表1篇ISTP国际会议论文。

丁云广是校园内的明星，除了因为他获得的一摞证书外，还来自他的高出镜率——创新杯大赛、机械创新设计大赛处处有他的身影。除了吃饭、睡觉、上课外，他把所有时间都用在实验室。他的宿舍别名"大丁百货"，各种传感器、样机、芯片、电路板随处可见，甚至衣服口袋里也常揣着一把丁零当啷的小零件。

为鼓励他动手实践，学院给他创造了宽松的环境和便利的条件。校团委先后支持约2.8万元科研经费，学院也给他安排了专门的工作室——丁云广工作室，这也是南京理工大学首个由在校本科生名字命名的科研工作室。2015年，丁云广成为唯一被中国运载火箭技术研究院破格录取的学生，得以继续他的"创造梦""军工梦"。

2. "不能只当个工匠，要当专家"

聊起最得意的科技发明作品，丁云广没有给出答案，却谈起了朋友圈热传的"三大错觉"：你们都不如我；明天我会做好这件事的；我将来会很优秀的。丁云广自嘲，曾经总觉得自己的设计就是最好的，别人都无法超越。可随着年龄的增长、阅历的丰富，总能发现作品还存在很多可以优化的环节。

现在的他多了几分淡定和从容。他说，"我不能只当个工匠，我要当个专家"。这个动手实践能力的高手却一直崇尚"理论先行，实践第二"。丁云广说，只有透彻理解课堂知识、积累多学科理论，才能完成高水平科技作品。

随着科研项目的深化，机械专业的知识明显不够用了。丁云广便开始自己到书中找答案。图书馆内找不到答案的，他就求助于老师和学长。从大一下学期起，他借阅了400多本资料书，自学了计算机、电工电子类的"C++""C语言""电路设计""AVR"等课程。

3. 从单调的日子里找寻简单的快乐

在丁云广眼中，科学研究是枯燥并快乐的。舍友吕博洋告诉记者，丁云广具备了工科男的所有特征：不在教室就在实验室，难得在宿舍待会儿，即使在宿舍他也爱趴着编程画图。宿舍里放的最多的除了随处可见的小零件，就是一摞摞的书。

生活中的丁云广，还有点儿"话痨"，但从不"推销"自己的小发明。舍友们说，寝室最开心的时刻就是丁云广用歌声"熏陶"大家。"歌唱得不怎么样，他却十分爱唱歌"，丁云广说自己是个特别容易满足的人，是个会从生活的简单中寻找快乐的人，科学研究的枯燥并没有影响自己探寻科技奥秘的信心，生活中处处是美好，和朋友们聊天、跑步都是快乐的。

面对一张张荣誉证书和专利证书，这个高高瘦瘦的小伙子说，他最大的理想就是做个安安静静的科研工作者。这个有梦有爱的少年，正朝着他的梦想越走越近。

（本文根据中国江苏网（www.jschina.com.cn）系列报道整理编写）

4.5.2 精选故事

我 的 家 庭

晚上的空余时间，我一般都用来学习。我曾经听说过一些女性在某些领域取得成功的事迹，于是我决定以她们为榜样开始努力，争取取得和她们同样的成绩。

当时我并没有决定选择什么方向进行发展。开始我对文学和社会学有着很浓厚的兴趣，但是通过长达三年的学习，我却逐渐发现自己真正喜欢的还是数学与物理，因此也就一步一步地朝着这个方向发展，并暗下决心日后要到巴黎求学，并为此认真地做了学习上的准备，并且我还计划着积攒点钱，用来负担自己今后在巴黎的学习与生活。

自学的过程中充满了困难。我在中学时期所学的东西非常不完整，与法国的中学相比是有很大差距的。为了将差距缩小，我便通过自己选择的一些书籍来自学。这种方法虽然不很理想，却也收到了一些成效。我不但学到了一些对日后有所裨益的知识，还养成了独立思考的习惯。

在我大姐决定到巴黎学医时，我被迫更改了自己的学习计划。因为我家的经济状况不允许我俩同时赴巴黎留学，所以我们两个许诺互相帮助，先后完成学业。这样，我便一直待在一位农场主家，直到三年半后把我三个学生的课程教完。然后，我回到华沙，那儿有一个类似的工作在等着我。

这个新的工作我干了一年。然后，我就回到已经退休并且独自生活的父亲身边，与他共同度过了一年的美好时光。在这一年中，他写了一些作品，我则通过做家庭教师获得一些酬劳用以补贴家用。与此同时，我仍旧抓紧时间自学。

在俄国人统治下的华沙，我想要实现自己的梦想并不容易，但比起在农村时，成功的概率则更大一些。最使我兴奋的是，我生平第一次可以进入一间实验室去做实验：这是属于市政府的一个小实验室，我的一个堂哥是这个实验室的主任。除去晚上和星期天，我没有时间进实验室做实验，而且通常都是我自己在做。按照书上所讲的方法，我做了各种各样的物理与化学实验，经常会获得一些预料之外的结果。这时候，我会因为这些成功而兴奋，并且大受鼓舞；不过有的时候，我也会由于缺乏经验导致失败而感到非常沮丧。这些经历使我更加懂得，成功的道路非常坎坷。不过，这也让我更加坚信，我的天性的确适合对物理与化学进行研究。

后来，我又找到了一个教学职务。我加入了华沙的一个学习团体，这个团体是由热心于教育事业并且具有共同学习愿望的波兰年轻人所组成的，他们有着一套自己独特的学习方式。这个团体带有一定的政治色彩，它要求自己的成员将服务社会、报效祖国作为自己的任务。在一次聚会时，有一位青年说道："祖国的希望寄寓于人民知识水平的提高和道德观念的加强之上，只有如此，才能使我们的祖国在世界上的地位得到提高。当前我们首要的任务就是努力自学，并竭尽所能地在工人和农民之间普及知识。"为此，大家商量决定：晚间每个人向广大群众讲授自己所精通的内容，用以普及知识。毋庸置疑，这个团体具有秘密结社的性质，每件事情的进展都充满了艰难险阻。直到如今，我依然深信，这个团体的参与者必将为祖国、为社会做出有益的贡献。

我至今仍对那曾经让我欣喜的团体有着深刻的印象。当时那互助互励的情景，至今回想起来还会令我感到欣慰、激动。由于活动经费不足，这个团体并没有取得很大的成效，但是，直到现在，我仍然坚信，当时激励我们的那种精神是推动波兰社会进步的唯一途径。如果不是社会中的每一个人都得到很好的教育，具备良好的素质，一个美好的社会是不可能建立起来的。为了实现这一美好的目的，所有人都必须完善自己，并且共同分担社会责任，竭尽全力投入到本职工作中去，并有效地去帮助别人，这样，我们才觉得自己生活得更有价值。

这段时期的经历更加坚定了我日后学习、深造的决心。尽管我父亲的经济并不宽裕，但爱女之心使他愿意帮助我早日实现自己的梦想。我的姐姐刚刚在巴黎结婚，我便决定前往巴黎学习，同她住在一起。父亲同我都希望我学成回国后，能够再开开心心地生活在一起，但是，后来因为在巴黎结了婚，我便留在了那里，没有再回到华沙，没有再回到父亲身边。做科学研究工作是父亲年轻时就一直有的梦想，后来我在法国取得的成功，令远在波兰的父亲深感欣慰，因为我实现了他的梦想。父亲无私的爱令我终生难忘。后来，父亲同我已婚的哥哥住在一起并且作为一个慈祥的爷爷，抚养着几个孙子。1902年，他在年逾古稀时离我们而去，给我们留下了深深的遗憾。

1891年11月，在24岁的时候，我终于实现了多年以来魂牵梦萦的愿望。

（居里夫人．居里夫人自传．陈筱卿译．武汉：长江文艺出版社，2016：8-11.）

4.5.3 思考与实践

（1）科学素质的含义是什么？包括哪些内容？

（2）为什么说实事求是是科学精神的本质特征？坚持实事求是，对认识世界、改造世界有何重要意义？

（3）我国正处于社会主义初级阶段，联系社会实际，谈谈弘扬科学精神的重要意义。

（4）紧密结合科学精神与人文精神，谈谈大学生学习过程中应注意哪些问题。

（5）看了丁云广的故事，思考作为一名现代大学生，应如何培养良好的科学素质。

第5章 大学生文化素质教育

📖 故事导读

才女武亦姝

这个春节,央视最火的节目是《中华诗词大会》第二季,最火的女孩是上海复旦大学附属中学高一女生武亦姝,"飞花令"的出口成章,让很多粉丝惊呼这位"00后"美少女,"满足了对古代才女的所有幻想"。武亦姝最终胜出,成功登顶。

长发披垂,柳眉凤目,身材颀长,将一身汉服穿得飘逸出挑,诗词储备丰富,写得一手好字,这位16岁少女的从容淡定,加上上海高中名校的就读背景,堪称"颜值与才华齐飞"。

2月1日,武亦姝在个人追逐战中过关斩将,成为这个环节最高分获得者。在争夺攻擂资格的"飞花令"环节,她与博士姐姐以"月"字吟诗,被提醒所说诗句重复了,她立即脱口而出《诗经·七月》名句:"七月在野,八月在宇,九月在户,十月蟋蟀入我床下"。反应之迅速、心理之稳定,瞬间圈粉无数。

中央民族大学副教授蒙曼评价:"诗歌的真善美是渗透到她心里去的。武亦姝的谦逊不是装出来的,而是有诗意在她心中,她站在那里气定神闲的样子,诗意就出来了,这就是所谓的'腹有诗书气自华'。"

《中国诗词大会》第二季共有3名上海闺秀亮相,都有江南少女的清雅,清一色的学霸小美女,她们在百人团数度脱颖而出,一次次登台挑战、攻擂。

同样16岁的姜闻页,是上海中学高二学生。她在第一次进入个人追逐赛时答对全部9题,只因为小分低于陈更而离场。点评老师称她是"大将风范"。主持人董卿问她,快要高考了怎么还来,她说喜欢诗词且"学有余力";问她高考志愿,却是"理科,金融方面的专业"。

上海市文来中学初一女生侯尤雯才13岁。在2月3日播出的比赛中,她以119秒答对27题,获得第一名,成为从百人团刷入挑战赛的最小年龄选手;其后的个人追逐赛中,同样9道题全部答对、只因小分低惜失争夺擂主的机会。

三个上海小囡的抢眼表现,多少让人意外:一直是对外开放桥头堡、延续着"十里洋场"基因的魔都,竟流行"汉服美少女"了么?"武亦姝现象"藏着什么密码?

小才女们怎样长成的?——从化学课代表武亦姝到想学金融的姜闻页,共性是"爱我所爱",不功利。

2016年11月,武亦姝在老师推荐下报名《中国诗词大会》第二季上海赛区海选,通过面试,12月的两周在北京录制,一回上海就是期末考试,成绩照样出色,她文理均衡,还是化学课代表。节目一播出,她手机开始响不停,有媒体要求采访的,还有想签她做模特的。喜欢清静的武亦姝干脆关了手机。

在名校学霸群里读书,成绩排名和升名校压力大?教她语文的王希明老师翻出升入高一这一学期以来武亦姝"不务正业"的痕迹:有代表小组发言讲解《浮生六记》的照片,有书法作品,还有每周至少读一本的中外文学经典作品与随笔写作。生活中她爱穿汉服,每年都会拍摄汉服照,更奉陆游为"男神"。

姜闻页同样是上海中学学霸,年级排名前十,"学有余力"不虚。"我5岁时,身高1.2米,读过的书摞起来和我身体一样高;10岁时1.4米多,读过的书等于2个我的身高;现在我16岁,读过的书可以铺满整个篮球场。"——在节目里的自我介绍,也非大话。姜闻页也学过奥数,但她每天都花两三小时读"无用"的书,古诗文、文学名著,以及经济学、哲学等。她还写诗填词,一首《鹧鸪天》在第二届上海市诗歌创作大赛上获过奖,但她不愿意把作品示人:"诗歌是个人的,是某个时刻的有感而发。"

初中生侯尤雯自小就有很多时间满足自己的兴趣,从阅读报纸杂志到参加学校舞蹈队。在学校,她参加了古诗文学习社团、辩论社,还热衷校园戏剧节剧目编排和学校运动会。

三位学霸美少女的共性,都发自内心喜欢古诗文,古诗文涵养着她们的价值观、审美方式和表达方式,不过度追求成绩排名和比赛输赢,只享受过程。想学金融的高二学生姜闻页,并不觉得读诗词浪费时间,"接受美的熏陶,感受情感的美、事物的美、文化的美,让自己能诗意地栖居在现实的土地上"。而武亦姝第二次个人追逐赛意外止步,也微笑说:"(对诗词)只要我觉得喜欢它,只要有个人可以聊聊它,输赢真的不重要。知识盲点可以回去补上,但我对它的热爱一旦生成就不会再轻易减少了!"

这便是"00后"们的古诗文之爱,不带功利的真爱。

小才女扎堆的魔都"密码":全员经典诵读。

理想很丰满,现实很骨感。原本是"妇孺皆知"的诗词名篇名句,《中国诗词大会》经过筛选的百人团也会有大量答错者。国人,尤其是青少年的古诗文教育提升空间很大。

春节才过,中共中央办公厅、国务院办公厅下发意见,宣布将实施中华优秀传统文化传承发展工程,全面复兴传统文化,将中华优秀传统文化贯穿于国民教育始终,中小幼课堂和教材更是其中重点。实现目标的时间节点设在2025年。

"武亦姝们"得天独厚。在复旦大学附属中学,传统文化教育已成风习。她随口吟诵的《诗经·七月》,学校自编的《中华古诗文阅读》第一册翻开就是。这套6册的校本教材是学生必修,全校学生都要在课堂上研读《论语》《古文观止》及诸子百家选篇,每天晨读诵读古诗词。而且作为国家教育综合改革试验区,上海在传统文化教育方面不遑多让。该市每年举办市民文化节,就有"中华古诗词大赛",还有专门的市民诗歌节。

着力于传统文化教育的学校也越来越多，从传承"非遗"到建设传统戏曲、传统体育、手工艺特色学校，古诗文从建爱好者社团、开设拓展课到全员晨读、纳入课程体系。

以复旦大学附属中学所在的杨浦区为例。两年来连续有学生在全国性活动中脱颖而出，杭州路第一小学张人匀同学在"国学达人"挑战赛上获得全国首届中华学子青春国学荟小学组季军，上海外国语大学附属双语学校的安昕、李琬婷进入中国汉字听写大会总决赛。区里的汉字节连续举办7届，去年近3万人次参加。

在长宁区，所有幼儿园和中小学全面铺开经典诵读活动，对小学低年级学生，明确要求读书不得抄写、默写和考核，要读出声、读出节奏，以激发学生对传统文化的兴趣。小学阶段每周一节"中华经典诵读"课，毕业时学生要会背诵优秀诗文150篇，初中阶段背诵100篇，高中背诵诗文量在1万字左右。

"中学时'一怕周树人，二怕文言文'。如果不是学校规定，我不会去读那些经典。接触之后却发现对人生观的重要价值。"复旦大学一位"90后"大学生感慨。

承续优秀传统文化要滋养更要底气。这不只是自上而下的政府工程，更是一个"物质幸福时代已经结束"的社会，发自内心的渴求与呼唤，是随着中国成长为世界第二大经济体、出生于物质不再匮乏年代的"90后"和"00后"渐渐成长之后的必然向往。

但愿，魔都密码在更多的地方推广，让腹有诗书气自华的武亦姝式"00后"，越来越多。

（复旦附中女生武亦姝在《中国诗词大会》总决赛胜出登顶. https://www.thepaper.cn/newsDetail_forward_1613870[2019-04-12]. 本文根据此文章整理编写）

5.1 文化及大学生文化素质教育

5.1.1 文化的概念及内涵

中国是一个拥有 5000 多年历史的文明古国，在漫长的历史发展过程中，中华民族及其祖先创造出了辉煌灿烂的中华文化。中华文化是中华民族几千年文明的结晶，它博大精深，不仅包括儒家、道家、佛家，还包括墨家、名家、法家、兵家等多种文化形态。千百年来，中华文化汇聚、融合了不同民族的文化元素，经过长期积淀、凝结，形成了许多优秀、精辟、独特的思想精华。这些优秀传统文化思想已经深深融入中华民族的文化血脉之中，为一代又一代中华儿女所敬仰、认知、学习、传承，所以中华民族能历经磨难而生生不息、朝气蓬勃，并不断发展壮大，始终巍然屹立在世界的东方。这些优秀传统文化，需要人们不断挖掘、学习，充分汲取其思想精华的正能量，推动传统文化创新发展，为实现国家富强、民族振兴、人民幸福的"中国梦"提供强大的精神动力和智力支持。

1. 文化的概念

文化有广义与狭义之分，广义的文化是指人类创造的一切物质产品和精神产品的总和。狭义的文化专指语言、文学、艺术及一切意识形态在内的精神产品。《中国大百科全书（哲学卷）》："广义的文化总括人类的物质生产和精神生产的能力、物质的和精神的全部产品。狭义的文化指精神生产能力和精神产品，包括一切社会意识形式，有时又专指教育、科学、文学、艺术、卫生、体育等方面的知识和设施，以与世界观、政治思想、道德等意识形态相区别"。这两个定义基本上是一致的，不同的只是后一个定义把精神产品又分为两类，一类是意识形态，另一类是非意识形态，认为更狭义的文化指非意识形态的精神产品。那么，在这广、狭两种定义中哪一个为人们更多地使用呢？《中国大百科全书（社会学卷）》中指出，从词源上讲，在西方，文化的含义是从农作物的培育引申出来的，指人的品德和能力的培养；在中国，与文化相并列的是武功，即文治教化之意，并说："文化一词的中西两个来源，殊途同归，今人都用来指称人类社会的精神现象"，但是"历史学、人类学和社会学通常在广义上使用文化概念"。应该指出，对文化作狭义的理解是具有更泛性的趋势，而且从文化理论和文化建设来讲，应该使用狭义的理解，狭义的文化是严格意义上的文化，即人类的精神现象和精神产品。

2. 文化的内涵

文化一词在马克思主义经典著作中多次出现，但不是一个特定的术语，其含义是比较宽泛的。他们没有把经济、政治和文化三者并列起来说明社会结构。他们用以说明社会结构的术语是社会存在与社会意识、生产力和生产关系、经济基础（生产关系总和）和上层建筑，上层建筑包括政治和意识形态。如果把文化与经济、政治并列起来，显然文化与意识形态不能相等，因为意识形态只是精神领域的一小部分，所以文化大于意识形态。马克思主义哲学教科书使用"意识形式"一词用以称呼包括意识形态在内的全部意识，但也没有用"文化"一词。毛泽东在《新民主主义论》中提出了经济、政治和文化三者并列的社会结构理论，并规定了三者之间的关系："一定的文化（当作观念形态的文化）是一定社会的政治和经济的反映，又给予伟大影响和作用于一定社会的政治和经济；而经济是基础，政治则是经济的集中表现。这是我们对于文化和政治、经济的关系及政治和经济的关系的基本观点。"不难看出，毛泽东的社会结构三分理论与马克思、恩格斯的社会结构二分理论在基本内容和基本观点上是一致的，毛泽东对三者关系的规定根据的就是社会存在决定社会意识、政治是经济的集中表现等原理。因此，毛泽东的三分理论与西方学者的三分理论形式上是一致的，观点上是对立的：毛泽东坚持的是唯物史观，而西方学者坚持的是文化史观，即认为文化或精神是人类社会发展的最后的决定力量，这是一种唯心史观。因此，马克思主义者有时也采用社会结构三分理论来阐明一些问题，不管人们如何理解三者的关系，只要把三者并列，就是承认文化不是经济、政治，而是经济、政治以外的东西，即精神活动及其产品。这就是前面提到的狭义的理解。

从前面的论述可以看出，唯物史观认为文化作为精神活动及其产品是经济、政治的反映，经济是物质活动及其产品，政治不是物质活动，但也是改造社会的客观活动，由于它是经济的集中表现，因而在经济与文化之间起着中介作用，因此，文化是经济与政治的反映，而归根到底是经济的反映。但是，文化还具有相对独立性，因而能够反作用于经济基础和政治，其本身也具有传承性和稳定性，是人类社会结构不可缺少的一部分。文化水平的高低也是衡量一个社会文明程度的标准之一。我们对文化内涵的回答就是：文化是人类的精神活动及其产品，是经济和政治的反映，归根到底是人类物质活动的反映。[①]

3. 文化的结构

文化是一个复杂的巨系统，其整个结构可以分为四个层次。第一个层次，在最广泛的意义上，文化包括物质文化和精神文化两部分，是人类实践和智慧所创造的全部物质财富和精神财富的总和，它体现了人类所特有的物质力量和精神力量所达到的水平和活动方式。有人主张把社会的经济、政治等制度、组织、设施以及人们参与这些事务的行为方式等从物质文化、精神文化中划分出来，概括为制度文化或行为文化，与物质文化、精神文化并列为三个部分。第二个层次，是指精神文化，其中包括语言和逻辑；自然科学和技术；人文和社会科学；哲学、艺术、宗教；人们的生活方式、思维方式；民族性格、风俗习惯等社会心理；伦理道德；教育、文化等理论、制度、设施、组织以及活动方式；等等。第三个层次，是指精神文化之中被称为社会意识形态的那些观念文化，主要包括政治、法律思想、道德、艺术、宗教、哲学等形式。它们与社会的经济和政治状况联系比较直接，比较密切。作为观念形态的文化，是社会上层建筑的一部分，是社会经济基础的反映，受政治上层建筑的制约，同时又反过来对经济、政治产生巨大的作用

---

① 黄楠森. 论文化的内涵与外延. 北京社会科学，1997，4：11-15.

和影响,表现出特殊的社会属性。第四个层次,是文化的核心:人们的世界观、价值观、人生观。这四个层次互相关联,构成统一的文化整体。当与经济建设、政治建设相对应来使用文化建设这个概念时,是指精神文化,其外延同物质文明相对应的精神文明一样。有时人们把政治、法律、科技、教育等独立分类,把其余的精神文化现象称为文化,这是实际应用的需要,如政府设立的文化部,其工作对象就只是精神文化的一部分。[①]

5.1.2 文化素质的概念及内涵

1. 文化素质的概念

所谓文化素质通常是指人们对文化知识的掌握程度以及运用发展的能力和品格。文化知识、文化经验、文化智能、文化应用能力和创造发明能力,都是构成文化素质的基本因素。

2. 文化素质的内涵

1)文化素质是人们对于文化的掌握

人类的文化是一个复杂庞大的体系,人们对它的掌握程度通常包含两个方面:从横向的方面看,是个别门类的还是多门类的,即知识面宽还是窄;从纵向的方面看,对某一门类或几个门类的知识是肤浅地了解还是深入地研究,即知识的深与浅。这"博"与"渊"两个方面的结合构成了一个人的知识结构或框架。一般地说,具有渊博知识的人,其文化素质就高,反之就低。通常说,人们文化知识渊博与否与接受教育的程度有关,教育发展程度一般地决定着该国国民总体的文化素质。

2)文化素质是人们对于文化的运用

毛泽东同志说:"读书是学习,使用也是学习,而且是更重要的学习。"[②]有了一定的文化知识之后,这仅是第一步,还必须学会运用文化的技巧和能力,会在实践中去运用它,使之起到团结人民、教育人民、启迪智力、净化灵魂、服务于生产、服务于社会的作用,达到帮助人们改造主观世界和客观世界的目的。如果有了文化不知道或不会应用,就不能说具备了完备的文化素质。因此,在文化建设中应提倡知识教育与智力开发并重,学习文化与应用文化并重,切实提高全民族的文化应用能力。

3)文化素质是人们对于文化的发展

马克思主义认为,物质世界是发展变化的。人们对它的认识也是变化发展的,永远不会完结。文化作为人类社会的精神现象也需要发展变化。人们对于文化的发展主要包括,从前人那里学习与继承的文化;对前人的文化进行改造利用;吸收外来民族或国家的文化;依据社会实践不断发展文化的内容;依据文化实践创造新的文化形式;把原有的文化形式推广应用到一个新的领域等。但是,无论如何,这种发展、创新都是在吸

---

① 陈志尚. 论中国特色社会主义文化建设的战略地位. 北京大学学报(哲学社会科学版),1998,35(4):60-68.
② 夏征难. 军事辩证法奠基作的华章——读《中国革命战争的战略问题》开篇章札记. 毛泽东思想研究,1995,(1):80-85.

收、借鉴、利用过去文化的基础上进行的。正如列宁所指出的："当我们谈到无产阶级文化的时候，就必须注意这一点。应当明确地认识到，只有确切地了解人类全部发展过程所创造的文化，只有对这种文化加以改造，才能建设无产阶级的文化。"①

5.1.3 大学生应具备的文化素质

1. 广博的文化知识

人类的知识包括三个部分：一是人类对于自然界的知识，也称为自然科学；二是人类对于社会的知识，也称为社会科学；三是哲学，哲学是人类对于自然、社会和人类思维的普遍本质和规律的概括和总结。从时间上看，人们还可以把这些知识分为古代的、近代的和现代的知识。列宁说："无产阶级文化并不是从天上掉下来的，也不是那些自命为无产阶级文化专家的人杜撰出来的，如果认为是那样，那完全是胡说。无产阶级文化应当是人类在资本主义社会、封建社会和官僚社会压迫下创造出来的全部知识合乎规律的发展。"①大学生是优秀传统文化的继承者和未来文化的开拓者，应当用人类所创造的全部知识来丰富自己。需要指出的是，近年来由于基础教育中存在着片面追求升学率的倾向，理工科学生轻视对人文知识的学习，文科学生忽视对自然科学知识的学习，这种过早的分流引起中学生知识的片面性，造成中学阶段知识结构的不合理，并把这种缺陷带进了大学阶段。因此，大学生应自觉克服自己知识面的狭窄性，自学和选学一些非自身专业的学科知识，扩大自己的知识视野。

2. 系统的专业知识

大学生的专业知识通常包括四个部分：专业基础理论、技术基础理论、基础技术、专业技术。在这四个部分中，前面二者是解决智能问题的，后面二者是解决技能问题的，它们相互制约，缺一不可。如果放松了基础理论学习，就会失去专业发展的内在动力，把大学生降低为普通技工水平；如果放松了技术的掌握，就无法把专业理论与实践结合起来，削弱了大学生的实际动手能力。因此，大学生应当坚持理论与技能训练相结合、专业学习与专业实践相结合，具备比较系统的专业知识。另外，由于存在着专业目标确定性与社会需求不确定性的矛盾，大学生还要注意拓宽自己的知识面，尽量吸收邻近学科与专业的知识与技术，争取做到一专多能。

3. 较强的文化创造才能

建设和发展中国特色社会主义的文化，是一项开拓性的事业，社会主义大学生作为未来文化的建设者，必须具备较高的创造能力，必须深深根植于中国大地，依靠人民的力量，面向现代化、面向世界、面向未来，创造出无愧于伟大时代的社会主义文化。要

---

① 列宁. 列宁全集（第三十五卷）. 中共中央马克思恩格斯列宁斯大林著作编译局译. 北京：人民出版社，1986：286.

不断锻炼自己的创造思维能力、理论研究能力、实践应用能力和文化创作能力。要做到这一点，必须坚持努力学习与深入实践、勤于思索、勇于创新的统一。

一般文化知识、专业知识和创造才能，构成了大学生文化素质的基本框架。如果说一般文化知识是这个框架的底部，专业知识是它的躯干，创造才能则是它的顶点。

5.1.4　大学生文化素质教育的内容

文化素质教育是素质教育的切入点和出发点，我们要着力于提高学生的文化知识综合素养，提升学生人文底蕴，让学生形成在学习、理解、运用人文领域知识和技能等方面的基本能力、情感态度和价值取向。

1. 思维方式教育

学生步入大学，面临着一个全新的教育方式，从学生的角度讲，应当培养自己对知识的汲取能力。学生在对知识的追求上，不能像在中学学习那样，只围绕着有限的几本教科书进行学习，应当在学好专业知识的同时，广泛地汲取知识。因此，他们就面临着一个学习方法的变革问题。要学生彻底抛弃过去死记硬背的学习方法，教师的责任重大。教师在进行文化课教育的同时，要进行思维方式的教育，也就是教给学生汲取知识的能力。因为任何教师都不可能教给学生所有的书本知识，也不可能教给学生终生能用的知识，尤其是在 21 世纪的知识经济时代，知识的淘汰速度越来越快，如 20 世纪 90 年代初计算机专业的毕业的学生，如果其知识没有更新，他原来所学的知识大部分已没有应用价值。

2. 审美情趣教育

我们倡导人文精神教育，其中的主要目的就是全方位地培养学生的兴趣，扩充学生在校期间的知识接受量，其中一部分就是审美情趣的培养，也就是美学教育。在一般院校实施的美学教育有别于美学的专业教育。应注重的是从美学的观点（审美），培育学生健康向上的业余爱好，而更重要的是培养学生学会欣赏、学会享受这样的爱好，使学生的身心得到健康地发展，为社会所用。

3. 创新精神培育

教育要"面向未来"，是一个迎接信息时代学习革命的教育发展战略。信息社会的进一步发展，将引起人们的生存环境、生产方式、生活方式、工作方式、人际交往方式乃至思维方式的变革，从而导致教育目标和人才培养模式的变化。社会及科学技术的进步、经济的发展，不是单纯地使用前人所总结的经验或科学知识，也不单纯是站在先人的肩膀上走路，重要的是有所创新，也就是对知识或经验有所发展。在大学教育阶段，我们应当注重培养学生的创新精神与创新能力，也就是尽可能地扩充学生的知识面，培养学生善于思维、善于创新、勇于突破旧的思维方式或惯用模式的能力。这一点，对于学生走向社会尤为重要。

4. 人格意识培育

所谓人格，是指现实的有特色的个人，是人经由社会化获得的，具有内在统一性和相对稳定性的个人特质结构，是人思想和行为的综合。人生的意义，人生的追求、目的、理想、信念、道德、价值等，其高尚的、健康的精神就属于要发扬的人文精神。人的精神空虚，是由于这方面的失落、混乱和迷误造成的。生老病死，得失际遇，穷达祸福，顺利和挫折，机会和风险，在这些问题面前，如果没有科学的通达的态度，没有高尚的坦荡的情操，就容易被神秘主义和迷信所俘虏。在中国现今的经济环境下，人文精神在大学教师中的建立，其结果不仅只是对教师本人成长产生影响，而且会对一批人，对社会环境产生良好的影响。高校应在加强科学教育的同时，在教师与学生中加强人文教育，使教师与学生既有良好的科学素质，又有较深厚的人文精神；既有专业知识，又有健全人格，从而为社会服务。

5.2 传统文化及大学生传统文化素质教育

5.2.1 传统文化教育的作用

中国传统文化素质是文化素质的重要组成部分，文化素质通常是指人们对于传统文化的认知、理解程度以及通过创造性转化与发展，使之内化于心、外化于行的能力和品格。它是一个综合性的概念，涵盖传统文化知识、能力、品格和修养等多个方面，具有鲜明的民族特色。传统文化素质主要通过传统文化教育去传递传统文化知识，塑造和培养人的内在品格和能力，从而增强文化自信和民族自信，推动优秀传统文化传承与创新。

传承和弘扬中华民族优秀传统文化，推动文化创新是教育的一项重要任务。《中华人民共和国教育法》第七条明确规定，"教育应当继承和弘扬中华民族优秀的历史文化传统，吸收人类文明发展的一切优秀成果"。党的十八大以来，以习近平同志为核心的党中央领导集体高度重视和弘扬中华优秀传统文化，并将其作为治国理政的重要思想文化资源和国家文化的重要软实力。习近平在多个场合强调了学习、传承和弘扬中国优秀传统文化对提高国民素质和国家综合实力的重要意义。2013 年 3 月，在中央党校 80 年校庆的讲话中，习近平指出："中国传统文化博大精深，学习和掌握其中的各种思想精华，对树立正确的世界观、人生观、价值观很有益处……学史可以看成败、鉴得失、知兴替；学诗可以情飞扬、志高昂、人灵秀；学伦理可以知廉耻、懂荣辱、辨是非。"[①]2014 年 9 月，在纪念孔子诞辰 2565 周年国际学术研讨会暨国际儒学联合会第五届会员大会开幕会上，习近平进一步指出"中国优秀传统文化的丰富哲学思想、人文精神、教化思想、道德理念等，可以为人们认识和改造世界提供有益启迪，可以为治国理政提供有益启示，

---

① 习近平. 在中央党校建校 80 周年庆祝大会暨 2013 年春季学期开学典礼上的讲话. 人民日报，2013-03-03（02）.

也可以为道德建设提供有益启发"①。为进一步加强和完善新形势下中华优秀传统文化教育，2014年3月，教育部印发了《完善中华优秀传统文化教育指导纲要》，提出了新时期加强中华优秀传统文化教育的指导思想、基本原则和主要内容。目前，传统文化素质教育已经成为我国大中小学和幼儿园学生文化素质教育的重要内容。

大学生作为接受高等教育的特定社会文化群体，肩负着传承学术思想、创造文化成果和服务社会的重要使命。当前，随着经济全球化的迅猛发展，西方资本主义国家的意识形态、思想文化、道德伦理、价值观念乃至生活方式对我国传统文化产生了深刻影响。面对西方外来文化的冲击，一些大学生出于对外来文化的好奇与新鲜，开始接受、认同，甚至盲目崇拜西方的价值观念和生活方式。由于缺少对祖国优秀传统文化的认知，有些大学生的精神世界变得浮躁不安、迷茫不定、幽暗不明甚至荒芜不堪。在这种背景下，加强传统文化素质教育，加深大学生对于中华民族优秀传统文化的认知和理解，引导大学生完善人格修养、丰富精神世界，对于促进大学生的健康成长和全面发展具有十分重要的现实意义。

1. 传统文化教育有助于大学生树立正确的世界观、人生观和价值观

大学时期是一个人一生中最为美好的一段时光，也是一个人的世界观、人生观、价值观形成和发展最重要的时期。尽管这一时期，大学生的思想、道德和心理等方面已经有了一定发展，但社会生活经验还不够丰富，思想还不够成熟。在理想与现实，物质与精神、个人与他人、个人与国家等一系列重要问题上存在困惑与迷茫。面对纷繁复杂的现实世界和相互激荡的各种思想文化，如何看待世界、如何对待人生、如何分辨善恶等都是大学生不得不思考和回答的问题。中国传统文化博大精深，在世界观、人生观和价值观等方面留下了许多宝贵的文化遗产，认真汲取其思想精髓，引导和鼓励学生理解和掌握优秀传统文化，可以帮助学生正确认识人与自然、个人与国家以及人与人的关系，深刻理解善恶界限，学会辨别是非曲直，并产生追求真、善、美的动力和实现自我、服务社会的美好愿望。比如，在如何对待人生、对待生命的问题上，尽管传统文化的不同形态提出了不同的观念，道家提倡顺其自然，较为看重自然生命，儒家则倡导"内圣外王"，更为看重伦理生命，但无论儒道，都把"天人合一"视为人生的最高境界，追求一种超越现世人生的精神价值，而不是留恋现世人生中的感性物质。面对人生中出现的困难与挫折，中国传统文化始终表现出一种乐观的理性主义态度，"天行健，君子以自强不息""胜人者有力，自胜者强""故天将降大任于斯人也，必先苦其心志，劳其筋骨，饿其体肤，空乏其身，行拂乱其所为，所以动心忍性，曾益其所不能"。这些经典古语和名言都是鼓舞大学生积极、明朗、乐观地看待人生、克服困难、坚守理想的优秀资源，充分挖掘和利用好这些资源，可以帮助大学生调整心态、树立正确的人生观、提升人生境界。

---

① 习近平. 在纪念孔子诞辰2565周年国际学术研讨会暨国际儒学联合会第五届会员大会开幕会上的讲话. 人民日报，2014-09-25（02）.

2. 传统文化教育有助于大学生深刻理解和践行社会主义核心价值观

中国优秀传统文化是社会主义核心价值观的重要思想源泉。党的十八大报告明确提出了以"三个倡导"为主要内容的社会主义核心价值观,即"富强、民主、文明、和谐、自由、平等、公正、法治、爱国、敬业、诚信、友善"。其中富强、民主、文明、和谐是国家层面的价值目标,自由、平等、公正、法治是社会层面的价值取向,爱国、敬业、诚信、友善是公民个人层面的价值准则。这三个层面都直接或间接地传承了中国传统文化中的思想精华,比如国家层面倡导的"富强、民主、文明、和谐",借鉴了传统文化中"自强不息""民为邦本""以和为贵""文明以止""化成天下"等思想。社会层面倡导的"自由、平等、公正、法治",借鉴了儒家"天人合一""允执厥中""隆礼重法"思想。个人层面倡导"爱国、敬业、诚信、友善",继承了传统文化中"至诚""至善""仁爱""友善""敬业乐群"等思想。2014年10月15日,习近平在主持召开文艺工作座谈会上指出:"中华优秀传统文化是中华民族的精神命脉,是涵养社会主义核心价值观的重要源泉,也是我们在世界文化激荡中站稳脚跟的坚实根基。"[①]因此,加强传统文化素质教育,弘扬中国优秀传统文化,有助于大学生加深对社会主义核心价值观的理解和认识,增强大学生的爱国主义情怀,提高大学生的社会责任感和历史使命感,使其能够积极、自觉地践行社会主义核心价值观。

3. 传统文化教育有助于大学生树立文化主体意识和文化创新意识

当今世界正在发生深刻复杂的变化,经济全球化、文化多样化持续推进,各种思想文化交流、交融和交锋更为频繁和激烈。西方发达资本主义国家凭借其在经济、科技和军事等领域的先发性优势,在全球张扬、推广其强势文化。在这种背景下,一些欠发达国家和民族的传统文化被排斥、挤压、侵蚀,甚至废弃,导致传统文化发展危机和边缘化程度不断加深。面对外来强势文化的侵蚀和不同思想文化的相互交流、交融和交锋,博大精深的中华优秀传统文化是我们在世界文化激荡中站稳脚跟的根基。对于大学生来说,如果没有文化主体意识,就有可能被其他文化侵蚀甚至同化,沦为西方文化的盲目追随者和附和者。因此,加强传统文化素质教育,能帮助大学生进一步廓清中国历史文化发展脉络,充分认识中国优秀传统文化的内在价值和所具有的独特魅力,树立对中国传统文化持久生命力的坚定信念,不断提高文化自觉和文化自信。只有树立了文化主体意识,毫不动摇地坚持中华文化的主体性,大学生才能正确地对待外来文化,做到既不妄自尊大,也不妄自菲薄,镇定从容地与外来文化进行沟通、交流,并有针对性地吸收、借鉴外来文化的有益养料,滋润、丰富、发展和创新中国传统文化。

4. 传统文化教育有助于大学生完善人格修养,实现全面发展

人格是个人在性格、气质、能力、道德品质等方面的总和。人格决定人生,健全的

---

① 习近平主持召开文艺工作座谈会强调:坚持以人民为中心的创作导向. 人民日报,2014-10-16(01).

人格是一个人获得成功和幸福的重要因素。我国著名教育家蔡元培认为"人生之鹄，在发展其人格，以底于大成"[①]。爱因斯坦也认为一个人智力上的成就很大程度上取决于人格的伟大。因此，人格形成和培养对个人全面发展具有十分重要的作用。现代心理学和教育学研究表明，人格的形成是先天的遗传因素、后天的环境因素和社会教育共同作用的结果。其中，文化作为一种深深熔铸在一个国家和民族生命力、创造力、凝聚力中的力量，在人格的塑造和发展中具有特殊的、不可替代的作用。文化不仅可以给一个国家和民族提供是非、善恶、美丑、真伪、好坏的判断标准，还可以通过社会教育使其内化为人的正义感、荣辱感、是非感、审美感、道德感和责任感，从而形成稳定的人格特征，并使内蕴于其中的民族传统和民族精神得以传承延续。

从总体上看，我国大学生大多数都具有较高的人格修养，他们理想远大、乐观向上、与人为善、脚踏实地、不畏艰险、勇于拼搏、敢于创新。然而，受社会转型、全球化、互联网和多种文化思潮等因素的影响，部分大学生的人格出现了畸形发展，主要表现为自我中心意识强烈、团队协作意识薄弱、个人诚信缺失、感恩意识冷漠、社会责任感淡薄、艰苦奋斗精神弱化、心理承受能力脆弱等多个方面。近年来，在高校不断发生的校园恶性伤害事件，进一步折射出大学生在人格方面存在的一些缺陷和问题。要改变这种现状，必须对大学生人格的培养和发展进行正确的引导与教育。中国传统文化中蕴藏着丰富的人格教育资源，挖掘和利用其中的优秀成果，从中汲取营养，不仅可以帮助大学生树立理想人格、完善人格修养、提升人格魅力，还可以弥补现阶段大学生人格教育的缺陷，培养出更多全面发展的高素质人才。比如传统儒家文化中提倡"亲亲而仁民，仁民而爱物""立爱自亲始"以及"老吾老，以及人之老；幼吾幼，以及人之幼"的博爱情怀，道家主张的"道法自然""为而不争""谦下不争""少私寡欲""清静无为""返璞归真""顺其自然""强大处下，柔弱处上"的处世智慧，墨家倡导的"贫则见廉，富则见义，生则见爱，死则见哀"的君子之道等都对大学生建构理想人格、领悟立身处世准则、提高人格修养具有积极作用。

5.2.2　大学生传统文化素质教育的基本原则

大学生传统文化素质教育必须坚持以马克思列宁主义、毛泽东思想、邓小平理论和"三个代表"重要思想、科学发展观、习近平新时代中国特色社会主义思想为指导，深入贯彻落实党的十八大、十九大精神和习近平同志系列重要讲话精神，全面贯彻党的教育方针，以立德树人为根本任务，以弘扬爱国主义精神为核心，以大学生的家国情怀教育、社会关爱教育和人格修养教育为重点，立足时代特征和我国国情，根据大学生身心发展特点和传统文化教育规律要求，坚持理论联系实际、综合创新和发展原则，植根传统，面向未来，兼容并蓄，积极吸收和借鉴国外优秀文化成果，培养和塑造出具有坚定的马克思主义信仰、深厚的传统文化修养、扎实的专业知识和技能、强烈责任感的社会主义事业合格建设者和接班人。

---

① 中国蔡元培研究会. 蔡元培全集（第五卷）. 杭州：浙江教育出版社，1997：161.

1. 科学性原则

大学生传统文化素质教育要以先进的科学理论为指导，遵循科学的方法和规律，把握正确的政治方向，明确培养目标，加强制度设计，合理制订教育计划，精心设计教育形式和内容，认真实施教育方案，加强教育效果反馈，全面提高大学生传统文化素养。当前，我国正处于经济社会全面转型的关键时期，多样化的思想观念、多元化的价值取向对大学的教育理念、方法产生了重要影响。在这种背景下，大学生传统文化素质教育必须将中国特色社会主义理论体系、社会主义核心价值观作为贯彻始终的主线，坚持把中华优秀传统文化教育与培育和践行社会主义核心价值观相结合，坚持运用历史唯物主义和辩证唯物主义的立场、观点和方法，深入挖掘和阐发中华优秀传统文化及其当代价值。

在大学生传统文化素质教育计划、教育形式、教育内容和教育方法的制定和选择方面，要准确把握传统文化素质教育的特点，既要尊重传统，又要观照现实，让传统文化素质教育更贴近大学生的发展需要，从而增强传统文化的吸引力、说服力、感召力和亲和力。比如在选择传统文化素质教育内容时，要选取那些最能反映中华民族价值观念、理想信念、爱国情怀、伦理道德、民情民俗等具有时代价值和进步意义的思想精华，让大学生从中吸收精神营养，提高自身素质。

2. 理论联系实际原则

这一原则包含四个层面的要求：一是大学生传统文化素质教育必须紧密结合大学生身心发展特点和成长实际需要，在教育内容、教育方式和教育手段上充分考虑当代大学生崇尚自由、追求个性、强调自主、思维独立的特点，面向全体，尊重个体差异，因人施教、按需培育，采用灵活多样的教育方式，构建多元化的传统文化教育平台，增强学生学习的自觉性和自主性；二是大学生传统文化素质教育必须紧扣时代主题和中国特色社会主义建设实际，有针对性地引导学生把个人梦想和中国梦紧密融合在一起，把个人价值与社会价值紧密结合在一起，把个人命运与国家命运紧密联系在一起，努力成为中国特色社会主义事业合格的建设者和接班人；三是大学生传统文化素质教育必须紧密联系高校思想政治教育实际，处理好传统文化素质教育与思想政治教育的关系。高校思想政治理论课是开展中华优秀传统文化素质教育的重要载体，在推进大学生传统文化素质教育的过程中，既要注意保持传统文化素质教育的相对独立性和教育特色，又要注重加强传统文化素质课程与思想政治理论课程的交融和互动，促进传统文化素质教育与思想政治教育融合发展；四是大学生传统文化素质教育必须与社会实践教育相结合。要充分利用现有各类传统文化教育资源，大力开展以弘扬传统文化为主题的各种实践活动，通过参观、学习和互动，深化大学生对于传统文化深厚意蕴的认知和领悟。要鼓励大学生积极参加社会调查、志愿服务、公益活动等传统文化社会实践活动，在继承和发扬中华优秀传统文化的同时，增强大学生的文化认同和文化自信。在此基础上，引导大学生从自我做起，从小事做起，做到知行合一、言行一致，成为中国优秀传统文化的继承者、传播者和践行者。

3. 综合创新原则

所谓综合创新原则，是指在大学生传统文化素质教育过程中，要坚持"古为今用、洋为中用、去粗取精、去伪存真、批判继承、综合创新"的方针，要积极引导大学生深入学习中国古代思想文化的重要典籍，理解中国传统文化的主要内容和精神实质；同时，我们必须清楚地认识到，文化是政治和经济的反映。一定的文化是由一定的政治经济所决定的。任何一种优秀的传统文化，只有随着时代的发展，不断地扬弃、改造和创新，才能保持其旺盛的生命力。中国传统文化是以农耕为主的自然经济为基础，以血缘宗法关系为纽带而形成和发展起来的，不可避免地具有历史和阶级的局限性。因此，在大学生传统文化素质教育中，要注意引导学生辩证对待传统文化，坚持批判地继承，而不能简单移植、全盘否定或毫无原则地兼收并蓄，要启发学生根据时代的需要，认真学习和借鉴世界优秀文化成果，主动从其他国家和民族的文化中汲取有益成分，并把弘扬中华优秀传统文化与学习、借鉴国外优秀文化成果结合起来，博采众长，开阔视野，创新思维，综合创新传统文化，推动中国传统文化的现代性转化和创新性发展。

4. 循序渐进原则

传统文化素质教育有其内在的规律性，要循序渐进，分级分类有序进行，不能急功近利，急于求成。大学生传统文化素质教育既要充分考虑与中小学阶段传统文化素质教育的有效衔接，突出大学传统文化素质教育的特色，又要综合考虑大学生不同阶段的思想心理特征和成长需要，分阶段、分层次、有重点、有计划、有步骤地推进大学生传统文化素质教育。一般来讲，与中小学生的传统文化素质教育相比，大学生传统文化素质教育至少要突出三个方面能力的培养，即认知能力、价值判断能力和践行能力。首先是大学生对中国传统文化的认知能力，主要表现为大学生对传统文化思想精华的理解能力、学习能力和初步研究的能力；其次是大学生对中国传统文化的价值判断能力，主要表现为大学生对传统文化精华与糟粕的辨别能力、判断能力、决策能力；最后是大学生对中国传统文化的践行能力，主要表现在日常的学习生活中，大学生能否身体力行，自觉地维护和发扬中华优秀传统文化，恪守中华民族传统美德和道德规范。大学生成长和发展的不同阶段有着不同的思想心理特征和发展需求，传统文化素质教育必须把握不同阶段的大学生的思想特点和成长规律，由易到难，由浅入深，由知到行，逐步深化提高，使大学生系统地掌握传统文化精华，有效地提高大学生的传统文化修养，促进全面发展。

5.2.3 大学生传统文化素质教育的基本内容

大学对学生的教育主要包括知识传授、能力建设和人格养成等三个方面。根据教育部印发的《完善中华优秀传统文化教育指导纲要》要求，大学阶段的传统文化素质教育，应以天下兴亡、匹夫有责为重点的家国情怀教育，以仁爱共济、立己达人为重点的社会关爱教育，以正心笃志、崇德弘毅为重点的人格修养教育为主要内容。

1. 家国情怀教育

以天下兴亡、匹夫有责为重点的家国情怀教育，重点在于引导大学生深刻认识中国梦的内涵、意义，深切感受中华民族同心奋进的深沉力量，增强国家认同，培养爱国情感，树立民族自信，牢记所肩负的历史责任，坚定为实现中华民族伟大复兴的中国梦而奋斗的决心和信心。

2. 社会关爱教育

以仁爱共济、立己达人为重点的社会关爱教育，重点在于引导大学生正确处理个人与他人、个人与社会、个人与自然的关系，学会心存善念、理解他人、尊老爱幼、扶残济困、关心社会、尊重自然，培育集体主义精神和生态文明意识，形成乐于奉献、热心公益慈善的良好风尚，培养大学生做高素养、讲文明、有爱心的中国人。

3. 人格修养教育

以正心笃志、崇德弘毅为重点的人格修养教育，重点在于引导大学生明辨是非、遵纪守法、坚韧豁达、奋发向上，自觉弘扬中华民族优秀道德思想，形成良好的道德品质和行为习惯，培养大学生做知荣辱、守诚信、敢创新的中国人。

5.2.4 大学生传统文化素质教育的根本任务

围绕以上三个方面的主要内容，结合现阶段大学生传统文化教育实际，大学生传统文化素质教育应重点做好以下几个方面的工作。

1. 传统文化知识教育

与中小学生相比，大学生心智更为成熟，思维更趋理性，且经过多年的系统学习，已经具有了一定的传统文化基础知识和一定的文化感悟力。大学阶段，传统文化素质教育应更系统、更深入地传授传统文化知识，引导学生认真研读传统文化经典，深刻领悟传统文化精髓。在教育内容安排上，不应再局限于对传统文化经典格言、片段的诵读、学习和理解层面，而应将重点转向中国古代思想文化的系统学习和经典著作的研究方面，通过对传统文化知识的系统教授和对优秀传统文化经典的深入挖掘，帮助大学生把以前学过的传统文化知识贯穿起来，从而使其更全面地、更深刻地认识中华优秀传统文化的历史渊源、发展脉络、基本走向，深刻理解中国优秀传统文化的精神特征和价值取向，系统掌握中国古代儒家、道家、佛家、法家、墨家等主要学派的主要思想，深入领会中国传统伦理道德和中华民族传统美德，不断拓展视野，丰富传统文化知识，提高传统文化理论水平。大学生传统文化素质教育应从以老师为中心的灌输式教育向以学生为中心的启发式教育、研究式教育转变，强调自主式学习、探究式学习，以提高学生对中华优秀传统文化的自主学习和探究能力为重点。

2. 传统文化创造创新能力培育

教师在传授传统文化知识和挖掘传统文化典籍的过程中，应引导大学生自觉运用马克思主义的立场、观点和方法分析中国传统文化价值，对中国传统文化中具有进步意义的成分科学地加以阐发。通过系统的传统文化素质教育，大学生应深刻认识到中华优秀传统文化是中华民族的根本基因，是各族人民共有的精神家园，离开了优秀传统文化的滋养，中华民族不可能历经磨难而不衰，更不可能兴旺发达，保持旺盛的生命力。

现阶段，中国优秀传统文化对社会发展的作用突出表现为对"中国梦"、社会主义核心价值观和中国特色社会主义理论的涵养方面。继承和弘扬中华民族优秀传统文化，必须紧密结合"中国梦"、社会主义核心价值观和中国特色社会主义实践。2013年8月，习近平在全国宣传思想工作会议上针对中国传统文化提出了"四个讲清楚"的重要任务，即"要讲清楚每个国家和民族的历史传统、文化积淀、基本国情不同，其发展道路必然有着自己的特色；讲清楚中华文化积淀着中华民族最深沉的精神追求，是中华民族生生不息、发展壮大的丰厚滋养；讲清楚中华优秀传统文化是中华民族的突出优势，是我们最深厚的文化软实力；讲清楚中国特色社会主义植根于中华文化沃土、反映中国人民意愿、适应中国和时代发展进步要求，有着深厚历史渊源和广泛现实基础"[①]。"四个讲清楚"不仅为中国传统文化当代价值的挖掘和阐发指明了方向，也为大学生传统文化素质教育提供了指南。在学习和研究中国古代优秀文化经典的过程中，教师应积极引导和启发学生顺应时代要求对中国传统文化中的思想精华、道德精髓等加以延伸阐发，使中华民族最根本的文化基因与当代文化相适应、与现代社会相协调，从而进一步增强大学生的文化自信和文化创新意识。

3. 理想人格教育

健全的人格是大学生成才的必备条件，人格教育是大学生传统文化素质教育不可或缺的重要方面，充分利用中国传统文化对理想人格的构想、设计和塑造，引导大学生完善人格修养，尤其是要引导大学生学会正确认识自我，懂得尊重、关爱他人，真切关心国家民族命运，自觉把个人理想和国家梦想、个人价值与国家发展结合起来，为实现中华民族伟大复兴的中国梦而不懈奋斗。

5.2.5 大学生传统文化素质教育的主要途径

1. 加强传统文化素质教育课程体系建设

1）拓宽大学生传统文化素质教育的覆盖面

近年来，国内高校在传统文化素质教育方面已经进行了很多有益的探索和实践。一些高校相继开设了中国传统文化课程，申报建设了一批精品课程，通过系统讲授中国古

[①] 习近平在全国宣传思想工作会议上强调：胸怀大局把握大势着眼大事 努力把宣传思想工作做得更好. 刘云山出席会议并讲话. 人民日报，2013-08-21（01）.

代名家经典及其思想文化，深度挖掘中国传统文化的当代价值，为继承和弘扬中国优秀传统文化做出了积极的贡献。然而，由于在课程设置上还存在着课程体系不完善、结构散乱、内容缺乏系统性、课时安排随意性大等方面的问题，大学生传统文化素质教育总体上还处于零散、杂乱状态。在这种情况下，推进大学生传统文化素质教育，面临的首要问题是大学生传统文化课程体系的建设问题。通过课程体系的建设，促进大学生传统文化素质教育在大学教育阶段的全覆盖。

2）确定大学生传统文化素质教育课程体系

高校应明确传统文化素质教育课程的目标，确定课程定位，制定课程标准。根据高素质专门人才的培养目标、社会对人才思想道德文化素质的要求和传统文化素质教育以文化人、以文育人的特点，结合有关法律法规、教育规划和发展纲要中对大学生优秀传统文化素质教育的要求，明确大学生传统文化素质教育各课程的教学目标和教学内容，确立各课程在大学生传统文化素质教育课程体系中的定位。在课程结构安排上，高校应统一开设中华优秀传统文化经典必修课，统一课程目标、课程模式和课程内容。在此基础上，结合地域特色、专业特点和学生求知需要，选取传统文化中的经典文献，开设传统文化专题选修课，对传统文化中某一方面的具体内容进行深入介绍，从而形成以传统文化公共必修课为主干、以若干专题子课程为支撑的多维立体式课程体系。

3）精心设计传统文化素质教育内容

面对卷帙浩繁的中华古代文化典籍，高校应根据大学生成长和发展需要，选取与时代主题、社会主义核心价值观和中国特色社会主义发展要求相切合的教育内容，突出地域特色和专业特点，强化以爱国主义为核心的民族精神及以仁爱、正义、诚信为主要内容的传统美德和以格物致知、真心诚意、尚德守志为重点的高尚人格。

4）加强大学生传统文化素质教育教材建设

教材是课程体系设计的重要内容，也是开展教育工作、提高教育质量的重要保证。传统文化素质教育课程教材编写要围绕课程目标和课程标准的要求，结合传统文化课程教学实践的经验，组织具有深厚传统文化造诣的专家学者和丰富教学经验的优秀教师编写多层次、成系列的传统文化素质教育教材。

5）设计并实施灵活多样的教育形式

因材施教，不拘一格，重内容、轻形式，重精神、轻文体，重体验、轻说教，重启发、轻灌输，真正达到学以致用、修身养德、健全心智、完善人格的教育目标。最后，在课程考核方式设计方面，要创新考核方式、突出实践能力和创新思维。

2. 加强大学生传统文化素质教育社会实践

社会实践教育是大学生传统文化素质课程教育的必要补充和延伸，也是提高大学生传统文化素质最直接、最有效的途径之一。大学生处于求知增智、人格塑造的黄金时期，丰富多彩的社会实践不仅能加强大学生对传统文化知识的理解，帮助大学生把抽象的理论知识转化为具体的实践行为，而且还有助于大学生对传统文化的创造性转化和发展。一方面，通过各种社会实践教育，大学生会逐步认同和接受优秀传统文化所体现出来的价值导向和伦理道德，并逐渐将其内化为自己的理想信念。另一方面，社会实践教育通过不断发挥大学生的主体性，使大学生的创新意识在社会实践中得到激发，能运用所学的理论知识和社会实践经验来诠释、改造传统文化，从而推动传统文化向现代化的转型和发展。

根据开展社会实践的地点不同，可以将大学生社会实践教育分为校内社会实践教育和校外社会实践教育两类。校内社会实践教育主要包括专业实践教育、文明修身主题教育、文化艺术节、大学生社团活动等多种形式。校外社会实践教育活动形式多样，其目的也是要引导大学生增强责任感和使命感，树立正确的世界观、人生观、价值观。教育活动主要包括生产劳动、志愿服务、校外勤工助学活动等。

1）校内社会实践

专业实践教育的目的是加强学生对所学专业理论知识的理解，培养学生的实践能力，提高专业技能和专业素质。专业实践教育一般是在大学生专业课程理论学习之中或结束后，围绕专业理论教学内容，开展相关的课程实验、实训和校内实习等。大学生应积极参加专业实践教育，深刻体会蕴涵在各门课程中反映人类文明成果、弘扬民族精神、体现科学精神、揭示事物本质规律的内容，努力提高自身的创新精神和实践能力。

文明修身主题教育是大学生校内社会实践教育的重要形式，主要是通过校园广播、橱窗报栏、网络等渠道宣传文明修身要求，组织开展主题摄影展、演讲比赛、校园文明之星、文明宿舍评选等活动，培养学生文明意识，提升学生文明素养，养成学生文明习惯，创建和谐文明校园。

文化艺术节不仅是大学生发挥个性、展现自我风采的重要平台，也是大学生接受传统文化教育和熏陶的重要途径。丰富多彩的文艺表演、书法绘画展览、诗歌朗诵比赛、读书节等活动，可以让大学生充分感受文化魅力，激励大学生追求梦想，使其树立正确的人生观、世界观和价值观。其中，近几年兴起的大学生读书节倡导大学生博览群书、弘扬经典、享受阅读、养德励志，已经在北京大学、清华大学、中国人民大学、北京师范大学、北京理工大学、北京交通大学、对外经济贸易大学等八十多所高校相继开展，受到了大学生的普遍欢迎，产生了良好的社会反响。

大学生社团是由兴趣爱好相近的大学生自愿组成的非正式组织，其形式多种多样，既有围绕学术问题、社会问题进行学习交流的学习小组，也有根据大学生在文学艺术、体育、音乐、美术等方面的兴趣爱好组成的协会，如文艺协会、棋艺协会、摄影协会、话剧团、篮球队、足球队、数学社、物理社、化学社等。通过参加丰富多彩的社团活动，大学生提高了文化品位和审美情趣，培养了合作意识。近年来，国内高校出现了一批以弘扬中国传统文化为目标的大学生社团，如专注于中华民族传统服饰文化的北京大学服饰文化交流协会；中南民族大学等多个高校的剪纸艺术协会；济南大学陶艺协会；中山大学汉服文化协会等也在弘扬民族文化、展示民族风采、丰富大学生文化生活方面发挥了积极作用。

2）校外社会实践

大学生校外社会实践教育活动主要包括生产劳动、志愿服务、校外勤工助学活动等。

劳动是中华民族的优良传统美德，组织大学生参加一定时间的生产劳动是实现高等教育培养目标不可缺少的重要环节,也是对大学生进行传统文化素质教育的重要途径。与上一代大学生相比,当代大学生多是独生子女,劳动思想观念比较淡薄,劳动技能不强,缺乏吃苦耐劳精神,缺乏对他人、对社会劳动成果的正确认识。为此,大学生要认清劳动的本质与意义,树立正确的劳动观。马克思明确指出:"任何一个民族,如果停止劳动,不用说一年,就是几个星期,也要灭亡。"[①]在参加生产劳动过程中,大学生应树立以勤劳俭朴为荣、以不劳而获为耻的观念,热爱劳动,尊重劳动,把对未来幸福生活的追求建立在辛勤劳动的基础之上。

大学生志愿服务主要包括大型活动志愿者服务、青年志愿者社区发展计划、公益宣传志愿者服务和文化、科技、卫生"三下乡"志愿者服务,比如现已开展的志愿服务西部计划、贫困地区支教计划、青春红丝带志愿行动等都是大学生志愿服务的重要项目。大学生应根据自身实际和服务对象的需求,积极参加扶贫开发、社区建设、环境保护、慈善救助等各种志愿服务活动,主动将所学知识和技能服务人民、奉献社会,树立为人民服务的道德观,大力弘扬仁爱至善、敬老爱幼、扶弱助残的传统美德,积极为人类发展、社会进步和社会福利事业做出应有的贡献。

校外勤工助学活动是帮助家庭经济困难的大学生了解社会,取得合法的经济收入的有效渠道,也是高校实施传统文化素质教育的重要途径。家庭经济困难的学生应克服自卑心理,增强自强自立意识,通过参加勤工助学活动自食其力,减轻家庭经济负担。同时,要树立对他人、对集体、对社会、对国家负责的意识,要自立自强、诚实守信、俭朴节约、知恩图报。

3. 加强大学生传统节日文化教育

传统节日是一个国家或民族历史文化长期积淀、凝聚的结晶,是民族情感、民族文化的集中展示和表达。我国传统节日历史悠久、内涵丰富、形式多样,历经世代传承,已经融入中华民族的思想观念、伦理道德、文化心理、审美旨趣和生活方式之中,形成了中华民族特有的传统节日文化。2017年1月中共中央办公厅、国务院办公厅印发了《关于实施中华优秀传统文化传承发展工程的意见》,深入开展"我们的节日"主题活动,实施中国传统节日振兴工程,丰富春节、元宵节、清明节、端午节、七夕节、中秋节、重阳节等传统节日文化内涵,形成新的节日习俗。中国传统节日文化植根于中国传统文化,寄托着人们对美好幸福生活的憧憬向往,蕴含着整个社会的道德判断和价值取向,承载着中华民族传统文化血脉和思想精华,是维系国家统一、民族团结和社会和谐的重要精神力量。当前,面对世界范围内各种思想文化的相互激荡和社会上一些不良风气对大学生的影响,充分运用民族传统节日文化对大学生进行传统文化素质教育,对于丰富大学生传统文化素质教育的内容,创新大学生传统文化素质教育载体,拓宽大学生传统文化素质教育途径,增强大学生民族自信和文化自信,全面提升大学生综合素质具有十分重要的意义。

---

① 中共中央马克思恩格斯列宁斯大林著作编译局. 马克思恩格斯文集(第十卷). 北京:人民出版社,2009:289.

1）深刻理解传统节日文化内涵

中国传统节日文化内涵丰富、底蕴厚重，它发端于古代农业社会的岁时节令，具有浓厚的农业色彩，比如清明最开始就是古代农业生产中一个重要的节气。古代农谚有"清明前后，点瓜种豆""春分早、谷雨迟，清明种薯正当时"之说。清明一到，气温转暖，降雨增多，是播种耕作的大好时节。后来，由于清明与寒食的日子接近，而寒食是民间禁火扫墓的日子。于是，寒食与清明就合二为一了，而寒食的习俗就变成了清明时节的一个习俗。这一习俗延续到今天，清明节是人们扫墓祭祖、踏青郊游的重要节日。民间传说寒食是为了纪念春秋时期的晋国名臣介子推被火焚于绵山而设立的，清明节也因此具有了宣传道德模范、弘扬爱国精神的意义。清明节所蕴含的忧国忧民、忠君爱国、清明廉洁的爱国精神和"功不言禄"、功成身退的奉献精神，是中华民族传统文化的思想精髓之一，也是今天培育和践行社会主义核心价值观，实现中华民族伟大复兴"中国梦"的重要精神支撑。

大学生是中国传统节日文化的继承者，也是中国传统节日文化的创造者。大学生应认真学习传统节日文化，了解民族节日风俗知识，深刻领会蕴含于传统节日文化之中的爱国情操、价值取向、精神追求和道德理想，坚定民族自信、文化自信，树立远大的理想，积极努力，创造有信念、有梦想、有奋斗、有奉献的人生。

2）推动传统节日文化创新发展

根据文化结构理论，传统节日文化可以分为表层文化、中层文化和深层文化三个层面。表层文化是指传统节日文化外在的物质表现形态，即传统节日服饰、吉祥装饰物、器具和食物等在我们在传统节日能观察到的东西，如春节时的对联、福字、窗花，端午节时的龙舟、粽子、雄黄酒，中秋节的月饼等。中层文化是指传统节日文化的形式层面，包括传统节日的礼仪习俗、行为规范和禁忌等。在传统节日里，人们在着装、饮食、行为上会遵循传统习俗，保持传统特色，比如在冬至，中国北方地区有宰羊、吃饺子的习俗，南方地区则有吃冬至米团、冬至长线面的习惯。深层文化则是指传统节日文化中蕴涵着的关于真、善、美的观念，它是传统节日文化中最深邃、最难理解和最难把握的部分，是传统节日文化的核心。

近年来，受各种因素的影响，一些人对于中国传统节日文化的认识仅停留在表层，将传统节日等同于吃、穿等物质消费。一些商家借机炒作，使传统节日成为商家推销节日商品、谋取利润的手段。一些地方对传统节日文化的继承也仅从形式上去模仿甚至复原传统文化的某些特定仪式，而忽视了传统节日文化的内在精神，对传统节日文化的这种认识是浅薄的、片面的，不仅是对传统节日文化的曲解，也是对中华优秀民族文化的破坏，是不利于传统文化的现代化转化和发展创新的。大学生是祖国的栋梁、民族的希望，肩负传承和弘扬中国优秀传统文化的历史使命，必须珍视传统节日文化，保护传统节日文化，认真挖掘传统节日文化所蕴含的文化精髓和精神价值，在传承中不断创新，使传统节日文化展现出强大的生命力与创造力。

继承和创新传统节日文化，要坚持以邓小平理论、"三个代表"重要思想、科学发展观和习近平同志系列重要讲话精神为指导，从现代社会文明的价值体系出发，科学、理性地分析传统节日文化资源的现代性价值，弘扬传统节日文化中积极、健康的因素，符合现代文明发展要求的道德情怀、价值理念和礼仪规范，坚决摒弃传统节日文化中的一些愚昧落后、功利迷信、奢侈浪费等不健康因素，积极倡导文明、和谐、喜庆、节俭的节日文化，推动传统节日文化健康发展。

3）利用传统节日提高大学生文化素质

传统节日是展示和传播优秀传统文化的重要阵地，也是弘扬和培育民族精神、联结民族情感、增强民族凝聚力和认同感的重要载体。我国传统节日形式多样，大学生应积极参加传统节日活动，通过切身体验，理解传统节日文化中蕴含的爱国主义情怀、社会关爱精神和理想人格诉求，不断提高自身的传统文化素质。

我国的传统节日中包含了大量关于热爱国家、热爱民族、热爱家乡的内容，具有弘扬爱国主义精神的重要功能，比如端午节最初是人们祛病防疫的节日，后因爱国诗人屈原在这一天投湖自尽，便成了我国人民纪念屈原的传统节日。传说屈原死后，楚国百姓十分哀痛，纷纷涌到汨罗江边去凭吊屈原。人们划起船只，在江上来回打捞他的真身。有人拿出为屈原准备的饭团、鸡蛋等食物丢进江里，希望鱼龙虾蟹吃饱之后不会伤害屈原的身体。有人将雄黄酒倒进江里，希望驱散江中的蛟龙水兽，保护屈原身体。后来，人们担心饭团散开，就用楝树叶包饭，外缠彩丝，形成粽子。这一做法传扬开后被保留延续至今。今天，每逢端午节，人们用划龙舟、吃粽子、饮雄黄酒来纪念这位伟大的爱国诗人，表达对他爱国忧民、忠心报国、无私无畏、忠贞不渝精神的无限敬意和怀念。屈原精神是一种爱国主义精神，纪念屈原的端午节传承的不仅仅是吃粽子、赛龙舟等民俗，更重要的是对屈原的祭奠和屈原精神的继承。

家庭和睦、社会和谐、世界和平是人们共同的向往。我国传统节日中也蕴涵着丰富的社会关爱思想，如以尊老、敬老、爱老、助老为主题的重阳节就是我国一个具有悠久历史的节日。九九重阳，九九谐音"久久"，九在数字中又是最大数，有长久长寿之意，加之秋季是一年收获的黄金季节，重阳节包含着希望老人生命长久、健康长寿的深刻寓意。古代诗词中有不少贺重阳、赞重阳的诗词佳作。在节日习俗方面，传统节日完美地展现出了人们追求家国平安、社会和谐的美好愿望，比如春节放鞭炮、贴春联、拜年，端午节佩香囊，腊月二十三小年扫尘、祭灶等都体现了中华民族对美好未来的永恒憧憬与追求。在这些传统节日里，人们开展传统节庆活动，遵照传统风俗习惯，换上节日服装，品尝各种节日特色食物，传颂古老传说，传递古老文明，把对民族文化的认同感、归宿感都融入传统节日的每一个细节，通过细节，传承优秀传统文化精神。

4）正确认识并判断西方文化的影响

随着经济全球化趋势的深入发展和我国改革开放的不断扩大，中西文化交流更为频繁密切，西方文化对我国传统文化的冲击和渗透不断加深，给我国传统节日文化、价值观念和生活方式带来了深刻影响。同时，由于各种原因，我国很多优秀传统节日文化没有很好地保护和传承下来，致使一些人逐渐失去了对它们的兴趣和向往，反映在现实生活中，西方节日受到青年人的青睐，而传统的中国节日则被冷落。大学生作为中华民族传统文化和民族精神的继承者和创造者，面对日趋盛行的西方节日，在思想上必须保持高度的警惕，要坚持正确的世界观、人生观、价值观，学会思考、善于分析、正确判断。

与具有农业色彩的中国传统节日不同，西方节日带有浓厚的宗教色彩，很多节日都与宗教直接相关，如万圣节、感恩节、圣诞节等。作为西方国家和民族历史文化长期积淀的产物，西方节日文化也是人类文明发展的重要成果。大学生可以通过了解西方节日及其习俗，更充分认识西方各民族的历史与文化，开阔视野，增长见识，增强与西方国家和民族的沟通、交流。在学习和交流的过程中，大学生应主动汲取西方节日文化中与中国传统节日文化价值观念、传统美德相一致的内容，而不能随波逐流，盲目崇拜西方节日。

中国传统节日是珍贵的中华民族文化遗产的重要组成部分，凝结着中华民族的民族精神和民族情感，承载着中华民族的文化血脉和思想精华，既需要薪火相传、代代守护，也需要与时俱进，创新发展。大学生应坚持中国传统文化的主体性，高度重视传统节日，积极保护传统节日，大力弘扬传统节日文化。同时，应结合时代的新进步和我国社会从传统农业社会向现代工业社会转型的实际，主动汲取世界各国节日文化中的积极因素，不断丰富传统节日文化内涵，创新传统节日文化形式，使其不断发扬光大，更好地满足当代人的审美特征和情感需求。

5.3 先进文化素质教育

5.3.1 先进文化的概念及内涵

1. 先进文化的概念

习近平指出："没有文明的继承和发展，没有文化的弘扬和繁荣，就没有中国梦的实现。"[①]"中华民族创造了源远流长的中华文化，也一定能够创造出中华文化新的辉煌。""要坚持走中国特色社会主义文化发展道路，弘扬社会主义先进文化。"[②]"要弘扬社会主义先进文化，深化文化体制改革，推动社会主义文化大发展大繁荣，增强全民族文化创造活力，推动文化事业全面繁荣、文化产业快速发展，不断丰富人民精神世界、增强人民精神力量，不断增强文化整体实力和竞争力，朝着建设社会主义文化强国的目标不断前进。"[③]分析这段表述，至少涵盖了如下几层要义。

1）中国先进文化通过党的事业来体现

党的理论、路线、纲领、方针、政策和各项工作，说到底就是党的事业的全部都体现了代表中国先进文化前进方向的要求，换句话说，党要完成新的伟大工程，要实现共产主义的社会制度，党的旗帜上必须永远鲜明地写上"始终代表中国先进文化的前进方向"。

2）中国先进文化导向是中国特色社会主义道路

中国先进文化导向就是指"坚持走中国特色社会主义文化发展道路，弘扬社会主义

---

① 习近平. 出席第三届核安全峰会并访问欧洲四国和联合国教科文组织总部、欧盟总部时的演讲. 北京：人民出版社，2014：16.

② 选自习近平总书记系列重要讲话读本. 北京：人民出版社，2014：99.

③ 习近平. 建设社会主义文化强国 着力提高国家文化软实力. 人民日报，2014-01-01（01）.

先进文化，推动社会主义文化大发展大繁荣，不断丰富人民精神世界，增强人民精神力量，努力建设社会主义文化强国"。以坚持、弘扬、推动、丰富、增强及建设为主线，构成了一幅骨架坚实、脉络清晰的中国先进文化前进方向的结构示意图。

3）中国先进文化根本目标是提高思想道德素质和科学文化素质

促进全民族思想道德素质和科学文化素质的不断提高，说到底就是要使社会主义精神文明建设上水平、上台阶。一方面，中国先进文化能够促进全民族思想道德素质和科学文化素质的不断提高；另一方面，随着全民族思想道德素质和科学文化素质的不断提高，先进文化的先进性会得到新的提升，先进文化的内涵将更为丰富、更为世人瞩目。两者交互作用，互为升华。

我国清楚地赋予了中国先进文化前进方向的功能和作用，就是为我国经济发展和社会进步提供精神动力和智力支持，其功能作用大体通过五个方面表现出来：一是坚持和捍卫马克思列宁主义、毛泽东思想、邓小平理论、"三个代表"重要思想、科学发展观、习近平新时代中国特色社会主义思想的教育实践活动来坚定全社会的理想信念，同时发展马克思列宁主义、创新社会主义理论来凝聚起坚不可摧的强大的精神支柱。二是正确引导人们认识"资本主义发展的历史进程""社会主义发展的历史进程""我国社会主义改革实践过程对人们思想的影响""当今的国际环境和国际政治斗争带来的影响"等重大理论问题，从而激发起更加高涨的改革开放和发展社会主义市场经济、充分展示社会主义优越性的热情，把两个文明建设不断推向前进。三是提高全社会的思想道德素质和全民族的科学文化素质，使中国先进文化的内涵更加深邃，前进方向更加明确。四是有鉴别、有选择地吸收外来文化的一切优秀成果为我所用，使中国先进文化更加完善，为世界和人类所共识共赏，同时采取积极的防范、抵御措施，最大限度地消除外来文化的消极成分的影响，保持中国先进文化的前进方向永不迷航。五是全面开掘、全面创新，使中国先进文化的百花园更加生机盎然、硕果累累、众心向往，以满足不同地域、不同层次人们的欣赏水准，在推动需求的过程中发展和繁荣中国先进文化。

2. 先进文化的特质内涵

文化，是一定社会的经济和政治在观念形态上的反映，是人类社会历史发展的积淀。当代中国的先进文化，应当是我国现阶段经济、政治和社会状况的反映，它应当而且必须具备如下属性：是以马克思列宁主义、毛泽东思想、邓小平理论、"三个代表"重要思想、科学发展观、习近平新时代中国特色社会主义思想为指导的社会主义文化；是与封建主义、资本主义文化有着本质区别的社会主义初级阶段的文化；是与社会主义中级、高级阶段的文化在理想信仰、价值原则、伦理道德的实现程度、层次和范围上具有一定差别的文化；是反映我国现阶段经济、政治状况，符合中国人民根本利益和愿望，符合人类文明进步的方向和潮流的文化；是有利于改革开放，有利于发展社会主义生产力，有利于全面提高人们的综合素质，有利于推进社会主义现代化建设的文化。

综上所述，我们对当代中国先进文化的特质内涵可以作如下概括：它是民族性与时代性、民族性与世界性相统一的文化；是反映人民意志、代表人们利益的文化；是把弘扬科学理性精神与倡导人文精神相统一的文化；是适应并引导、促进社会主义市场经济建设健康发展的文化；是与现代化进程相适应的文化。

5.3.2 先进文化素质教育的基本要求

建设和发展中国特色的社会主义文化，是一个不断推进的历史进程，是一项复杂艰巨的历史任务，必须长期不懈地努力。要始终坚持中国先进文化的前进方向，就必须从以下几个方面做起。

1. 要始终坚持马克思主义在思想文化领域的指导地位教育

马克思主义、毛泽东思想和邓小平理论，是我们认识世界、改造世界的强大思想武器，也是先进文化的灵魂和指南。只有以这些科学理论为指导，才能使我国的文化建设沿着正确的方向健康发展，才能引导人民树立正确的世界观、人生观、价值观，抵御各种腐朽、没落的思想文化的影响，才能保证全党和全国人民形成共同的理想和建立强大的精神支柱。

坚持马克思主义的指导地位，就要正确看待马克思主义与其他各种文化的关系。马克思主义之所以正确，具有强大的生命力，是因为马克思主义这一无产阶级的思想体系有历史性的意义，是因为它并没有抛弃资产阶级时代最宝贵的成就，相反却吸收和改造了两千多年来人类思想和文化发展中一切有价值的东西。

2. 要加强社会主义的思想道德建设教育

中国先进文化的前进方向，是由思想道德集中体现的。加强社会主义思想道德建设，是发展先进文化的重要内容和中心环节。邓小平理论的一个重要观点就是两个文明建设必须两手抓，两手都要硬。如果仅仅是经济上去了，而因为忽视教育导致信仰危机、道德滑坡、思想混乱，经济迟早会退下来。就建设中国先进文化而言，如果整个社会只讲物质利益，只讲金钱，不讲理想，不讲道德，人们就会失去共同的奋斗目标，失去行为的正确规范，那也就失去了建设和发展先进文化的社会基础和思想基础。江泽民同志指出："要把依法治国同以德治国结合起来，为社会保持良好的秩序和风尚营造高尚的思想道德基础。"[①]一方面，依靠法律的权威性和强制性，保证社会生活有秩序地进行和人民的合法权益不被侵害，避免随意性、任意性；另一方面，通过以德治国的宣传提高人们的思想境界，形成强大的社会舆论氛围，依靠积极向上、健康进步的价值评判标准，凭借人的良知和优秀的传统习惯来维系社会生活的有序公正和人民的安居乐业，产生法治所无法代替的自律、约束力量。

加强思想道德建设，尤为重要的是要在全社会倡导爱国主义思想、集体主义思想、社会主义思想，反对和抵制拜金主义、享乐主义、极端个人主义等腐朽思想，增强全国人民的民族自尊心、自信心、自豪感，激励人们为振兴中华而不懈奋斗。具体来讲，就

---

① 江泽民. 在庆祝中国共产党成立八十周年大会上的讲话. 中共党史研究, 2001, （4）: 3-13.

是通过思想道德的理论建设，思想道德宣传舆论阵地建设，党风、民风形象示范建设，思想道德标准的分层次整合等，力求在全社会形成追求真善美、抵制假恶丑、弘扬正气的道德风尚，人人讲社会公德、职业道德、家庭美德的德治局面。

3. 要高度重视信息网络文化对大学生素质教育的机遇与挑战教育

信息网络化的飞速发展，既为我们吸收和传播先进文化，加强思想文化建设提供了新的途径和手段，也给西方敌对势力对我们进行思想渗透提供了更为便捷的渠道。现在，互联网上信息庞杂多样、泥沙俱下、良莠俱存，既有许多反映当代科学进步、经济发展和优秀文化成果的有益的信息，也存在大量反动、迷信、黄色、灰色的信息，使人防不胜防，尤其对青少年的毒害和影响极大，有人将其称为"网上海洛因""网上冰毒"，事实上一点也不过分。互联网已经形成了一个新的思想文化阵地和思想政治斗争的战场。对此，消极回避、因噎废食、一味封堵是不行的。面对这种形势，只能因势利导，趋利避害，一方面抓住网络化发展带来的机遇，利用网络为传播先进的思想文化服务，另一方面保持高度警惕，高度重视网上斗争，加强管理、主动出击，使积极、健康、进步的东西占据主流，使反动、腐朽的东西没有市场，从而把信息网络对思想文化领域带来的消极影响降低到最低程度。

4. 要加强党对大学生文化素质教育的领导

我们党对文化工作一贯十分重视并身体力行，为全党和全国人民做出了表率。毛泽东同志不仅是一位伟大的革命家、战略家、理论家，还是一位伟大的文艺学家，他的《在延安文艺座谈会上的讲话》成为我党我军文化建设的奠基理论，毛泽东诗词、书法更是气势磅礴，手笔空前，独树一帜。毛泽东思想，作为当代中国先进文化的杰出代表，成为我们党思想上和精神上的一面光辉旗帜。邓小平同志在其理论体系中，一贯重视党对文化工作的领导，他的关于教育的"三个面向"的思想，培养"四有"社会主义现代化建设者和接班人的思想，两个文明一起抓、两手都要硬的思想，都是我们加强对文化工作建设的重要的指导原则。2013年12月30日习近平在中共中央政治局第十二次集体学习时讲道"对中国人民和中华民族的优秀文化和光荣历史，要加大正面宣传力度，通过学校教育、理论研究、历史研究、影视作品、文学作品等多种方式，加强爱国主义、集体主义、社会主义教育，引导我国人民树立和坚持正确的历史观、民族观、国家观、文化观，增强做中国人的骨气和底气"[①]。

加强和改进党对文化工作的领导，必须学会尊重和运用社会主义文化事业发展的客观规律。要认识和掌握文化工作的特点和文化发展的规律，尊重文化工作者的创造性劳动，充分调动他们的积极性，激励他们进行不懈的探索和创新。努力培养一大批全面掌握建设中国特色社会主义理论、学贯中西、联系实际的理论家，努力培养一大批坚持正确方向、深入反映生活且受到群众喜爱的名记者、名编辑、名导演、名作家、名主持人等顶尖人才。同时，充分发挥老专家、老学者、老艺术家对中青年人才的传帮带作用。

---

① 习近平论中国传统文化——十八大以来重要论述选编. 党建，2014，（3）：7-9.

借助文化领域知识密集、人才密集的优势多出精品、快出精品，通过几代人的艰苦努力，力争推出一批当代中国文坛、教坛、画坛、剧坛等各个领域的大师级代表人物。

加强和改进党对文化工作的领导，还必须旗帜鲜明地反对封建主义的糟粕文化、资本主义的腐朽文化、信息网络中的垃圾文化，通过教育疏导、完善法规、批判惩戒等手段，最大限度地抵制消极、落后、腐朽文化的影响。

5.4 大学生人文素质教育

5.4.1 人文精神与人文素质

人类社会的文明，贯穿其中的精神发展，千姿百态，源远流长。一个民族的精神发展、思想情感，归根到底是一定物质生活条件的产物，历史的产物。在不同的占有形式上，在生存的社会条件上，耸立着由各种不同的、表现独特的情感、幻想、思想方式和人生观构成的整个上层建筑。瑰丽多姿、意蕴深广的人文精神，也是它们自身形成时所处的那个社会的产物。每个时代都有其相应的人文精神。同一时代的人文精神，也会因具体历史时期和条件的不同，显出其差别性和具体的特点。

1. 人文精神的内涵

人文精神作为民族的精神发展和人的精神世界的表征，作为实践主体（也是文化主体）的精神品格、精神追求的体现，在肯定它源于社会实践的基础上，还必须进而联系到整个精神文化的层面，才能进一步把握和理解。在古代，人文是指社会的礼仪制度、道德规范和文德教化，与今天所说的文化有相通之处。这或许意味着，我国最早的人文概念，实际上是观照当时社会的整个文化层面来使用的。在一个民族文化的创造、变革与发展中，必然会孕育出体现崇高价值追求、激励人们前进、支撑文化和社会向前发展的宝贵精神。历代的实践主体和文化主体，都对这种精神的丰富和发展做出过自己的贡献。

因此，我们可以大致对人文精神作这样的认定：人文精神是在历史中形成和发展的，由人类优秀文化积淀、凝聚、孕育而成的精神。在每个民族的历史发展中，既有进步的，具有人民性、革命性的文化，又有落后的，带有腐朽性、反动性的文化。人文精神则是由优秀文化孕育而成的精神。就其与实践主体、文化主体的关系而言，人文精神是内在于主体的精神品格。这种精神品格，在宏观方面，汇聚于作为民族脊梁的民族精神之中；在微观方面，体现在人们的气质和价值取向之中，如追求崇高的价值理想，崇尚优良的道德情操，向往和塑造健全、完美的人格，热爱和追求真理，养成和采取科学的思维方式，等等。

马克思曾说："任何真正的哲学都是自己时代的精神上的精华"，哲学是"文化的活的灵魂""人民最精致、最珍贵和看不见的精髓都集中在哲学思想里。"[①]这说明，

---

① 中共中央马克思恩格斯列宁斯大林著作编译局. 马克思恩格斯全集（第一卷）. 北京：人民出版社，2009：120-121.

凝聚了人民中最珍贵思想精髓的哲学，是时代精神和优秀文化的理论升华，它无疑在人的精神世界中起着统摄的作用。马克思主义哲学是人类历史和优秀文化的必然产物。今天，只有这种科学的世界观和方法论，才能为开拓、发展人的精神世界提供正确的指南，成为社会主义文明的活的灵魂。我们今天需要弘扬的人文精神，总的说应当是以马克思主义的世界观为指导，以文化修养为基础，以崇高信念和优良道德为核心，融文化修养、道德修养、科学精神和唯物辩证的思维方式于一体的一种精神。①

2. 人文精神的特点

1）历史性和时代性

人文精神是历史的产物，即历史地形成和发展的。这种历史性也就是时代性。在马克思主义的观点看来，精神生产随着物质生产的改造而改造。精神的东西含有认识主体的能动创造，但归根结底是一定历史时代人们的物质生活过程的必然升华物。因此，不同时代的精神表征会有不同的内容和形式。人文精神的本质内容、思想形式及特征，都是受它产生的历史时代、具体条件制约的。只有与一定历史时代、历史条件相应的人文精神，没有超历史、超时代的人文精神。

人文精神具有历史性和时代性，在认识和思考的方法上，就不能脱离具体的历史，去寻找"一般的""永恒的"人文精神。我们不否认不同时代的人文精神存在着某些共性，但重要的是注意不同历史时代的区别，重在研究一定时代的人文精神。同时，更要立足今天建设中国特色社会主义的时代要求，批判继承历史上优秀的思想成果，大力弘扬广大人民在长期革命和建设实践中所形成的那些最珍贵的精神，使之凝聚成新条件下最宝贵的民族之魂。

2）民族性和开放性

民族性是说像整个文化具有民族的特点一样，人文精神也具有民族的特点。人类历史是一个基于社会基本矛盾的辩证发展过程。生产力和生产关系的对立统一，经济基础和上层建筑的对立统一，是历史的、具体的。它在不同的国家和民族会有不同的具体情形。这是人文精神之所以具有民族性的根源。由此亦知，对民族性的特点不应作静止的理解，似乎只有符合民族的某一古代传统才是民族性。因为在历史的辩证发展中，民族的精神、传统也不断经历着继承创新、演变发展。在中华民族的历史上，注重社会责任，关心国家社稷，重视整体和谐，推崇"公忠为国"的整体精神和爱国主义精神十分突出。这种精神的形成，就是同中国社会特定的经济、政治背景和具体的历史特点直接相关的。就拿爱国主义精神来说，显然在不同的时代和不同的条件下，具有不同的内容。

民族性和开放性是一个问题的两面。任何民族的精神发展都有其特点，有其独立存在的价值和根据，同时又是相互间建立互相吸收、互相发展的开放关系的客观基础。事实上，每个民族的优秀文化必然是具有开放性的，否则就不可能发展，就要衰落，尤其是世界进入近代以来随着世界市场的开拓，使一切国家的生产和消费都成为世界性的了，物质的生产是如此，精神的生产也是如此。各民族的精神产品成了公共的财产。民族的

---

① 冯虞章. 试谈人文精神. 清华大学学报（哲学社会科学版），1998，（2）：3-7，38.

片面性和局限性日益成为不可能。在当今的世界上，各民族间优秀文化的开放——形成互相吸收、互相发展的关系，更日益成为历史的潮流。

可见，认识民族性和开放性的特点，对于正确对待中华民族的精神发展同世界上其他民族精神文化的关系有着重要的意义。一方面，中华民族的文化和精神发展，首先要有民族的特性，要体现中华民族的独立和尊严、进步和发展，也要坚持自己民族的精神发展的主体性。一个民族如果丧失了自己在精神上的主体性，就失去了独立存在的价值，就不可能自立于世界文明之林，会成为人家的附庸。另一方面，要积极学习、借鉴、吸收世界上其他民族的文明成果。在这个问题上，要认真汲取以往这样或那样陷入民族的片面性、局限性的教训。凡是对我们有价值的精神文化，都要有分析地学习和借鉴。这样做的目的，是在于博采众长，更好地丰富自己的民族文化，促进自己民族的精神发展，从而以自己的优秀成果和世界上别的民族的优秀成果共同推动人类文明的进步。

3) 意识形态性

每个民族每一时代的人文精神也是一个系统，其中不同层次与社会经济、政治制度的关系有着不同的情况，但既然每一历史时代主要的经济、生产方式与交换方式以及必然由此产生的社会结构，是该时代政治的和精神的历史所赖以确立的基础。那么，人文精神就其核心和总体来说，无疑是有意识形态性的。迄今为止的文明史都是具有阶级性的。马克思指出"统治阶级的思想在每个时代都是占统治地位的思想"[①]。人文精神作为一定社会的精神表征，不可能不属于一定阶级的思想体系，否则，就不成其为优秀文化孕育的精神了。

有一种观点认为，把问题提到意识形态的层面就会离开学术研究的轨道而意识形态化，不利于讨论的进行。这是一种糊涂的、错误的认识。人文精神就其核心和总体来说具有意识形态性，是客观的事实。这一点，对人文精神和人文社会科学的研究并不是外加的东西，恰恰是进行实事求是的科学分析的前提。把意识形态性当作人文理性的对立面，并不符合人文精神的历史逻辑。

所以，问题并不在于是否可以真的超越一切意识形态，而在于排斥什么意识形态，主张什么意识形态。在我国，以马克思主义为指导的社会主义意识形态已经确立了主导地位，我们要弘扬的人文精神，在总体上无疑是这种意识形态的有机组成部分，其实质即社会主义的精神文明，而不是游离于社会主义精神文明之外的东西。党的十五大指出："建设有中国特色社会主义的文化，就是以马克思主义为指导，以培育有理想、有道德、有文化、有纪律的公民为目标，发展面向现代化、面向世界、面向未来的，民族的科学的大众的社会主义文化"，并强调，为此"就要坚持用邓小平理论武装全党，教育人民"。这是社会主义精神文明建设和中国特色社会主义文化建设的总要求，也是今天弘扬人文精神所应遵循的总要求。[②]

---

① 中共中央马克思恩格斯列宁斯大林著作编译局. 马克思恩格斯选集（第一卷）. 北京：人民出版社，1995：95.

② 冯虞章. 试谈人文精神. 清华大学学报（哲学社会科学版），1998，（2）：3-7，38.

3. 人文素质的内容

1）人文素质包括丰富的人文科学知识

人文科学知识是形成人文素质的基础，包括文、史、艺术、伦理学等。一位学者曾经谈到有人问读《红楼梦》有什么用。他说："不读《红楼梦》的人，不读唐诗宋词的人，文学素养特别差的人，他就脱不了俗。有的人穿着入时，仪表也不错，但说出的话，办出的事，总是上不了格。我说不清此中缘由，猜想可能是连《红楼梦》都没有读过。读了那些好书就会在你身上潜移默化地体现出来。"[①]读好书会对你发生潜移默化的作用，这种影响甚至是进入灵魂层面的。人文教育的作用并不是功利性的，它主要起陶冶性的潜在作用。众所周知，哈佛大学有个著名的"零点项目"研究计划，它并不是从科学技术教育的方向来找 20 世纪 50 年代美国和苏联在空间技术上的差距，而是从艺术素质的差距来考察美国空间技术落后的原因。以往人们普遍认为艺术思维与科学思维完全不同，而"零点项目"的研究计划发现，情况并非如此绝对，两种思维有许多共同之处，它们是相互弥补、相互促进的。事实上，我们有许多科学家都有很高艺术造诣的例子。爱因斯坦认为这个世界可以由音符组成，也可以由数学公式组成。李政道则从 20 世纪 80 年代开始，每年回国两次积极倡导科学与艺术的结合。钱学森的观点也认为：科学家不是工匠，科学家的知识结构中应该有艺术，因为科学里有美学。

2）人文素质教育关注民族命运和责任感教育

对人类问题有责任感的人，才会有爱国之情，爱人民之虔心，爱社会之善举，爱家园之真切，爱自己之自尊。1988 年有近 2/3 的诺贝尔奖得主聚集在巴黎开会，会议宣言的第一句话就是：如果人类要在 21 世纪生存下去，必须回首 2500 年前去吸取孔子的智慧。[②]高科技发展到需要人的理智去驾驭时，人们才知道东方文明智慧的作用是不可忽略的，这就是仁者爱人。爱人，即爱这个社会、爱自己的民族、爱我们的地球。

3）人文素质教育的目标是培养高尚人格素质和健康心理素质

古训道：有德不敌。认知情，心服于德而不服于力。教育也是人格养成的事业，人格的力量是不可战胜的，高层次人才必须是道德高尚的人，这也是文化时代提出的要求。另外，健康的心态也是我们必须重视培养的大学生素质。许多大学生的心理调查表明[③]，我国青少年心理状态不容乐观，百分之二十的人有不同的心理障碍。这种情况的产生不能不引起我们对大学生心理健康的重视。浙江大学原校长潘云鹤教授上任之初就提出了人才培养的 KAQ 模式，K 为知识，A 为能力，Q 为素质即人格和心理。他尤其强调 Q 的培养。为此，他特别提到一个美籍华人的观点：这位美籍华人希望自己的孩子读书成绩中等即可，而素质一定要好。随着现代社会的日益复杂和高速变化，一个人的成功并不完全取决于他的知识，而更取决于非智力系统。美国心理学家提出：影响人快乐和成

---

① 周之良. 世纪之交话人才//中国大学人文启思录编委会编. 中国大学人文启思录（第一卷）. 武汉：华中理工大学出版社，1996：23.
② 谭轶斌. 从"君子不器"谈未来人才培养. 上海课程教学研究，2017，（11）：3-7.
③ 王思根. 大学生常见心理问题在图书馆的表现及其防治. 内蒙古科技与经济，2012，（24）：101-103，105.

功的关键是与生活各层面息息相关的情绪智商。这种智商由五部分组成：①了解自己的情绪，即能立即觉察自己的情绪，了解产生情绪的原因；②控制自己的情绪，能安抚自己，摆脱强烈的焦虑、忧郁，控制刺激情绪的根源；③激励自己，能整顿情绪，让自己朝着一定的目标努力，增加注意力和创造力；④了解别人的情绪，理解别人的感受，察觉别人的真正需要，具有同情心；⑤维系融洽的人际关系，能够理解并应对别人的情绪。①

5.4.2 人文素质教育内容体系

根据大学生人文素质教育的目标，人文素质教育的内容体系主要包括以下七个方面。

1. 历史与文化教育

中华民族几千年的悠久历史，是一部人类社会发展的进步史、文明史。中国在自己的历史长河中形成了优良的文化传统。这些传统随着时代的变迁和社会的进步获得扬弃和发展，对今天中国人的价值观念、生活方式和中国的发展道路具有深刻的影响。中国的悠久历史和优秀文化是一笔极为宝贵而丰富的精神财富，是一个取之不尽、用之不竭的精神宝库，也是一种特殊的思想资源和教育资源。历史与文化教育，使学生了解中华文明的博大精深、源远流长，摒弃民族自卑感，批判民族虚无主义，激发他们强烈的爱国情感与高度的民族责任感，重塑民族人文精神。当代大学生中有一股崇尚西方文明而漠视本民族优秀文化的思潮，有的不顾国家和民族的利益，忘记了社会责任，以出国留学为名行贪图享乐之实，甚至做出有辱人格、国格的事情。因此，对大学生进行历史与文化教育，具有十分重要的现实意义。

2. 世界观与方法论教育

以马克思主义哲学为主要内容的世界观和方法论教育，是人文素质教育内容的核心部分。哲学修养对于树立正确的世界观和人生观，提高学生的全面素质具有十分重要的作用。科学技术是一个大体系，包含十个主要门类，每个门类都有一个联系马克思主义哲学的桥梁（如自然科学，工程技术门类的联系桥梁是自然辩证法）。这个桥梁是从这个科学门类的研究成果中提炼出来的思想，它能丰富和发展马克思主义哲学，而马克思主义哲学又通过这一桥梁来指导这个科学门类的科学研究。该项教育以马克思主义哲学为指导，批判地继承人类文化遗产，吸收古今中外一切优秀的思想。同时，根据理工科大学生的培养方向，要有针对性地增加与科技发展密切相关的世界观与方法论内容，如科技哲学、科技伦理学等。

3. 价值观与道德观教育

价值观与道德观是思想品德的核心，是如何做人的主要内涵。该项教育内容以集体主义为核心，包含着十分丰富的内容，其中既有中华民族传统伦理道德、价值标准，又

---

① 眭依凡. 高层次人才素质问题的研究. 江西师范大学学报，1997，（4）：119-124.

有符合社会主义本质规定和时代发展要求的，适应现代社会既竞争又合作的新价值观和道德观。这一方面的内容关系到理工科大学生"价值理性"和"尚德精神"的确立，具有十分重要的现实意义。在市场经济大潮的冲击下，当前社会在道德认识、道德观念、价值标准、价值判断上，出现了许多似是而非的东西，也出现了"道德滑坡""价值混乱"的现象。加强大学生价值观和道德观教育，有助于帮助他们澄清这方面的模糊认识和错误认识，树立正确的价值观和道德观。

4. 公民教育

一个合格的人才首先是一个合格的公民。国家进行现代公民教育是加强大学生人文素质教育的一项重要内容。国家进行现代公民教育，要使大学生正确认识社会发展的规律和前进方向，正确认识改革、发展、稳定的关系；深刻认识社会主义社会公民的基本要求，明确自身的权利和义务，增强社会责任感。需要指出的是，对大学生进行公民教育不能按照普通公民标准去要求。教育的超前性和进步性决定了我们培养的人才的智力水平、思想觉悟、道德水平都应高于一般的社会普通公民。要学会关心人、帮助人，努力做到先公后私，先人后己，助人为乐。

5. 文学与艺术教育

文学与艺术可促使人们加深对社会与人生的认识和理解，教人爱美向善，追求崇高与完善。李政道说："科学和艺术是一个硬币的两面，而这个硬币就是文化。"[①]大学生只有经过高品位的文学艺术感受、想象、体验、撞击、理解等活动，才能获得思想、升华精神、坚定意志、激发灵感、净化心灵。这种以陶冶高尚情操和提高审美修养为主要目的的教育，对大学生人文精神的培养具有潜移默化的作用，是其他内容和因素所不能替代的。同时要注意吸收古今中外的文明成果，兼收并蓄，古为今用，洋为中用。

6. 健全人格教育

教育不仅是社会发展的需要，也是人的发展的需要。教育所肩负的更为重要的使命是陶冶情操，铸造健康完善的人格。日本中央教育审议会对教育目的作了这样的概括："教育是以完善人格为目标的，只有人格，才是统一人的各种素质和能力的本质价值。即教育的目的不仅在于适应国家和社会的要求，开发人的能力，而且在于培养作为国家和社会主体的人本身。"[②]我们加强人文素质教育，也要关注人的内心世界，关注人的发展，培养大学生完善的人格，提高大学生的心理素质。与人的发展有密切关系的人格学理论、心理学理论以及实践性与针对性均较强的心理咨询，都应作为该项教育的重要组成部分。

---

① 李政道. 科学和艺术——一个硬币的两面//《中国大学人文启思录》编委会编. 中国大学人文启思录（第三卷），武汉：华中理工大学出版社，1999：171.
② 梅萍. 培养道德生活主体：21世纪道德教育改革之本. 高等教育研究，2001，（2）：79-85.

7. 人文学科新观念新理论教育

人的认识总是不断深化、不断发展的。人文社会科学方面的新思想、新理论随着时代的前进而不断出现,为我们的人文教育注入了新的内容,开辟了更为广阔的视野和空间。因此,对于反映时代潮流和社会发展趋势的人文社会科学新观念新理论,要及时向大学生进行传授,如新出现的环境伦理学、可持续发展理论、生态与资源理论、生物工程学等,对理工科大学生来说是不可缺少的。人文社会科学出现的新思想、新理论构成了人文素质教育新体系,该体系体现了理工科大学生人文素质教育的全面要求,各项内容之间既有区别又有联系,既有侧重又有交叉,它们相互影响、相互促进,共同构成了人文素质教育内容体系的有机整体。因此,我们要正确把握各项内容之间的关系,既注重发挥某项教育内容的独特功能,又注重发挥整个内容体系的综合效应,还要考虑相关因素。

5.4.3 人文素质教育的目标

当前,我国高校在教育改革中,已经认识到加强大学生人文素质教育的重要性和必要性,并积极进行这方面的探索与实践,但大学生人文素质教育是一个系统工程,包含着目标与内容、渠道与措施、条件的保证以及检查评估等诸多环节。因此,要做好这样一项关系到人才培养质量的带有全局性的工作,必须按照教育目标的要求,根据人才的成长规律,认真研究、精心谋划,建立起人文素质教育的科学体系。

1. 文化知识素质目标

通过人文素质教育,大学生能认识祖国丰富而悠久的文化遗产的内涵、价值及其现代意义,产生民族认同感和自豪感,继承中华民族优秀文化中"团结统一、独立自主、爱好和平、自强不息"的光荣传统,增强献身祖国、追求真理、崇尚科学的自觉性。基本了解世界不同民族的文化特点、思维方式及其背景,正确理解民族文化与世界各民族文化的关系;认识文化与人类、社会、经济等之间的关系,把握人类文化的时代特点和发展规律,形成良好的文化修养。

2. 历史知识素质目标

通过人文素质教育,大学生能认识中华民族几千年的文明史和自强不息的民族精神,了解世界发展史;能以史为鉴,以客观、全面、发展的眼光和负责的态度对待历史、现实和未来,深刻理解和平与发展的历史潮流及其现实的曲折性,具有强烈的历史责任感。

3. 哲学修养素质目标

通过人文素质教育,大学生能具有良好的哲学修养,形成科学的思维方法,树立正确的世界观和人生观;理解经济、政治、社会、文化等社会构成的内涵及其相互关系;正确认识自然及其对人类社会的意义,认识自然与生态、环境、资源的关系,树立正确的自然观;正确认识科学技术的本质、作用及局限性,树立正确的科技观和发展观;认识社会发展的规律和本质,明辨是非,正确分析各种社会现象及背景,分清什么是真善美,什么是假恶丑;具有适应时代变化与发展的思想观念,眼界开阔,思维能力强,能理性地选择价值目标。

4. 思想道德素质目标

通过人文素质教育,大学生能树立坚定的社会主义信念,热爱祖国,关心集体,尊重他人;树立正确的权利义务观念、民主与法制观念和社会公德意识,有较强的社会责任感;具有崇高的理想抱负、正确的人生观和信仰追求;树立艰苦奋斗、不怕困难、勇于拼搏的精神;讲文明、懂礼仪,具有高尚的情操和良好的道德修养。

5. 文学艺术修养目标

通过人文素质教育,大学生能具有较丰富的文学艺术知识,形成较深厚的文化底蕴;具有良好的语言能力,能熟练地表达自己的思想情感;具有正确的审美观和一定的审美修养。

6. 人格与心理素质目标

通过人文素质教育,大学生能具有健全的人格、健康的心理品质和鲜明的个性;自信、自尊、自立、自强,能较好地处理人的理性、情感、意志等方面的矛盾冲突,善于合作、敢于竞争、勇于探索。

以上六个方面的目标,是一个全面的、理想的人文素质教育目标,要求大学生全部在毕业时达到是不现实的,也是不可能的,因为人文素质的养成是一个长期的任务,伴随着人的一生,大学教育仅是其中一个重要阶段。同时,各学校可根据其人才培养方向在目标上有所侧重;学生也可以有自己的个性特点,并不一定在目标要求上面面俱到。人文科学是人类精神价值和精神内涵与表现的科学,以人的心理、意识、情感、意志、兴趣、语言、行为为基础的科学,引导人们去思考人生的目的、意义和价值,去追求人的完善、完美;社会科学是以社会结构、社会组织、社会群体行为等社会现象为研究对象,与国计民生息息相关的科学,促使人们认识和思考与自身密切相关的事物和现象,确立自身的定位、取向,选择实现社会价值和个人价值相统一的途径和方式。大学生人文素质教育不同于文科专业教育,不可能系统、全面地学习人文社会科学的所有内容,而应以完善大学生知识结构、提高其全面素质为核心,有所选择、有所侧重。

5.5 阅读材料及思考与实践

5.5.1 精选案例

以策划和文学成就梦想人生

——记陕西国际商贸学院 02 届毕业生刘省平

陕西国际商贸学院自 1997 年创建以来,已经不知不觉走过了 23 个春秋。

23年时光，23年风雨，这所闻名全国的民办院校连续招收和培养过数十万名学生，这些莘莘学子相继步入社会以后，走上了不同的工作岗位，很多人经过自己的奋斗之后，有些已然成为企业界炙手可热的经理人，有些自主创业成了公司老板。但有这样一位学生，他当年在陕西国际商贸学院时就有卓越表现，后来一直坚持梦想，不忘初心，以其非凡才华和坚韧意志，闯出了一条与众不同的人生之路，可谓是陕西国际商贸学院人才摇篮中培养出来的一朵"奇葩"。如今，他已然是中国农资行业知名策划人，陕西文坛青年作家，在策划和文学两个行业领域里都取得了骄人的成绩。他，就是市场营销9903班的刘省平。

1. 梦想扎根校园

刘省平，生于1979年，陕西省扶风县绛帐镇人。他出身于关中西府一个普通农民家庭，自幼酷爱读书，喜欢书法和写作，他有一个梦想——当一名作家。高考结束后，刘省平来到了陕西国际商贸学院就读。他决定以自己的实际行动努力改变自己和家庭，他也暗下一个决心：挑战自我，改变性格，武装头脑，锻炼口才，扎实学好专业，将专业知识和文学爱好有效结合，创出一片天地，回报自己的父母。

有了现实的目标，他积极为之努力实践着，在不断学习和掌握专业知识的同时，刘省平和其他两名同学创办了名为"商院文艺"的文学社，并担任主编。接着，他们又面向全校广泛吸纳了60多名新社员，并成立了编辑部、记者部、宣传部、外联部等多个部门。商院文艺文学社成立之后，在刘省平的领导下，由全社社员集资编辑出版的第一期《商院文艺》杂志赶在当年的国庆节期间出版，并举办了一场隆重的首发仪式，获得了学院领导和师生的一致好评，身为主编的刘省平一下子成了全院的名人。但他似乎并没有满足这些小小的成绩，而是以商院文艺文学社为平台，陆续做出了许多令同学羡慕的成绩。他在文学社举办诗歌朗诵、排演话剧，组织社员去咸阳市拜访程海、李春光、王永杰、石竹等著名作家，去咸阳工人文化宫听叶广芩、红柯等著名作家的文学报告，还把社员的优秀稿件推荐到《咸阳日报》《工人文化》《三秦广播电视报》等社会上的一些文学刊物上发表。通过组织这些活动，他不但锻炼了自己的多方面才能，也为陕西国际商贸学院培育了一批人才。

2. 策划成就事业

时光荏苒，转眼就到了毕业实习的日子，刘省平通过朋友张敏洁、学长苗雨二人的介绍，在省城西安的《各界导报》当了一名实习记者。实习期间，陕西省政府组织全省获得著名商标的知名企业在西安新城广场参加了一个"质量月"活动，刘省平作为《各界导报》记者前去西安银桥乳业集团采访，回来后在报纸上刊发了一个整版的深度报道。几天后，西安银桥乳业集团销售公司的一个领导在报纸上看到这篇报道，很欣赏他的文笔和思想，邀请他加入银桥乳业集团，做企业策划和宣传工作。

就这样，刘省平从报社实习结束后，走进了企业，由此开启了一名职业策划人的职业生涯。刘省平进入银桥乳业后，他善于学习，敢于创新、挑战，从事品牌宣传或活动策划,经常与深圳采纳、北京精锐纵横等服务于他们公司的著名策划公司进行工作对接,这些使他有机会学习到国内先进的营销理念和策划经验,不仅将以前所学的市场营销知识用到了工作实践中,而且在工作实践中也学到了以前在课本上学不到的知识。同时,工作之余,他又系统地学习了关于策划、广告、管理等方面的理论知识和经验案例,并时刻关注中国策划业的发展动态,希望自己将来能成为叶茂中、朱玉童那样的著名策划人。

2007年夏,一位朋友找到刘省平,希望与他合伙创建一个广告公司。这是他多年来的梦想,于是他毫不犹豫地辞去工作,一头扎进了创业的大潮,加盟了西安左右农资咨询营销管理有限公司。在这里,他和团队成功服务过江西开门子化工、山东金正大集团、四川美丰化工、济南明水大化集团、陕西景源肥业等全国知名大型涉农企业,积累了丰富的咨询策划经验。

他在陕西国际商贸学院时就读市场营销专业,本身掌握了系统扎实的专业理论知识,加上一直以来的工作实践,撰写了 20 多篇关于农资营销管理的专业文章,陆续在《销售与市场》《现代营销》《北方农资》《品牌农资》《农业科技报》等刊物上发表。2009年,《中国策划》杂志还为他开辟了一年的策划专栏,连续刊发了他的营销管理类专业文章;中国营销咨询网、全球品牌网、第一营销网等知名财经网站还陆续转载了他的多篇专业理论文章和策划案例。经过多年学习和实战,他实现了由一名普通策划师到一位全国农资行业颇有知名度和影响力的实战派策划人的华丽转身。

3. 文学丰富人生

从小的"文学梦"是他一直坚持创作的动力,早在上中学时,刘省平就曾利用业余时间写过三四本诗集和三四部短篇小说。在大学三年里,他一边学习专业知识,一边参与文学社工作,毕业前,他的好几篇文章在《秦都》《检察文学》《三秦广播电视报》等市级报纸杂志上发表,当时就成了全校师生皆知的少年作家。

参加工作后,他继续坚持创作,陆续在《华商报》《华夏散文》《西部文学》《中国散文家》等全国知名文学刊物上发表了数十万字的文学作品,先后被陕西文学创作研究会吸收为理事,被陕西民间文艺家协会、中国散文家协会吸收为会员。他的文学作品发表的越来越多,在文学界的知名度也越来越大,很多文友称他为新时期的"西府才子",亦有不少人说他是陕西文坛的一匹"黑马",前途不可限量!

2014年2月,他的首部个人散文集《梦回乡关》正式出版。这部散文集是他十五年来散文创作的心血结晶,收入其散文佳作83篇,合计28万字。此书出版以后,《西北信息报》《陕西农村报》《三秦都市报》《西安商报》《阳光报》《宝鸡日报》等多家报媒和中国作家网、陕西作家网、凤凰网等三十多家网媒刊发了书讯,不到半年时间书便销售一空,在陕西文学界引起了较大反响。同年,他先后又被陕西省职工作家协会、陕西省作家协会吸收为会员;其个人散文集也被中国国家图书馆、陕西省图书馆收藏。

为了全面展示家乡扶风县的文学成果，扶持更多青年作家发展，由刘省平策划和主编的合计35万字的《当代扶风作家散文选》一书于2015年2月由西安出版社出版发行。该书收录了扶风籍老中青三代共78位作家的112篇散文作品。这是扶风县文学界的首创之举，可谓功德无量！《当代扶风作家散文选》是他献给故乡的一份大礼，他将'策划'与'文学'进行了一次完美结合。他说："这些年，是策划帮助了我，是文学充实了我，我要将这两项事业进行到底！当然，之所以能取得这些成绩，也离不开陕西国际商贸学院多年来对我的培养，希望自己能有机会为母校的发展贡献一点绵薄之力……"

5.5.2 精选故事

清明节的起源

清明节的起源与介子推有着密切的关联。晋国公子重耳因受到迫害，率其支持者出逃。19年间，他们居无定所，漂泊四方。一次，他们的处境相当窘迫，重耳饿得快不行了。这时，忠心耿耿的介子推从自己的腿上割下一块肉献给了重耳，公子重耳得救了。公元前636年，他夺回了王位。

公子重耳即位之后，对支持者大加封赏，却忘记了介子推。直到有一天，一位官员提起了介子推，重耳才想起他。重耳内心非常愧疚，他立即下令在全国范围内寻找介子推。然而，介子推不愿为官，和他的母亲居住在绵山的一个洞穴里。重耳想逼他回来，所以就大火焚山。后来，人们发现背着老母亲的介子推已坐在一棵老柳树下死了。在半山腰的洞穴里，发现一片破衣襟，重耳看到衣襟上写着"割肉奉君尽丹心，但愿主公常清明"。

重耳悲痛欲绝。他下令，在介子推的忌日不准生火。寒食节即来源于此。寒食节的次日，人们到介子推的坟头上致敬。随着时间的推移，清明节取代了寒食节。

（尧麟. 清明节与寒食节. 早期教育（家庭教育），2019，（3）：42-53.
本文根据此文章整理而成）

5.5.3 思考与实践

（1）文化的基本内涵、结构层次是什么？
（2）如何认识大学生文化素质的要求？
（3）如何理解发展先进文化的基本要求？作为一名大学生，你能做些什么？
（4）在日趋频繁的国际交流中，我们应如何对待外来文化？
（5）如何正确理解当前弘扬人文精神的主要内容？
（6）阅读《习近平总书记系列重要讲话读本》，关于建设社会主义文化强国，总结自己的认识，做一个小型分享。

第6章 大学生身体素质教育

📖 **故事导读**

强健的身体是事业和创造的基础

从小学至中学，我自知体质有些先天不足，不如别的同学。在亲人嘱咐下，便比较注意身体的保护和锻炼。1950年，我在长沙雅礼中学上高中三年级，朝鲜战争爆发，政府号召抗美援朝。基于爱国热忱，我报名参军，体检时说我心脏有杂音，且体重不到90斤，未能通过，后转入机关工作。1954年我自机关考入北京大学哲学系，仍经常有些心率过速，大一上体育课，老师要求全面锻炼，有时要练体操中的跳马动作，我有些紧张，跳不过去。那位姓张的老师非常细心地关爱学生，他亲自给我测心率后，便把我安排在"减轻组"上体育课，并教我循序渐进地锻炼身体。从此以后，我便更有信心，更加自觉地锻炼身体，每天晚上11点准时就寝，早上6点左右起床，参加早操和晨跑活动。每天下午有约半小时的球类或社团活动。把学习生活安排得比较有规律、有节奏，并且自觉地抵制了各种不良习惯的影响，如抽烟、喝酒、熬夜、贪睡、暴饮暴食等。这样，我便比较顺利地度过了不平常的大学本科5年的学习与生活，经受了住多次下乡下厂的繁重体力劳动的锻炼，也经受住了某些政治风浪的袭击。我的心理是基本平稳的，不但心率过速的现象逐渐消失了，而且身体也变得逐渐强健起来。

1968年12月的一天，我漫步到海淀新华书店，当时店内书的种类、数量很少。我在一个书柜的旮旯里，翻出一本小册子，是讲自我锻炼、自我拉筋与按摩的。内容分两部分：第一部分据说是从《易筋经》中提炼出的几个简要的拉筋基本动作，第二部分是自上而下的全身自我按摩，每个动作都有图像和文字说明。我好奇地买了这本小册子，回到宿舍便"按图索骥"地做了一遍，做完感到全身比较舒服，而且觉得练习这套动作有很多好处，利于身体健康。因此我一直坚持，从1968年到现在，整整50年了，每天早上起床后做一次，晚上睡觉前做一次。在锻炼过程中，结合自己身体的实际情况和需要，对原有动作又作了调整和补充。66岁退休后，又在北京大学老教授教学调研组工作了11年，并且出了几本水平不高的著作和译作，总算发挥了一点余热。现在我已经86岁了，每天还能连续工作四五个小时。我至今血压、血糖、血脂基本正常，心脏也比较好。因此，我还想继续发挥点余热，做点力所能及的工作。我之所以能保持这种状态，首先，是与我坚持身体的锻炼密切相关的；其次，便是保持一种平和的心态，养成一系列比较合理、卫生的生活习惯。

（张翼星. 强健的身体，是事业和创造的基础——写给大学生的一封信. 现代大学教育，2019（05）：23-25. 本文依据此文内容整理编写）

6.1 从体育到身体素质教育

身体素质教育显然是从体育发展而来的，或者说，它是在体育的基础上提出来的。因此，在对身体素质教育的提出与发展进行考察时，简要地对体育及其与身体素质的关系做某些探索可能是必要的。

6.1.1 体育的内涵与任务

体育是身体教育的简称。它有广义和狭义之分：广义的体育是社会文化教育的组成部分，指体育运动。它是以各种专门项目的体能练习与锻炼为手段，有目的、有组织地增强体质，促进健康，提高运动技术水平，丰富社会文化生活。狭义的体育指学校体育，与德育、智育、美育一起，构成我国全面发展教育的组成部分。它也是有目的、有组织地向受教育者传授系统的体育运动和卫生保健知识，以增强学生体质，促进其身体各系统、器官的良好发育，从而提高学生以身心和谐为基础或核心的全面发展水平。

体育的目的与任务可归结为如下几个方面：学校体育的总体目的就是促进学生身体正常发育，身体结构、身体机能健康发展，从而为学生的全面发展提供必要的物质基础；学校体育的具体任务之一是使学生具备体育运动的基础知识、锻炼身体的基本技能与良好习惯；具体任务之二是增强学生体质，促进其机体活动能力（如走、跑、跳跃、投掷、攀爬、通过障碍等）与素质（如速度、灵敏、力量、耐力、柔韧等）的多方面发展；具体任务之三是以锻炼坚强意志与养成热烈情感为基础，培养学生的优良品德与健全人格；具体任务之四是促使学生形成精神振作、外貌整洁与举止文明的行为方式与习惯。

6.1.2 身体素质教育与体育的关系

身体素质教育是体育的直接继承与发展。众所周知，进入现代社会以来，体育越来越受到人们的重视。中外思想家、教育家几乎都对体育的理论与实践做出了不少的贡献，如我国古代伟大教育家孔子倡导以智、仁、勇、艺来培养学生，使他们成为君子或成人，其中的"勇"就与体育相当。古希腊的亚里士多德根据自己对人的"灵魂"的三分法，主张用体育来培育人的"植物灵魂"，18世纪英国的洛克也将体育作为其"绅士教育"的一个组成部分。19世纪英国的斯宾塞主张体育与智育、德育并列为教育的三项基本内容。马克思主义较早提出的教育要素中，即包含有体育，并与智育、技术教育鼎立而三。我国的许多教育家如蔡元培、王国维等都莫不重视体育，如王国维即主张通过体育来促使人的"身体之能力"得到"调和之发达"。中华人民共和国成立以来，我国在马克思主义关于人的全面发展学说的指导下，一直推行着使受教育者在德、智、体几方面都得到发展的教育。必须指出，古今中外长期以来所实施的体育，实质上就是为了发展与提高人们（学生）的身体素质，只是没有明确地说出而已。在现代体育中，人们虽曾注意到素质培养问题，但却将它归结为体能素质，并具体地规定为速度、灵敏、力量、耐力、柔韧等五项，这就大大地窄化了身体素质的内涵与外延。

我国近几十年来兴起的素质教育，将身体素质教育作为其中内容之一，而这里所谓的身体素质，既包含了五项体能素质，也把体育所要培养的内容囊括了进去；不仅如此，为了适应时代的要求、合乎社会实践的需要，还进一步扩大了身体素质的外延，丰富了其内涵。由此看来，身体素质教育与体育既有联系，又有区别：一方面，体育的总体目的与四项任务，基本上适用于身体素质教育，后者是以前者为基础发展起来的；另一方面，身体素质教育又是时代的产物，从理论到实践、从思想到行动都拥有不少新的内容。因此，如果把身体素质教育与体育视为一个东西固然是错误的，但如果将身体素质教育视为完全崭新的东西而与体育绝缘，则也是与事实不符的。我们应当否定这两种错误的观念。

6.2 大学生身体素质教育的基本要求

体育锻炼是促进人体发展的积极手段和重要方法。它对人们强健体魄、增强体质、提高力量、增进健康、延长人体的生命都有着重要的作用和意义。

新陈代谢的同化和异化作用；运动生理上的超量恢复原理；生物进化论关于"用进废退"的法则；人类遗传学的遗传与变异理论，都是进行体育锻炼、有效促进人体发展的科学依据和理论基础。

6.2.1 体育锻炼

1. 体育锻炼对人体的主要作用

科学和实践都充分证明了体育锻炼对促进人体发展、增强体质具有重要作用。

第一，体育锻炼能改善和提高中枢神经系统的机能。体育锻炼一方面可以促使中枢神经系统及其主导部分大脑皮层的兴奋性增强，可以改善神经系统的平衡性和灵活性，提高大脑皮层的分析、综合能力，以保证机体对外界不断变化的环境有更大的适应能力。另一方面可以改善和提高中枢神经系统对身体内部器官的调节作用，从而使得对外界的各种刺激的反应速度比一般人快，对强度较大的脑力劳动或体力劳动引起的疲劳出现得比一般人晚、程度轻等，使各器官系统的活动更加灵活、协调，机体的工作能力也就普遍地得以提高。

第二，体育锻炼能促进人体的生长发育，提高运动系统的机能，改善和提高人的形态、机能和身体素质。体育锻炼可以使骨骼更加结实，抗压性提高，增强骨的抗折、抗弯、抗扭转等性能。体育锻炼对肌肉的发展有明显的作用，体育锻炼时，肌肉工作加强，血液供应增加，蛋白质等营养物质的吸收和贮存能力增强，使体纤维变粗，因而肌肉也逐渐粗壮、结实，有力量。又由于肌肉中储存氧气的"肌红蛋白"增加了，储存的营养物质"肌糖原"也增多了，肌肉的毛细血管的数量因此大大增多，从而使经常从事体育锻炼的人比一般人的肌肉有更多的物质储备。体育锻炼还可提高神经系统对肌肉的控制能力，使动作的反应速度、准确性和协调性都有很大提高。另外，体育锻炼对增强关节的灵活性和牢固性有很大的作用，体育锻炼使关节囊和韧带增厚，关节周围的肌肉力量增强，从而加强了关节的稳固性，又由于体育锻炼使关节、囊、韧带、关节周围肌肉的伸展性加大，因而也提高了关节的灵活性。

第三，体育锻炼可促进内脏器官的机能。从心血管系统来看，体育锻炼能提高神经中枢对心血管系统功能的调节，促使血液成分发生变化，提高心脏机能，使血液循环系统发达，从而有助于提高学习、工作效率。从呼吸系统来看，体育锻炼能使呼吸器官的结构和机能得到改善和提高，能使呼吸机能增强，肺活量增大，从而可保证人体坚持长时间的体力和脑力劳动以及体育锻炼。从消化系统来看，坚持体育锻炼，对提高消化器官的机能有良好的作用，它可使胃、肠的蠕动力增强，消化液的分泌增多，增加食欲和消化能力，有利于体质的增强。

第四，体育锻炼可以预防和治疗某些疾病，是推迟衰老和延长生命的重要手段。

第五，体育锻炼还可以调节人的心理，丰富文化生活，消除疲劳和振奋精神，使人朝气蓬勃、精神愉快、精力充沛，从而更好地去学习和工作。

体育锻炼对人体发展的作用是多方面的，大量的事实证明，同一年龄的人，经常从事体育锻炼的人比不从事身体锻炼的人，体质要明显好，身体明显更健康，更能抵抗疾病的产生。

2. 体育锻炼的基本原则

体育锻炼不是盲目的随意性的活动，而是有目的、有原则、有方法的一种人体的科学活动。我们已经知道体育锻炼的目的在于强健体魄、增强体质、提高力量、增进健康、延长人体的生命，更好更长地学习和工作。那么怎样进行体育锻炼才能达到这些目的呢？这就要求我们必须首先掌握体育锻炼的基本原则。

第一，因人制宜，合理选择。锻炼身体的内容和方法很多，每个参加体育锻炼的人，应根据自己的实际情况，主要是身体状况，合理选择锻炼的内容和方法。参加锻炼的人有男有女，有老有少，各人的健康状况也不同，锻炼的目的也不一样，有的锻炼者是为了全面发展身体素质，有的是为了健美，有的是为了恢复健康，有的是为了延年益寿。因此，每个锻炼者，都要根据自己的生理特点、身体的健康状况，结合工作、学习、生活等实际情况和需要，选择适合自己的锻炼内容和方法，合理安排锻炼时间和运动量，以期收到良好的效果。

第二，循序渐进，持之以恒。进行体育锻炼，必须遵循人体机能活动的规律，循序渐进地锻炼身体。人体的各个器官系统的机能需要一个进步发展、不断提高的过程，如果不遵循这一规律，不仅不能增强体质，反而会损害身体的健康。进行体育锻炼，不仅需要循序渐进，而且还必须持之以恒，在锻炼内容和方法以及运动负荷等方面，力求连续性和系统性。人的体质，只有在经常的体育锻炼中，才能得到增强，才能不断调节和促进人体的发展。如果"一曝十寒""三天打鱼，两天晒网"地去锻炼，是没有任何效果，不能达到增强体质的目的。

第三，适宜的运动负荷。在体育锻炼中，运动负荷是否适宜，直接关系到锻炼的效果。实践证明，运动负荷过大，不仅不能增强体质，甚至还会损害健康的身体；运动负荷太小，锻炼效果不大。因此，选择适宜的运动负荷，才能有效地增进健康，增强体质。在安排适宜的运动负荷时，应该清楚，所谓适宜的运动负荷只是相对的，不是绝对的，应该因人、因时、因地而异。要合理安排锻炼和间隔的时间，并且逐渐增加运动负荷。如果条件许可，可通过医务监督，掌握适宜的运动负荷。

3. 体育锻炼的内容

体育锻炼的内容是多种多样的，现将其主要内容简单介绍如下，以供锻炼者有目的、有计划的选用。

第一，健身运动。这是指为了健康、增强体质而从事的体育锻炼。它主要是为了发展和增强人体内脏器官的功能，尤其是心血管系统和呼吸系统的功能，以及力量、耐力、速度、灵敏、柔韧等素质。一般来说，年轻人最好选择球类、田径、体操、游泳等来锻炼身体。

第二，健美运动。这是为了人体的健美所进行的体育锻炼，主要运动有举重、器械体操、舞蹈、韵律体操和健美操等。健美运动越来越受人们欢迎，尤其是青年人更为广泛地选择这一运动。

第三，民族体育运动。民族体育是指具有民族特点和民族传统的体育项目，包括武术、气功等内容。我国民族体育运动历史悠久，内容丰富多彩，深爱人民喜爱，近年内，不仅在国内普及面较广，还引起国际社会广泛重视。

第四，医疗体育运动。医疗体育运动主要是为了治疗某些疾病而从事的体育锻炼，它包括散步、慢跑、太极拳、气功、矫正操、按摩、保健操等内容。

第五，娱乐体育运动。娱乐体育运动是为了丰富文化生活、调节心理而进行的带有娱乐性的体育运动，包括滑冰、滑雪、爬山、钓鱼、下棋、踢毽子等内容。

体育锻炼的内容选择，要符合"因人制宜，合理选择"的原则，内容选择得恰当，锻炼的效果就比较好，否则，就会收效不大或无效果，甚至还会产生相反效果。因此，选择锻炼内容时，应注意针对性（即针对自己实际情况进行选择）、实效性（即要选择锻炼价值大的内容，要少而精，讲究实效）、全面性（即要考虑到全面锻炼身体）、季节性（即要根据季节、气候和环境条件选择内容）。

6.2.2 卫生保健

体育锻炼必须与卫生保健相结合，才能增进人体健康、预防疾病、提高人体素质。如果只注意体育锻炼，不注意个人卫生保健，不进行医疗预防和卫生防疫，生病仍是难免的，这不仅影响坚持体育锻炼和身体健康，而且也必然影响学习、工作和生活。下面我们就从三个方面简要地谈谈卫生保健。

1. 个人身体卫生

讲究个人身体卫生是保护和增进身体健康的必要措施，主要包括在饮食起居各方面建立符合生理要求的个人生活习惯、饮食卫生、口腔卫生、皮肤卫生等内容。

第一，养成良好的生活习惯。这就是要根据人体的生理要求，结合自己工作、学习、生活的实际情况和需要，制定科学合理的作息制度，并严格按照作息制度去工作、学习和休息，逐渐养成良好的生活习惯。英国有句谚语叫作：行动培养习惯，习惯形成性格，性格决定命运。我们养成良好的生活习惯，按照客观的生理规律，保养和锻炼身体，积极工作和学习。科学理论和实践都充分地证明，有良好生活习惯的人总是比生活无规律或经常打乱生活规律的人健康长寿。因此，我们必须争取做到"定时起床定时睡，定时进餐定时排，定时工作定时息"，培养良好的生活习惯，保护和增进身体健康。

第二，注意饮食卫生和口腔卫生。我国有句古语，叫作"病从口入"，就是说如果不注意饮食卫生和口腔卫生，就很容易产生疾病。因此，我们必须做到定时定量就餐，不随意乱吃食物或吃不干净的食物，不吃没有经过卫生处理的生食，不吃没有熟透的熟食，不喝生水，适量饮水，不抽烟，少喝酒。另外饭后一小时以内不要进行剧烈运动，而活动后半小时以内不要进食。这是因为饭后在副交感神经支配下，血液集中在消化系统的各器官中，对食物进行消化和吸收，如饭后进行剧烈运动，肌肉、皮肤同消化器官同时需要大量血液，血压会因血液不够分配而下降，大脑皮质和心脏所需的血浓达不到满足，运动时容易出现晕倒，甚至有生命危险；另一方面饭后剧烈运动，血液流向运动四肢，对消化腺的分泌和消化活动起抑制作用，从而影响消化功能，容易产生消化不良症。

第三，注意皮肤卫生。皮肤包围在人体的外表面，直接与外界环境相接触，有保护、感觉、分泌、排泄等作用。皮肤虽然具有保护机体防止病菌侵入人体内的作用，但是由于它经常与外界接触，难免附着各种细菌，另外汗腺经常排出部分代谢的废物，而皮肤内的毛囊又是很容易受病的原体，如果不经常清洗，不仅容易产生皮肤病或疮疖，而且还会产生其他疾病。因此，保持皮肤清洁卫生，才能保证身体健康。

2. 工作、学习、生活环境卫生

第一，人类生存的大环境的卫生。人类生长在自然环境中，人体与环境是辩证统一的。大气、水、土壤、森林、草地、城乡规划建设和居住条件等自然和社会环境因素对人体健康的影响很大，要有目的地改善、控制和消除上述环境中的有害因素，充分利用其有利因素，以预防和消灭疾病，并创造有益于人类健康的生活环境。我们要积极呼吁，保护自然环境，防止其受到破坏，对造成环境污染的单位和个人，我们应该强烈谴责，努力维护人类生存环境的卫生。

第二，保持我们周围的小环境卫生。我们工作、学习和生活的场所，是我们每天都要接触的，它的卫生状况如何，与我们的身体健康状况有直接的关系。我们要自觉执行卫生规则，经常打扫工作、学习和生活的室内外卫生，保持室内清洁整齐、空气新鲜，室外干净利落、环境幽雅。努力维护公共场所的卫生，培养自己良好的卫生习惯，保证身体健康。

3. 卫生防疫和医疗预防

我们经常从事体育锻炼并努力搞好个人身体卫生和环境卫生，这并不是说就可以杜绝任何疾病的产生，这些只能起到增强体质、增进健康的作用。为了避免疾病产生，我们还必须进行卫生防疫，定期进行健康检查，运用医疗手段预防疾病的产生，维护人体健康。

卫生防疫的主要任务是调查研究自然和社会因素同人民健康的关系，以及传染病、寄生虫病的发生、发展和传播规律，并据此制定各种卫生措施，开展卫生防疫工作，我们必须积极参与爱国卫生运动，协助卫生保健部门做好卫生防疫工作，必须按照卫生部门的要求做好卫生防疫。

医疗预防主要是通过定期进行健康检查手段来实现的。定期进行健康检查，可以了解身体健康状况，预防产生疾病或对疾病加以治疗，又可以使体育锻炼更有目的性，从而保证身体健康发展。

6.3　身体素质教育的意义

良好的身体素质是发展其他诸素质的物质基础。一个人只有具备健康的体魄，才有条件去认真学习科学文化知识和从事各项工作。早在建国之初的1950年和1951年，毛泽东同志先后两次写信给当时的教育部部长马叙伦，提出了"健康第一，学习第二"的指示。[①]他还在《体育之研究》中指出："体育于吾人实占第一之位置，体强壮而后学问道德之进修勇而收效远。"青少年是未来社会的主体，他们的身体素质直接关系到中国的前途和命运。中华人民共和国成立以来，教育界一直十分重视加强学生的身体素质教育工作，这为今后全面提高学生身体素质提供了宝贵的经验。身体素质教育的意义是多方面的，以下仅就主要的几个方面作些分析。

6.3.1　身体素质教育既是素质教育的重要内容，又是素质教育的重要手段

素质教育是针对应试教育提出来的。所谓"应试教育"，按照朱开轩同志的说法，是指在我国教育实践中客观存在的偏离受教育者群体和社会发展的实际需要，单纯为应付考试、争取高分和片面追求升学率的一种倾向。而素质教育，从本质上来说，是以提高全民族素质为宗旨的教育。素质教育是为实现教育方针规定的目标，着眼于受教育者群体和社会长远发展的要求，以面向全体学生、全面提高学生的基本素质为根本目的，以注重开发受教育者的潜能，促进受教育者德、智、体诸方面生动活泼地发展为基本特征的教育。

素质教育到底要发展学生哪些素质呢？众说纷纭，但不管是谁，不管从哪个角度去研究素质教育，都离不开身心素质，而促进学生身心全面发展，提高学生的身体心理素

---

① 陈玉忠. 关于我国青少年体质健康问题的若干社会学思考. 中国体育科技，2007，(6)：83-90.

质，正是学校身体素质教育的本质功能和首要目标。因此，素质教育决不能没有身体素质教育。

6.3.2 提高身体素质，有助于发展智力

身体素质教育对人的智力发展起促进作用，这早已被生理学、心理学等研究成果所证实。身体素质教育表面上看来是减少了学习和工作的时间，但实际上却是开发了人脑，提高了大脑的工作效率。十几年前，清华大学的学生曾从自己的体育锻炼实践中得出"8－1＞8"的著名公式。即是说，每天从用于学习的8小时中抽出1小时用于身体锻炼以提高身体素质，结果发现7小时的学习效率远大于8小时的学习效率。

那么，开展体育运动，提高身体素质有助于发展智力是否有科学根据呢？答案是肯定的。

第一，提高身体素质能增加大脑的重量和皮层的厚度，这样就为一个人保持旺盛的精力、提高学习和工作效率奠定了良好的物质基础，而不常参加锻炼的学生，由于身体羸弱，过多的脑力劳动之后，容易出现失眠、健忘、神经衰弱等症状，这就妨碍了智力的发展，对学习效率必然会产生消极影响。

第二，提高身体素质能促进大脑的调节、反应功能。巴甫洛夫认为，高级神经活动有两个基本过程，即兴奋和抑制，而运动则能加快兴奋和抑制的交替。美国加州大学岑森教授认为，判断一个人思考问题的速度和智力水平，可以通过测定脑细胞的反应速度而得出。体育运动则是提高脑细胞反应的强度、灵活性与精确性的有效手段。

第三，提高身体素质能增加体内的血糖。人体内部的血糖浓度在 120 mg/100 ml 时，大脑反应最快，记忆力最强。在长时间的脑力劳动后，血糖浓度会持续下降，当降至 50mg/100 ml 时，就会出现头昏脑涨现象。[①]体育运动能使人体内的胰岛素正常工作，促使肝贮备更多的肝糖原，以备大脑需要时补充。

6.3.3 提高身体素质，有助于保持心理健康

健康的精神寓于健康的体魄。身体素质对心理健康的影响是显而易见的。一个体格健壮的人与体弱多病的人相比，在认识、情感、意志、兴趣、性格等各方面会有很大差别，身强力壮的人，无论遇到什么打击，都可能会表现出坚忍不拔、不屈不挠、不达目的誓不罢休的顽强意志；而体弱多病的人，遇到挫折很可能会一蹶不振，精神萎靡。就情绪而言，一个草木枯槁、天高云淡的秋日，体质良好者会感受到这是个美好的季节，并兴趣盎然地去参加各种活动；而在体质衰弱者的心里，感受到的可能只是索然寡味或肃杀悲凉。诸如此类，不一而足。

21世纪是一个充满激烈竞争的时代。科技的竞争、经济的竞争等归根结底都取决于人才的竞争。新时期对人才的要求，不仅要有健康的身体，还需要有健康的心理，然而，国内多次的调查研究都表明：当代青少年的心理健康状况是令人担忧的。要保持青少年

---

① 陈红，张超慧.高校课外体育活动于现代人才素质培养的综合效应.四川体育科学，2007，(2)：123-125.

健康的心理，加强身体素质锻炼以提高他们的身体素质，不失为一剂良药。

加强身体素质锻炼，提高身体素质能促进心理健康，这是研究者们以不同观点加以解释而得出的共同结论。

第一，认知行为说。为提高身体素质而进行的锻炼，可诱发和加强积极的思维和情感，对焦虑、抑郁和苦恼等消极情绪具有消除作用。这种看法同班杜拉的理论是基本一致的。班杜拉认为，身体素质锻炼和身体素质的不同会引起每个人自我效能的差异。经常进行身体素质锻炼，提高了身体素质，就会产生一种成功的体验，提高自我效能，这有助于打破焦虑、忧郁等消极情绪的恶性循环。

第二，社会交互作用观。在体育锻炼活动中，朋友、同事之间常相互交流，相互勉励，这种社会交往是令人愉快的，具有增进心理健康的效果。但许多证据表明，单独参加体育运动和集体参加身体素质教育锻炼一样能促进心理健康。

第三，分泌内啡肽说。这种假说认为，体育锻炼能促使大脑分泌一种内啡肽的化学物质，该物质能削弱忧郁、苦闷、焦虑等消极情绪，增强积极情感。

以上三种学说企图从心理和生理角度来解释体育锻炼与心理健康的关系，然而他们都只从某一个方面来进行探讨，目前尚无一种令人满意的全面解释。但不管解释如何，参加体育锻炼，提高身体素质，对于保持健康心理具有很大作用的事实是毋庸置疑的。

6.3.4　提高身体素质，有助于学生的社会化

在学生锻炼、提高身体素质的过程中，学校应该对学生的行为规范提出要求，并使学生与群体自发产生的规范协调起来，使其转化为对学生有约束力的集体规范；尽可能借助舆论去保持集体的一致性，增强集体的凝聚力而又防止盲目地从众。在身体锻炼的过程中，学生间的相互作用产生了具有可感知到的相互支持和认同关系后，所产生的潜在积极结果有：一般社会化，未来心理健康，防止发生反社会的问题和行为，掌握和控制冲动，角色的认同，透视力的培养，学习志向和运动成绩的提高等。

6.4　实施身体素质教育应注意的几个问题

实施身体素质教育不仅仅是一个贯彻素质教育思想的问题，更是一个需要多方努力的问题。

6.4.1　摆脱纯生物观点的桎梏

身体素质教育的本质功能在于增进人的健康，完善人的发展。从体育发展到自然体育、传习式体育、现代体育，大家都在理论上对体育的本质功能有了共识。即使在体育概念大讨论中，由于对体育概念内涵的不同认识、体育概念内涵的泛化等导致体育目的的异化，也没有人否认体育的健身功能。但是，长期以来，我们把健身功能物化为形体特征。认为体育是"以身体练习为手段，以身体大肌肉活动和建立环境为工具，而达到

教育目的的一种教育"①,体育往往被理解为肌肉粗壮、四肢发达、头脑简单,这不能不说是理解上的误区,是教育界的悲哀!

从现代人对健康概念的理解也可以看出,身体素质教育必须摆脱纯生物学的观点。何谓健康?从古至今,人们对其有不同的解释。以往,由于受传统观念和世俗文化的影响,人们往往将健康单纯理解为"无病、无残、无伤"。早在古希腊时代,医生就相信健康是身体的完全平衡。我国《辞海》中,将健康定义为"人体各器官系统发育良好,功能正常,体质健壮,精力充沛,并且具有劳动效能的状态。通常用人体测量、体格检查和各种生理指标来测量"。在美国也有类似的叙述,健康专家贝克尔认为,健康是"一个有机体或有机体的部分处于安宁状态,它的特征是机体有正常的功能,以及没有疾病"。②

然而,随着社会的发展和科学技术的进步,人们突破了原先的思维模式,对健康的概念有了新的认识。世界卫生组织对健康给出了一个明确和全面的定义:"健康是指在身体、心理和社会各方面都完美的状态,而不仅是没有疾病和虚弱。"③从而对健康的评价不仅基于医学生物学的范畴,而且扩大到心理和社会学的领域。由此可见,一个人只有在身体和心理上保持健康的状态,并具有良好的社会适应能力,才算得上真正的健康。

上述几个方面的有机结合,可构成人的生命质量。在人的生命这个三维立方体中,身体、心理和社会三种属性的面积越大,则生命立方体的体积越大,在自然和社会中所占的位置也越高,与社会的接触面也越大,显示出该个体的生命质量也越高。反之,如果这三种属性的面积过小,则个体与社会的接触面就越小,生命质量就越低。许多健康者的经验告诉我们,生命体的质量越高,则健康长寿的可能性就越大。相反,个体如果心理压抑、自我封闭,则极易产生疾病、缩短寿命。这也说明,一个人只有从身体、心理和社会三个方面着手,才能有效地保证其健康幸福的生活,并提高生命的质量。

在人的生命长河的不同时期,健康的某一要素可能会比另一些要素起更重要的作用,但长久地忽视某一要素就可能存在健康的潜在危险。只有每一健康要素平衡地发展,人才称得上处于完美状态,才能过上健康和幸福的生活,并享受美好人生。

总体来说,健康诸因素之间的关系实际上是身心之间的关系。近30年来的研究表明,人的生理和心理之间存在着相互作用的关系。生理健康(即身体健康)有助于心理健康,例如,塔科1990年的研究④显示,生理健康水平较高的被试者心理抑郁水平较低。同样,人体生理方面的疾病或异常情况会引起心理或行为方面的病症,例如,由于病菌的侵入使得大脑中枢神经受到损伤,患者会神志不清,其对空间、时间和人物的定向能力将大为减退,记忆、推理和计算能力明显下降。再如,甲状腺的主要功能是控制人体的新陈代谢,甲状腺素分泌过多,使得人体的新陈代谢速度过快,个体便会产生紧张反应,表现为肢体颤动、情绪激动、注意力难以集中、焦虑不安和失眠等。反之,当甲状腺素分泌不足时,使得新陈代谢的速度减慢,患者的心理活动趋于迟钝,具体表现为反

---

① 王肖栋. 大学体育中推行身体素质教育的研究. 才智, 2012,(18): 237.
② 曲文湖,杨文轩. 域外体育传真. 北京: 人民体育出版社, 1999: 45.
③ 李淑佩. 健康教育. 台北: 五南图书出版股份有限公司, 1983: 18.
④ 黄世华. 学校体育教学与健康教育思考. 重庆工学院学报, 2006,(4): 178-181.

应缓慢，记忆力减退，且容易有抑郁倾向。

心理健康也同样影响着生理健康。古人云：怒伤肝，喜伤心，忧伤肺，恐伤肾，思伤脾。我国著名的心理学家潘菽教授曾指出："事实表明，不仅有害的物质因素能造成各种各样的身体疾病和精神疾病，有害的心理因素也同样可以起到这样的作用。所谓心身疾病或心理生理疾病或如大家所熟悉的医源性疾病，就是明显的不良心理因素造成的。"[1]据美国某综合性医院门诊部对前来就诊的病人进行研究的报告发现，65%病人的疾病与社会逆境引起的压抑有关，35%的病人在很大程度上是由于情绪不好而引起疾病的。[2]英国的一位医生曾调查了250名癌症患者，发现其中有156人在患病前经受过重大的精神打击，由此得出结论：压抑情绪易生癌。[3]

综上所述，生理健康与心理健康的确是相互影响、相互作用的，生理健康是心理健康的基础，心理健康有助于生理健康。只有这两个方面保持和谐统一，才能真正达到健康的状态。身体素质教育既是一种身体锻炼教育，也是一种心理训练教育（主要是大脑功能的提高与开发）。因此，身体锻炼不仅有助于身体健康，而且对心理健康也有着积极的作用。

6.4.2 方法贵少，受益终身

现代学校体育的最大问题之一，是多数学生离开学校后，就与学校体育教学的内容相告别。很多学校传授的运动技术、方法，在一个人的体育生涯中仅是匆匆过客。在实施身体素质教育过程中，我们要树立终身体育思想，这是对传统学校体育思想和方法的反思，意义是十分巨大的。

为什么学生学了十多年体育，一出校门，便与体育再见呢？主要原因有两点：一是所学内容繁杂而不实用；二是忽视体育兴趣与习惯培养。我们在教学思想上要变强制性为自主性，从强调学校学习期间的效益（阶段效益）跃升为追求长远效益和阶段效益相结合，从强调主导作用转化为强调主体作用，方法内容上则以实用有效，以身体锻炼为主线而非以运动的内在联系为主线，不仅教运动技术，而且教锻炼方法，即"授之以渔"的做法，这样，终身体育目标的达成则指日可待。

其实，关于体育方法的多少，毛泽东曾有过精彩的论述，他在《体育之研究》中对体育方法多少有这样一个辩证表述："应诸方之用者其法宜多，锻一己之身者其法宜少。"前者道理非常浅显，个人的兴趣、特长、爱好都有所不同，"一刀切"的做法行不通也没好处，多种方法，任君选择，理所当然。为什么"锻一己之身者其法宜少"呢？首先是"巢林止于一枝，饮河止于满腹"。其次是"今之体操，诸法繁陈，更仆尽之，宁止数十百种？""一法之效然，百法之效亦然，则余之九十九法可废也。目不两视而明，耳不两听而聪"。再次是"其宜多者不必善，务广而荒，又何贵乎？"方法多，持之以恒，固然好，但时间、条件均不许可，效益和效率都不高，还是"苟能实行，得一道办

---

[1] 何颖. 体育锻炼与心理健康（综述）. 山东体育科技, 2001,（1）：20, 30-33.
[2] 高涛, 杜力. 试谈体育活动对促进身心健康的作用. 山东广播电视大学学报, 2009,（2）, 38-39.
[3] 魏清琳. 防偏宜早未病先防——谈练气功必须首重心理素质修炼. 甘肃中医, 1996,（5）：38-40.

法已足"。

6.4.3 培养兴趣，养成终身爱好

传统的学校体育，强调"教师、教材、课堂"三中心，推行运动教育，沿袭运动铸型教育，体育教学程式化、成人化，这种学校体育目标的阶段性和学生受教育的相对被动性，忽视了学生学习兴趣的培养和锻炼习惯的养成。从心理学角度来看，兴趣是人积极探究某种事物或进行某种活动的倾向，这种倾向带有强烈目的性。人的行为都是有诱因的，任何行为同时也是有目的的。大家知道，人的兴趣是在社会实践中发生、发展起来的。而兴趣是多种多样的：有由事物或行动本身引起的直接兴趣，也有由事物或行动的目的和任务引起的间接兴趣；有产生于活动过程而在活动结束后即消失的短暂兴趣，也有成为个人心理特征的稳定兴趣。

体育作为一种人类特有的社会活动形式，它是一种有趣的、有益的、有效的活动，一般来说，上述几种形式的兴趣在体育中都有呈现，也就是体育过程给人的欢愉的体验是强烈的，多数活动内容是能使人感兴趣的，健康的目的是人类所追求的，较难的是形成稳定的心理特征。从兴趣形成过程来看，只有对内容、对过程有了兴趣，才能形成稳定的心理状态，从这个角度来看，变被动体育为主动体育，变学校体育为终身体育，兴趣的培养是开启这把锁的金钥匙。

大凡一个人对某项活动有了兴趣，并且形成相对稳定的心理倾向，他就能充分调动自己的主观能动性，创造性地、执着地去追求，这对习惯的形成是至关重要的，但实践过程却有千难万阻，习惯是排除困难的有力保障。习惯成自然，体育一旦成为生活的一个不可或缺的组成部分，它就能与我们相伴终身。

6.5 阅读材料及思考与实践

6.5.1 精选案例

毛泽东与体育

毛泽东同志不仅是伟大的马克思主义者，杰出的无产阶级革命家、政治家、思想家、军事家，也是体育运动的积极倡导者和实践者。"不管风吹浪打，胜似闲庭信步"，这豪迈的诗篇，正是他伟大革命生涯中的华彩乐章。

一

青年时代的毛泽东深刻地意识到必须"文明其精神，野蛮其体魄"，方能刚毅有为。1917年，毛泽东在《新青年》杂志发表了《体育之研究》一文，明确地指出："国力苶弱，武风不振，民族之体质，日趋轻细，此甚可忧之现象也。"他认为体育的作用在于能"强筋骨""增知识""调感情""强意志"，展示了毛泽东早期"健身强国"的体育思想。

1949年中华人民共和国成立后,国家处于百业待兴的时期。从全民健康的角度出发,毛主席多次号召、指示要广泛开展群众性体育活动,增强民众的身体素质。1952年6月10日,毛泽东为中华全国体育总会成立大会题词:"发展体育运动,增强人民体质",这12个光辉大字,科学地指出了通过体育增强体质的内在联系,同时又明确规定了中国社会主义体育事业必须为人民服务的社会属性,由此确定了新中国体育工作的根本目的和任务。1960年他亲自在工作人员送审的《中共中央关于卫生工作的指示》草稿中加了下面这样一段话:"凡能做到的,都要提倡做体操,打球类,跑跑步,爬山,游水,打太极拳及各种各色的体育活动。"

毛泽东在关心增强人民体质的同时,也十分重视我国运动技术水平的提高。1956年在接见南斯拉夫足球队时,他说:"过去制度不好,封建制度半殖民地国家,还受帝国主义的侵略。现在来重新建设经济,发展文化体育。现在输给你们,也许要输12年,能在第13年打胜仗,也很好。"在毛泽东"健身强国"体育思想的指导下,经过多年努力,中国运动员在各项重大国际比赛中取得了光辉业绩。

二

有人把体育活动看作是消遣、休闲,有人把体育活动看作是玩耍、游戏,可是毛泽东却与此不同,他更注意把体育活动作为磨砺吃苦本领和锻炼坚强意志的手段,倡导一种"自找苦吃"、艰苦磨炼的体育观。

毛泽东一生热爱体育活动。他认为,只有具备了强健的体魄,才可能有知识上、道德上的追求,才谈得上实现自己的宏伟志向。早年,他一方面如饥似渴地学习文化科学知识,另一方面积极锻炼身体,把强健体魄、勇气、意志上升为人格重塑的首要前提。他在学校自编了27节《六段运动》,持之以恒地进行锻炼,并进行游泳、爬山、跑步等活动。他特别重视冷水浴,以锻炼"猛烈与不畏"的精神。

1936年,毛泽东对美国记者斯诺回忆起自己青年时期体育锻炼的情形时说:"寒假里,我们就脱掉衬衫让雨淋,说这是雨浴。烈日当空,我们脱掉衬衫,说是日光浴。春风吹来的时候我们大声叫喊,说这是一种叫作'风浴'的新体育项目。在已经下霜的日子里,我们露天睡觉,甚至到11月份,我们还在寒冷的河水里游泳。这一切都是在锻炼身体的名义下进行的,这对于增强我的体质也许很有帮助,我后来在中国南方的多次往返行军,以及从江西到西北的长征路上,特别需要这样的体质。"正是通过这些吃苦的"体育项目"的千锤百炼,毛泽东为在以后的战争环境中战胜无数艰难险阻,为一生从事艰苦繁重的革命工作,打下了坚实的体魄基础。

全国解放后,虽处于和平环境,又年事渐高,毛泽东的体育锻炼热情,却丝毫不减当年,特别对在大江大海中游泳兴趣更高。他先在北戴河、邕江和十三陵水库游泳,后在黄石、安庆、九江、武汉等地的长江中游泳。有人统计,他曾17次横游长江,最后一次已达73岁高龄,历时一个多小时,令人钦佩不已。他曾对陪游人员讲:"长江又宽又深,是游泳的好地方","长江水深流急,可以锻炼身体,可以锻炼意志。"晚年的毛泽东,腿脚不方便,起坐都非常困难,还以惊人的毅力拄着拐棍,坚持锻炼。其意志何等坚强!

三

青少年是国家的未来,民族的希望。毛泽东同志十分关注青少年的健康成长。1920 年,毛泽东担任第一师范附属小学主事时就开始身体力行,他倡导学校"宜三育并重",并强调"体育一道,配德育与智育,而德智皆寄于体。无体是无德智也"。

战争年代,虽然面对艰苦的环境,虽然处在戎马倥偬之中,毛泽东同志还是抽出时间关心学生们的身体健康问题。在延安时期,毛泽东就给当时的延安保育院小学的同学题词:"又学习,又玩耍",表达了对儿童少年健康成长的关心。

中华人民共和国成立后,随着形势的好转,毛泽东同志把更多的精力倾注到对学生体质健康的关怀上。1950 年,毛泽东同志给当时任教育部部长的马叙伦先生写信,提出学生"健康第一,学习第二"的要求。1953 年 6 月,毛泽东同志在接见中国新民主主义青年团第二次全国代表大会代表时,充满热情和希望地对青年们说:"我给青年们讲几句话:一、祝贺他们身体好;二、祝贺他们学习好;三、祝贺他们工作好。"1957 年 11 月,毛泽东同志在苏联接见中国留学生以及其后在多个场合,都是祝愿青年"身体好、学习好、工作好",始终把"身体好"放在首位。为了保证青少年学生健康成长,毛泽东同志在《关于正确处理人民内部矛盾的问题》中,明确提出:"我们的教育方针,应该使受教育者在德育、智育、体育几方面都得到发展,成为有社会主义觉悟的有文化的劳动者。"毛泽东的这些重要指示,对改变学校体育状况,改善我国民族素质,造就一代体魄健壮的青少年,提高全民劳动生产力,增强国力,起到了无法估量的作用。

(毛泽东与体育. http://cpc.people.com.cn/GB/85037/7181586.html[2018-04-29]. 本文根据此网址内容整理编写)

6.5.2 精选故事

王健林行程首曝光,健身赚钱两不误

前些日子,网上流传着王健林的"先定一个小目标,比如挣一个亿",一时成为人们讨论的热点话题。你知道王健林他到底有多拼吗?万达集团官方社交平台晒出了王健林一天的行程表,4 点就要起床,而 45 分钟的健身也成为他日常生活中必不可少的一个环节。

在这份行程表上,4:00 起床引起来各大网友的注意。纷纷感叹这印证了一句话:这个世界上,比你有钱、比你有天赋的人,往往还比你更努力。也许这份行程表会成为青少年奋斗的榜样吧!

接下来就是他的健身引起大家的注意，每天为时 45 分钟的健身也让网友纷纷感叹："没个好体力真做不了大事。"

　　国际上的知名人士，喜爱健身的有很多。比如说 80 多岁的李嘉诚每天坚持 6 点起床，打一个小时高尔夫，8 点到办公室工作。另外他一直保持着两个习惯：一是睡觉之前，一定要看书；二是晚饭之后，一定要看英文电视，不仅要看，还要跟着大声说，因为"怕落伍"。比如苹果 CEO 库克在 5 点钟的时候会准时出现在健身房。NBA 传奇巨星科比退役后仍坚持 4 点起床健身后再去公司。

　　健身是投资最少的投资活动，每天运动会让您在全天的工作中保持活力，还会让自己的身体健康。有句话说得好：唯有健身和读书不能辜负。可以体现出健身在人生活中的重要性。很多人都在坚持健身，我们应该学习他们这种精神。

　　（王健林透露健身等行程刷爆朋友圈的意图何在？http://www.sohu.com/a/132879954_719581[2018-04-15]. 本文根据此网址内容整理编写）

6.5.3　思考与实践

（1）结合自身实际，谈谈大学生身体素质教育的必要性。
（2）如何认识体育锻炼？应注意哪些原则？
（3）联系实际，谈谈素质教育与身体素质的关系。
（4）作为一名大学生，提高身体素质有何重要意义？
（5）联系实际，谈谈如何培养自己的体育习惯。
（6）读了伟人和名人健身的故事，你有什么启发？
（7）制订一个体育锻炼的计划，至少坚持一个月，看看你有哪些变化。

第7章 大学生心理素质教育

📖 故事导读

与命运抗争的张海迪

1955年9月,张海迪出生在山东省文登市的一个知识分子家庭里,玲玲是她的小名。5岁之前,张海迪有一个幸福的童年,那时的她快乐而活泼,整天蹦蹦跳跳、跑来跑去。

可惜,蹦蹦跳跳的时光是那样短暂。1960年,一个明朗的早晨,在玩具室里刚上完一节"课",她和小伙伴们嬉笑着朝门外跑去,忽然跌倒了。从此,双腿丧失了知觉,张海迪也丧失了关于腿的记忆。童年时的许多生活场景,她都清晰记得,独独不知道腿是怎么活动的,人走路时的感觉是怎样的。

得了什么病,竟然这样可怕?张海迪当年不知道自己患的是脊髓血管瘤,病情反复发作,非常难治。5年中,她做了3次大手术,脊椎板被摘去6块,最后高位截瘫。这样,原来天真活泼的张海迪,只能整天卧在床上。当年,医生们一致认为,像这种高位截瘫病人,一般很难活过27岁。

看着伙伴们高高兴兴地背着书包上学校,终于有一天张海迪按捺不住心中的渴望,对妈妈说:"妈妈,我要上学!"可是因为她的生活不能自理,所有的学校都不接收。

病情是无情的,每当病痛折磨她时,坚强的张海迪没有流泪,疼得实在厉害时,为了分散注意力,她就猛揪自己的头发,打算用一种疼痛来代替另外一种疼痛。渐渐地,她揪下来的头发,都能编成一条辫子了!

对张海迪来说,家是一所特殊的学校。在这个特殊的学校里,聪明、好学的张海迪学拼音,学查字典,学一个又一个生字。她趴在床上,用胳膊支撑着身体抄书。没有人催问,没有人检查督促,没有考试和考试中的竞争,全靠着自己。一本又一本小学课本学完了。但是很难哪,得走不少弯路,多耗费很多时间。一道算术题,她做12遍,得出的竟是12个答案!她本来就不喜欢算术,丢开不学算了!可是不行,硬着头皮也得学会它。第13次终于算对了。努力是加倍的,成功的喜悦也是加倍的。于是,她的学习自觉性、学习乐趣与生活的意志,还有思维能力,便随着知识一起增长起来了。

1970年4月,张海迪跟着带领知识青年下乡的父亲张坦夫、母亲毕江娇,坐着一辆大卡车,来到莘县十八里铺尚楼村,开始了农村生活。起初,张海迪感觉农村非常陌生,没有电灯和自来水,生活也十分艰苦。但是,在那些淳朴的村民身上,张海迪很快感到了更真、更朴素的爱。她发现小学校没有音乐教师,就主动到学校教唱歌。课余还帮助学生组织自学小组,给学生理发、钉扣子、补衣服。

当看到当地群众因缺医少药带来的痛苦时,张海迪便萌生了学习医术解除群众病痛的念头。她用自己的零用钱买来了医学书籍、体温表、听诊器、人体模型和药物,努力研读了《针灸学》《人体解剖学》《内科学》《实用儿科学》等书。为了认清内脏,她把小动物的心肺肝肾切开观察,为了熟悉针灸穴位,她在自己身上画上了红红蓝蓝的点儿,在自己的身上练针、体会针感。

"书上写着怎么样进针,可以在白菜疙瘩上、在萝卜上。在白菜疙瘩上进了几天以后,就在自己身上(进针),我觉得医生就是要这样,首先要自己感觉。有人问我说,海迪是不是你的腿没有知觉,你的胸以下没有知觉,你在自己身上扎针不痛苦啊?我说恰恰相反,我最开始针灸的时候,是扎自己最疼的地方,比如向包括脸上的穴位,包括印堂穴,扎了以后是什么样的感觉,我要知道。"功夫不负有心人,她终于掌握了一定的医术,能够治疗一些常见病和多发病,在十几年中,为群众治病达1万多人次。"曾有医生嘱咐过我的父母,如果我要是得泌尿系感染、肺部感染或者是褥疮,我会因为感染而死去。我给别人当医生,我也给自己当医生。15岁在农村的时候,我生了褥疮,晚上点着小油灯,对着镜子,我把自己身上溃烂的肉剪掉——所以,现在最怕听的就是剪刀的声音。"

当年,张海迪作为一名待业青年,也曾有过自卑感。"1年多的时间里,我四处报名,八方写信,常常在招工单位的门口一待就是半天。我真想能为社会做点事,可就是没有一个单位要我。在别人眼里,我是一个废人。"当年,张海迪想到过自杀。

1974年7月14日,张海迪趁父母出工,收拾好东西,写好遗书,说自己不愿做沸腾生活的旁观者,然后一次性吃了30片冬眠灵,又给自己打了6支冬眠灵,静静地躺在那儿等待离开这个世界的时候,张海迪忽然想到了尚楼村的乡亲们,真舍不得离开他们;又想到了保尔在公园自杀的情景,他也绝望过,但最终还是战胜了懦弱和病残,成了生活的强者。想到这些,张海迪挣扎着爬起来。可药物起作用了,爬不起来了。于是,她拼命地喊:"快来人啊,救救我,救活我吧!"

经过五六天的抢救,张海迪终于苏醒过来。看到身边的亲人朋友、医生护士,她惭愧极了,对大家说:"我错了,从今以后我要勇敢地生活下去。死,也要在大笑中死去。"

日后,曾有记者问张海迪:如果你能拥有第二次生命作为一个健全的人,你最大的愿望是什么?张海迪说:"假如我能再有一次生命,我会实现我最想做的一件事,就是当一名医生,这也是我从小的一个梦想,我15岁时就自学医术给乡亲们治病,但没有机会真正穿上白大褂当一名白衣天使。"

后来,她随父母迁到县城居住,一度没有安排工作。她从保尔·柯察金和吴运铎的事迹中受到鼓舞,从高玉宝写书的经历中得到启示,决定走文学创作的路子,用自己的笔去塑造美好的形象,去启迪人们的心灵。她读了许多中外名著,写日记、读小说、背诗歌、抄录华章警句,还在读书写作之余练素描、学写生、临摹名画、学会了识简谱和五线谱,并能用手风琴、琵琶、吉他等乐器弹奏歌曲。

认准了目标,不管面前横隔着多少艰难险阻,都要跨越过去,到达成功的彼岸,这便是张海迪的性格。有一次，一位老同志拿来一瓶进口药，请她帮助翻译文字说明，但她也看不懂，看着这位同志失望地走了，张海迪便决心学习英语，掌握更多的知识。从此，她的墙上、桌上、灯上、镜子上乃至手上、胳膊上都写上了英语单词，还给自己规定每天晚上不记10个单词就不睡觉。家里来了客人，只要会点英语的，都成了她的老师。经过七八个年头的努力，她不仅能够阅读英文版的报刊和文学作品，还翻译了英国长篇小说《海边诊所》，当她把这部书的译稿交给某出版社的总编辑时，这位年过半百的老同志感动得流下了热泪，并热情地为该书写了序言——《路，在一个瘫痪姑娘的脚下延伸》。

当初，为了给张海迪治病，母亲变卖了手表、衣服等物品，还欠了一身的债，从无怨言，默默地尽着母亲的神圣义务。尽管家里穷，但父母总是尽最大努力满足她的要求。凡张海迪喜欢的书，不管花多少钱，跑多远的路，父母总要想方设法给她买到。生日或节假日，书成了父母送给她的最佳礼物。

在残酷的命运挑战面前，张海迪没有沮丧和沉沦，她以顽强的毅力和恒心与疾病做斗争，经受了严峻的考验。她虽然没有机会走进校门，却发愤学习，学完了小学、中学的全部课程，自学了英语、日语、德语，还学过无线电修理。后来还攻读了大学本科和硕士研究生的课程。

1981年，张海迪获莘县广播局先进工作者称号，这年12月《人民日报》首次报道了张海迪的事迹；1982年，张海迪获聊城市"模范共青团员"和"三八红旗手"称号……

张海迪总在说，人就得有勇气与生活中的不幸抗争。人的一生总会有坎坷，就看你以怎样的心态去对待——张海迪喜欢豪言壮语，因为她将自己的生活与座右铭式的豪言壮语融合在了一起，形成了我们所看到的张海迪热爱生命的一种精神力量。

（张海迪故事简介.http://www.ruiwen.com/xiao/news/16270.html[2020-07-15].
本文根据此网址内容整理编写）

大学生群体处于生命发展的黄金阶段，他们富有朝气、生机勃勃、精力充沛，已经具备很好的知识基础及相应能力；他们的身心发育已处在关键时期，即逐步趋于成熟，但这种成熟是相对的，尤其表现在心理素质方面。因此，大学教育一方面要加大心理健康教育力度，为促进他们形成良好的心理素质提供必要的教育条件；另一方面，青年大学生，更应该自觉地接受各种形式的心理健康教育，能理解生命的意义和价值，懂得珍爱生命；能调节和管理自己的情绪，拥有健全人格；能正确认识和评估自我，学会自我管理。大学生应掌握科学的心理方法、健康的生活理念，形成良好的心理品质，使自己获得全面、和谐的发展，形成健全的人格。

7.1 心理素质概述

心理素质在人的素质结构中居于重要地位，它既是先天遗传因素和后天社会环境影响、教育要求相互作用在人的主体内部的形成及相对定型,也是人的主体性的核心成分。心理素质,在很大程度上,决定着人的主观能动性,它具有促进人发展的动力功能,即心理素质直接控制着人体自然力的发展,调动着活动能量的释放,影响着人的整体素质的发展。

7.1.1 心理素质概念及内涵

心理素质是指个体在活动中表现出来的各种内在的、深层次心理特征的总和。它是由心理潜能、心理特点和心理品质三个因素构成的。

(1)心理潜能。每个人生来都具有一定的潜能,它是心理素质的一个构成因素。心理潜能并不神秘,它是心理素质发展和形成的前提。这种潜能既可以体现在智能(智力、能力)方面,也可以反映在非智能方面。前者称为智能潜能,后者则称为非智能潜能。由于智力与能力是两个相对独立的概念,所以智能潜能又可以一分为二,即智力潜能和能力潜能。

(2)心理特点。每个人生来都具有多种多样的心理特点,它分别体现在一种心理因素上,如感知的直接性、具体性,思维的间接性、概括性,情感的波动性、感染性、两极性,意志的目的性、调控性,智力的针对性、广阔性、深入性、灵活性等。潜能与特点都是人与生俱来的,但前者是发展的可能性,后者则具有现实性。从先天的角度看,二者之间没有一条不可逾越的鸿沟。心理特点既然是先天的,因而它也是比较稳定的,但稳定的心理特点并非一成不变,而是具有一定的可塑性。

(3)心理品质。潜能与特点都是先天的,而心理品质则是后天的。它也体现在形形色色的心理因素上,如观察的目的性、敏锐性、精确性,记忆的持久性、准确性、备用性,思维的敏捷性与灵活性、广阔性与深刻性、独立性与批判性,情感的倾向性、多样性、固定性,意志的自觉性、果断性、坚持性、自制性,智力的统一性、顺序性、严密性、创造性等。品质与特点虽有先天性与后天性之分,但二者之间也没有一条不可逾越的鸿沟。一般地说,心理品质是在心理特点的基础上形成的,但它一经形成并趋于稳定之后,就可以看成是一种心理特点。在心理素质中,心理品质占有主导的地位。在这个意义上,把心理素质与心理品质看作一回事也未尝不可。[①]

7.1.2 心理素质在素质中的地位

1. 心理素质受身体素质等其他影响

对个体而言,身体素质的好与坏会直接影响到心理素质的水平。一般来说,身体强健的人对挫折的适应与忍耐力比较强,而虚弱的人在面对同样的困难时可能会难以承受。人们的认识活动,特别是感觉、知觉等都不同程度地依赖于其感知器官、神经系统,特别是大脑结构和机能的状态,也会对人们的心理素质产生影响。

---

① 杨丽莎. 浅谈勤工助学大学生心理素质教育. 教书育人,2008,(9):85-87.

2. 心理素质是产生养成素质的基础

养成素质给予心理素质的发展以重要的影响，这一点已经为大量的事实所证明，一方面人们的政治、道德等素质的形成与提高，依赖于心理素质的发展与支持。就是说，要培养较高的养成素质，首先要求个体已经达到某种智能水平，具有某种基本的认知能力，而且需要非智能因素的积极参与才能够实现。而另一方面，养成素质在形成的过程中同时会促进心理素质的发展，提高心理素质水平。

3. 心理素质在人的综合素质中占据重要地位

首先，心理素质是人的综合素质的核心。心理素质对生理素质的影响是明显的：不仅在一般意义上心理健康可以促进身体健康，而且积极健康的心理活动对保持感知器官、运动器官、神经系统和大脑的健康都有重要作用。同样，养成素质更需要心理素质的支持，高水平的养成素质必然有赖于高水平的心理素质；心理素质水平低下者是无法养成优良的政治和道德素质的。所以，培养心理素质是提高人们整体素质水平的关键。其次，心理素质是其他素质的中介。没有心理素质这一中间环节，人的综合素质中的各因素就会像一盘散沙，彼此既无法形成关联，又难以从低级向高级发展。在人的综合素质结构中，心理素质是身体素质、养成素质联系和发展的中介。

7.1.3 心理素质的主要特点

1. 整体性

心理素质既不是单一结构的，也不是许多种个别素质的简单相加的总和，实际上，它是一个由多种成分构成的综合结构，是一个有机整体，是各种心理品质的有机结合。在心理素质这个复杂的结构体系中，各成分间并不是彼此孤立的，而是相互作用、相互影响、相互依存的，如果其中一部分发生变化，其他部分也会跟着变化，而某一种心理成分的良好发展既可以促进其他心理品质的发展，也可以弥补其他心理品质的不足，但某一种心理品质的欠缺又会阻碍和制约其他心理品质的发展。这一素质结构特征体现了对素质教育内容的全面性要求。

2. 质量性

心理素质强调的是高质量、高水平、高层次。对个体而言，形成和培养的每一项心理因素其内容都应该是高质量的，并且在实践中都能够得到高水平的发挥，并不断向更高层次发展。强调心理素质的质量性特征，就要求我们在教学中，一方面要不断地培养和提高学生的心理品质，另一方面要使心理素质结构的优良性能得到充分发挥。也就是说，素质教育不只承担对基础教育的弥补性功能，而更应该定位在高质量的培养上，显示出其未来发展性的功能。

3. 个别性

有位哲学家说过：世界上没有两片完全相同的树叶。人和人之间也不可能完全相同，而每个人所具有的心理素质就更不会相同。俗话说："人心不同，各如其面。"心理学研究发现，即使是遗传因素相同的同卵双生子，他们的心理面貌也存在着很大的差异。针对这种个别性特征，我们认为，对不同学生不能进行同一人才模式的培养，而应该发挥其各自的优势与专长，力求使每个人的心理素质都能够变为他的心理优势。

7.1.4 心理素质的分类

心理素质划分为智能素质和非智能素质两大类。

1. 智能素质

1）智力素质

所谓智力素质，是指智力及其五种因素（观察力、记忆力、想象力、思维力和注意力）都各自蕴含有心理潜能、心理特点与心理品质等三项素质成分。

2）能力素质

所谓能力是指人们成功地完成某种活动的个性心理特征或本领。能力形成和发展的因素主要有三个方面：一是先天性因素，包括遗传因素和胎儿受其母体内影响造成的个体特征；二是后天环境影响和教育因素，包括家庭教育影响、学校教育和社会思想文化等的作用；三是个人主观的努力。总之，能力是在个人生理素质的基础上，经后天教育和培养，并在社会实践中形成和发展起来的。

能力素质是一种与智力相对应的能力，也有其一定的心理潜能、心理特点与心理品质，因而也可以说是另一类心理素质。但是，能力与智力的关系较为特殊，为了便于阐述二者各自的性质，我们可以将它们分别开来，当二者与非智能素质对应时，又可以把智力与能力合二为一，用智力（能力）或智能一词来表示。它们的这种特殊关系，是由二者相对独立的性质所决定的。我国自孔子以来就有不少思想家、教育家阐述了智力与能力的这种性质，我们将其概括为智能相对独立论，简称为智能独立论。其基本含义是，智力与能力是两个相对独立的概念，二者既有区别，又有联系。从区别看，可以将智力、能力并列起来，各自加以论述；从联系看，则可以把二者统一起来，以便与非智能素质相对应。

众所周知，智力（能力）是人们在认识客观事物的过程中形成的，是保证人们有效进行认识活动的稳定心理特点的综合，包括观察力、记忆力、想象力、思维力和注意力等五种基本心理因素。在智力（能力）活动中，这五种因素各自具有一定的地位与作用。

其一，观察力。观察力是智力（能力）活动的门户，又是智力活动的源泉。观察是有目的、有计划并有思维积极参与的一种特殊形式的感知活动。观察力是在观察活动中逐渐形成起来的一种比较稳固的认知特点。对学生而言，观察力是一项非常重要的素质，如果一个学生有比较强的观察力，他就可以发现别人不易发现的细节，获得更多的信息和知识，从而使自己的经验更加丰富。

其二，记忆力。记忆力是智力（能力）活动的基础，又是智力（能力）活动的仓库。记忆是人们对过去经验的保持和再现。它包括四个环节：识记、保持、再认和回忆。对学生而言，良好的记忆力不仅能够使其掌握更多的知识，而且也能够使之保持得更长久。

其三，想象力。想象力是智力（能力）活动的翅膀，又是智力（能力）创造性的条件。想象是在已有表象的基础上进行加工改造，从而形成新形象的过程。丰富的想象力不仅可以增强学生学习的主动性，也可以提高其学习的创造性。从某种意义上说，想象力比知识更重要。

其四，思维力。思维力是智力（能力）活动的核心，又是智力（能力）活动的方法。思维是人脑对客观现实的间接反映和概括反映，是一种更高级、更复杂的认识过程。没有思维，人们就无法发现事物之间的本质特征和内部规律。对学生而言，较高的思维水平和良好的思维品质是做好学习的重要条件。

其五，注意力。注意力是智力（能力）活动的门户，又是智力（能力）活动的组织维持者。注意是人们对一定对象的指向和集中。对学生而言，拥有良好的注意品质，将会提高学习的效率。

2. 非智能素质

所谓非智能素质，是指非智能及其五种因素都各自蕴含有心理潜能、心理特点与心理品质等三项素质成分。正如大家所知道的，非智能素质包含的心理成分是极其广泛的，但从其是否对学生做好学习有积极作用这一点来考虑，则应由动机、兴趣、情感、意志与性格五种因素组成。从这个角度看，所谓培养非智能因素素质，就是培养这五种因素。如果再进一步分析，我们还可以从上述五种因素中找出12种对学习作用较大的因素来，这就是：成就动机、求知欲望、学习热情、自尊心、自信心、好胜心、责任感、义务感、荣誉感、自制性、坚持性、独立性（一般称为具体的非智能因素）。从这个角度看，所谓培养非智能素质，就是培养这12种心理因素。

7.1.5 心理素质的结构及其关系

1. 心理素质结构

心理素质结构是指各种心理素质之间的内在关系，这种关系包括两个方面：一是纵向关系，组成纵向结构；一是横向关系，组成横向结构。

2. 心理素质关系

1）心理素质"三因素"关系

心理素质由心理潜能、心理特点与心理品质三因素组成。从纵向看，它们的结构是：心理潜能——心理特点——心理品质。就是说，潜能发展为特点，特点实质上就是潜能；特点可以发展为品质，品质也可以转化为特点。简而言之，这三个因素的纵向关系是先天（潜能与特点）与后天的关系，前者是后者的基础，后者是前者由可能性变成了现实性。从横向看，三因素的结构是：心理潜能—心理特点，心理特点—心理品质，心理品质—心理潜能。就是说，三者不再显示为层次关系，而是处在交互作用之中。

2）智能因素与非智能因素的关系

心理潜能、心理特点与心理品质蕴含在或分属于智能因素与非智能因素之中，所以谈心理素质的结构时,分析一下这二者的关系是必要的。

第一,智能因素与非智能因素的关系模式。总体来说,智能因素与非智能因素是密切联系、互为条件、彼此制约的。

第二,智能因素促进非智能因素的发展。紧张的智能活动是艰苦的脑力劳动,没有非智能因素的积极参与和支持,人们将无法克服困难,排除障碍,成功地实现最后目标。智能对非智能因素的影响,一方面表现为外在的,开展智能活动对非智能因素提出一定的要求,因而促进其发展;另一方面表现为内在的,即在实践活动中形成起来的智能各因素的稳定特性,可以直接转化为性格的理智特征,成为一个人性格的内在成分。

第三,非智能因素促进智能的发展。非智能因素对智能的影响主要表现为两方面:一方面,非智能因素的发展,可以促进智能的提高,它是挖掘和发挥智能潜能的金钥匙;另一方面,非智能因素可以在一定程度上补偿智能方面的某些弱点,正如俗话所说,"勤能补拙""笨鸟先飞"。

第四,智能与非智能因素发展具有一致性。智能的发展使非智能因素得到相应的发展,智能水平高的人,其非智能因素的水平也会很高,反之,智能水平低下的人,其非智能因素水平也往往比较低。心理学研究发现,人才通常具有这样一些特点:兴趣广泛,求知欲旺盛;思维敏捷,逻辑性强,富有创造性;注意力集中,记忆力强;上进心强,不甘落后,有毅力;谦虚、忍让、冷静、沉着。

7.2 心理素质教育概述

心理素质的培养要普遍加强。心理健康是青少年走向现代化、走向世界、走向未来、建功立业的重要条件,而健康心理的形成需要精心周到的培养和教育。教师仅仅关心青少年的身体健康是远远不够的,必须把关心青少年的心理健康,把培养健康的心理素质作为更加重要的任务。而要想成功地进行心理素质教育,必须对心理素质教育的含义、特点等作一个准确、科学的界定。

7.2.1 心理素质教育的含义

顾名思义,心理素质教育就是全面提高学生心理素质的教育。这里的"全面"有两个含义:一是所有学生的心理素质都要提高,无论是优秀生、中等生,还是所谓的"差生"都要一视同仁,在某种意义上更要重视提高"差生"的心理素质。因为"差生"之所以"差",主要是由于其心理素质水平低于优秀生和中等生。另外,由于女生的心理素质特别是其中的非智能因素一般来讲不如男生,所以还要着重培养与提高女生的心理素质。二是心理素质的各个组成因素都要得到一定程度的提高。也就是说,在心理素质教育中,要把开发心理潜能、发展心理特点与培养心理品质结合起来,这是一方面。另一方面,潜能、特点、品质都蕴含在智能与非智能因素之中,所以,又必须把发展智能与培养非智能因素结合起来。这样,才能使心理素质得到全面提高。

所谓心理素质教育,就是要使全体学生的心理素质得到全面提高的教育,其具体表现是:

心理潜能、心理特点与心理品质都得到开发与发展，智能与非智能因素都得到培养与提高。

7.2.2 心理素质教育的特点

心理素质教育与学科教育有所不同，它关注的是人内在心灵的成长，而心灵的成长是极为艰难复杂的，它既易被外界许多不定因素干扰，又易受内心难以捉摸的心理状态的影响。现将心理素质教育的特点归纳如下。

1. 适应性与整体性

心理素质教育要适应各年龄阶段学生的身心发展特点，不能拔苗助长。有的时候，教师非常希望学生能够马上就具有其希望具有的素质，但是这种一步登天的想法是不切实际的，而只能帮助学生慢慢地成熟。这点其实是与心理素质的发展性相对应的。心理素质要经过一个不断递进的发展过程。要注意每一个发展阶段不同的发展特点和可能达到的发展程度，前一阶段是后阶段发展的基础，后一阶段又是前阶段发展的延续。心理素质教育要研究和掌握这种发展的规律，在心理素质发展的每一阶段寻求最优的教育方法，抓住最佳的教育时机，让学生的心理素质得到最好的发展。不要"时过然后学，则勤苦而难成"。

整体性表现在：第一，注重全体学生的心理素质的培养。以前的应试教育有一个明显的弊端，就是教育对象的局限性，重视拔尖学生的培养，而忽视对"差生"的教育，难以做到"大面积丰收"。素质教育与之最大的不同就在于教师关注每一个学生的成长，不漏掉一个学生，帮助每一个学生在他自己的起点上前进，在他自己的优势上发展。心理素质教育也同样如此，即面向全体学生，使每一个学生的心理素质水平都得到不同程度的提高。第二，把提高心理素质与提高其他素质结合起来。由于人的综合素质具有整体性，它的各个要素之间是密切联系、相互渗透的，并由此而构成一个有机整体，在实际活动中发挥着整体功能，很难把它们分裂开来，也很难孤立地发展某一素质。因此，发展心理素质要与发展政治、道德、身体、科学、文化素质结合起来，共同提高。仅仅靠一门心理素质教育课是不够的，还需要其他任课教师的配合，一起来培养学生的各种素质，这样，心理素质教育的实效性才能够得到较好的体现。

2. 个别性与艺术性

个别性是指心理素质教育要注意学生的个别差异。心理素质教育面对着由个体素质差异悬殊的学生组成的群体。学生水平的参差不齐，决定了教师不可能采用整齐划一的"一刀切"的教育办法。

教育是一门科学，也是一门艺术。心理素质教育亦是如此。艺术性就是指心理素质教育要密切注意教材、教育方式，以及学生天赋的发展，灵活运用各种教育技巧。具体表现在：第一，教师的言辞要委婉达意，注意场合，讲究分寸。心理素质教育关注的是学生心灵的成长，而心灵又是最为脆弱、敏感的，需要备至的呵护。倘若教师的训斥过分严厉且忽略场合，如在全班同学的面前，大声地批评一个自尊心极强又较自卑的学生，那么，这位学生的心灵就会受到沉重的打击，可能对老师产生强烈的逆反心理，也可能变得更加自卑，从而形成难以弥补的心灵创伤。第二，采用多种多样的方式。心理素质的培养不同于某个知识点的传授，知识的本身有许多的内容，已能从其中找到许多的乐趣。心理素质相对而言，要显得更为抽象，更为内隐，如果仅仅是靠单一的说教，那么这种极具浓烈灌输色彩的方式，马上会引起学生心理上的反感，教育的效果自然不尽如人意。教师要想办法赋予抽象的心理素质教育以活力，用多变的教育方式吸引学生的注意，引起学生的兴趣。第三，与学生心灵相通。"心有灵犀一点通"，用心灵的沟通来哺育学生心灵的成长应是较为艺术且合适的方法。教师在表达自己的意图和希望时，可以通过各种途径，可以是一个眼神，也可以是姿态、手势、表情等言语以外的方式来表达，求得一份无言的默契。

3. 坚持性

心理素质教育是比知识技能的传授更加细致而见效缓慢的工作。心理素质作为一种机能性的东西，它的形成不是一个简短的、一蹴而就的过程，这就要求教师必须有毅力，善于坚持，其中很重要的一点便是用发展的眼光来看待、对待学生。心理素质的培养，如意志品质的培养，不是上了几次课，克服了几次困难，学生的意志就坚强如铁了；在自我管理情感的能力培养上，也不是训练了几次情感控制的办法之后就认为可以做自己情感的主人了，等等，诸如此类。由于学生正处在身心迅速发展变化的时期，心理素质的养成大多需经历许多不断的反复过程，对于这些反复，教师一定不能稍有困难就心灰意冷、弃之不顾或者是大发雷霆，迁怒学生，而是要有信心、有耐心。另外，对学生心灵成长中出现的一些问题也要用发展的眼光来对待，既用发展的观点来动态地审视问题，又用发展的眼光解决问题、预测教育结果。教师要能够很专业地区分学生的正常心理特征和异常心理变化，区分一般心理问题和心理障碍，竭尽所能地促进学生的最佳发展。

7.2.3 心理素质教育的目的

心理素质教育的根本目的是全面提高学生的心理素质。

1. 开发心理潜能

在人身上，有生理潜能与心理潜能。前者是身体素质教育的开发任务，后者则由心理素质教育来开发。生理潜能与心理潜能难以截然分开，所以两项任务的划分也只能是相对的。开发潜能特别是心理潜能的重要性与必要性，早已成为国内外教育界的共识，积极心理学认为人的心理潜能是巨大的，可开发的领域是广阔的。因此，我们应当把开发心理潜能作为心理素质教育的一项重要任务来抓。

2. 发展心理特点

在人的身上，有生理特点与心理特点。身体素质教育开发前者，心理素质教育则开发后者。心理素质教育有两项要求：一是巩固心理特点，二是改善与提高心理特点。由于生理特点与心理特点常常紧密地联在一起，所以也难以将两项任务完全分割开来。例如，关于高级神经活动基本过程的那些特点，就可能要由这两种素质教育来共同担当。前面说过，心理特点众多而复杂，并且是可以发展和提高的。因此，心理素质教育也必须以发展心理特点为自己的一项重要任务。

3. 培养心理品质

在心理素质中，心理品质占有主导地位。所以，在心理素质教育中，教师应当特别注重对学生心理品质的培养。心理品质是在心理特点的基础上形成的。因此，在心理素质教育中，教师应当把二者结合起来加以培养。全面提高学生的心理素质，是心理素质教育的总的目的。这一目的可以表现为两种形式：积极形式是培养心理素质，促进心理健康；消极形式是解决心理问题，保持心理健康。

7.2.4 心理素质教育的意义

1. 促进学生学业成绩的提高

相关的测验结果表明，部分学生成绩低下，是心理素质方面的原因，问题主要表现有：缺乏耐心，容易被人误解，思想不集中，缺乏自信心，缺乏观察力，过于担心将来的事，容易动怒，缺乏决断能力等。试想，一个上课无法集中自己的注意力，没有耐心又少自信的学生，他的学习情况会好吗？相反，一个上课注意听讲、善于思考又能坚持的学生，他的学习效果也是不言自明的。学生良好的心理素质，还能充分发掘自身潜能，比如，一个人的信心、意志等都是挖掘潜能的重要因素，而挖掘自身潜能，等于把心理素质的内潜性发挥了出来，把潜力所具有的可能性转变成了现实性，表现的结果就是大大地提高自己的学习水平、学业成绩。可见，以培养学生良好的心理素质为目的的心理素质教育，能够促进学生的学习进步。

2. 促进学生良好养成素质的形成

养成素质是人们在选择、适应与改造社会环境的过程中逐步形成起来的一系列稳定社会性品质的综合，主要包括政治品质、道德品质、科学品质、文化品质等。良好的养成素质对社会的发展有着积极的推动力。我们知道，人的整体素质由自然素质、心理素质与养成素质三大成分构成。心理素质在素质结构中处于核心地位，它在自然素质的基础上，对养成素质的形成起着重大的作用。这是因为顺应社会发展的个体心理必须是健康的心理，只有在健康的心理素质指导下表现出来的行为才会接受社会的道德规范，符合社会的发展要求，与社会的发展保持一致，从而使个体形成良好的政治品质、道德品质、科学品质、文化品质等，进而形成良好的养成素质。反之，个体的心理如果处于一种不平衡、不健康的状态，所表现出来的外显行为，则会与社会主流的道德规范、价值观念相悖，以至于形成不良的品德，产生不道德行为，而心理素质教育恰好就是要纠正学生的不良心理行为，培养学生良好的心理素质，所以说，心理素质教育有助于学生形成优良的政治素质、道德素质、科学素质、文化素质，养成高水平的好的行为习惯。

3. 促进学生身心的健康发展

自然素质是心理素质的基础，这是因为先天生理条件是心理机能产生的必要的物质前提。先天生理条件即指有机体与生俱来的感觉器官和神经系统方面的生理解剖特点。倘若没有这个前提或这个前提已有缺陷和病变，那么相应的心理机能就无法产生，如已有多例临床病例证实，先天脑发育不全或后来受到部分损伤者，其相应的心理机能就难以发展起来。另外，先天生理条件的个别差异为心理机能形成的个别差异提供了潜在的可能性。例如，美国哈佛大学著名发展心理学家杰罗姆·坎根在经过了数十年的研究实验后确认，有15%～20%的青少年天生就属于"行为压抑型"。他发现，这些人出生后，面对陌生环境，心跳都比其他人快；21个月大时，心率监测显示：这些胆小的人在退缩不前时，心率与发生焦虑时一样快。①

这些都说明，个体的身体和心理素质是紧密联系的。在伴随着身体成长的过程中，心灵也在不断地成长。当然，心理素质的形成除了先天条件的影响外，还受后天许多因素的作用。这使得致力于培养优良心理素质的心理素质教育成为可能，而且由于身体和心理的不可分割，于是在心理素质教育培养优良心理素质的同时，事实上也促进了身体素质的提高，促进了身体与心理的和谐发展。

7.3　心理素质教育的基本原则

在心理素质教育过程中，为了取得更好的成效，在不同的领域我们应该遵守不同的原则。

7.3.1　心理素质教育的实施原则

一般在实施心理素质教育时应遵循以下两条原则。

1. 智能与非智能因素结合的原则

任何教育工作都需要学生全部心理活动亦即智能因素与非智能因素的积极参与，才能收到预期的效果，心理素质教育也不例外。何况心理素质教育本身就是发展智能和培养非智能因素的，所以更有必要把二者结合起来。

2. 积极培养与消极防治协同的原则

青少年学生绝大部分都是具有健康心理的人，所以我们必须将主要精力与时间用来培养他们的心理素质，使其心理更加健康，避免产生什么心理问题。当然，对少数有心理问题的学生，也应当对他们进行心理辅导或开展心理咨询，以帮助他们解决心理问题。前者是积极的、主要的，后者是消极的、辅助的。心理素质教育过程必须主辅协同，方能相得益彰。

---

① 侯静，陈会昌，陈欣银. 儿童2～7岁行为抑制性的发展. 心理学报，2008，（6）：701-708.

7.3.2 心理素质教育的教学原则

1. 主体性原则与发展性原则

所谓主体性原则，就是在心理素质教育中，教师始终尊重学生的主体地位，发挥学生的主体作用，调动学生的主体积极性。也就是说，要让学生成为课堂的主人，成为教育的主体，让他们表现出更多的自主性、积极性、能动性和创造性来。在课堂上，学生应该成为主角，教师是配角，学生的活动要多于教师的活动。对教师来说，提高学生的心理素质，必须遵循主体性原则，也就是要尊重、相信、理解和关心每一个学生，使每个学生都能发现自己的潜能和价值，并尽可能地发挥出来。

所谓发展性原则，就是指把人的心理活动看作一个动态的变化发展过程，认识到人的心理素质始终处在不断地形成和发展过程中，即使是同一素质，在不同的年龄阶段也会有不同的特征表现。苏联心理学家维果茨基提出"最近发展区"的理论，要求教学应超越学生的已有水平，向最近发展区推进。最近发展区就是指存在于学生现有的水平与可能发展和达到的水平之间的领域。也就是说，教学应走在发展的前面，教学的内容应适应每个学生的最近发展区，而不是他们的现有水平。对教师来说，发展才是教学的最终目标。

2. 激励性原则与渐进性原则

所谓激励性原则，就是在心理素质教育中，教师采用种种激励手段，调动学生的内部心理机制，激发他们的动机、兴趣、情感，使其积极地投入智能活动中去，从而取得更好的成效。一般的激励有两种方式：一是物质激励，一是精神激励。在学校教学中，我们可以将这两种方式结合起来运用。

所谓渐进性原则，就是强调素质教育不能急于求成，教师要考虑到学生的接受能力，循序渐进地进行。在教学过程中，教师可先针对每个学生的特点，制订相应的培养计划。在每个计划中，首先确定一个较长远的心理素质发展目标，然后将这一总目标分解成若干小目标，将它们按顺序排成一个序列，让学生每一阶段达到某一个小目标，这样一步一步，直到所有的目标都得以实现。

7.3.3 心理素质教育的课外活动原则

1. 趣味性原则与独立性原则

课外活动与课堂教学的一个显著区别，就是前者通常依照自愿原则，因而更依赖于学生对活动本身的兴趣。如果学生不愿参加，或者对活动不感兴趣，那么他就不可能从活动中受益。趣味性原则就是要求在开展课外活动时，应尽可能使其内容丰富多彩，形式多种多样，以适应学生多方面的兴趣。课外活动的组织和安排应该打破班级界限，而由学生凭兴趣自由选择。

同课堂教学相比，课外活动是发挥学生独立自主精神的最好场所。独立性原则就是让学生独立自主地组织和安排课外活动，成为课外活动的真正主人，教师应退居第二线。

人们应认识到，课外活动不是课堂学习的延续，它应该具有相对的独立性。

2. 创造性原则与实践性原则

在课外活动中坚持创造性原则，就是教师要让学生在自己制订活动计划、安排活动内容、考核活动结果的过程中，开动脑筋，积极探索，发挥创造性的想象和思维，从而大大地提高创造能力。可见，在课外活动中，人们有更多的机会和条件来发挥和施展自己的才能，从而使自己的心理素质得到不断发展。

课外活动有利于手脑结合，也有利于理论和实践的结合，因而在课外活动中必须遵循实践性原则。这一原则要求，学校应该广泛开展课外活动，让学生有更多更好的机会学会动脑和动手。在掌握科学知识的基础上积极地解决实际问题，而反对教师越俎代庖，包办一切。众所周知，心理素质是在实践过程中形成和发展的，不经过实践，心理素质就将停滞不前。

7.4 大学生心理特征

7.4.1 大学生一般心理特征

我国大学生的年龄绝大多数处于青年中期，少数处于青年后期，只有极个别的（如少年班学生）处于青年初期。他们的心理特点既不同于少年，又不同于成年。他们丢掉了少年的幼稚性，但是还不具备成年的成熟性，呈现出由少年心理向成年心理过渡的状态。对这种心理状态，可以用"过渡性心理"或"前夜性心理"（即成熟的前夜的心理）来描绘。"过渡性心理"或"前夜性心理"的最大的和最普遍的心理特点是——发展中的矛盾性。大学生心理发展的总趋向是走向成熟，但是，在走向成熟的过程中，他们的心理不仅蕴涵着矛盾和冲突，而且充满着矛盾和冲突。这主要表现在以下三个方面，即大学生心理水平的二重性、心理倾向的二重性、心理素质结构的二重性。

1. 大学生心理水平的二重性

大学生主要处于青年中期，其心理发展水平的最一般特征是二重性，即正在迅速地走向成熟，但是又未真正完全成熟。目前在校大学生一般年龄在 17～23 岁。他们的生理发展虽然在有些方面还会有所增长，但基本上已经成熟。生理成熟促进了心理的成熟，大大加快了心理成熟的过程，但认真分析就会发现，他们的心理并未真正完全成熟，即使直接受生理成熟影响的某些心理也不例外（如尚不善于处理异性关系等）。这就造成了大学生心理发展水平的特殊的二重性状态，比如他们已经达到法定的成年人年龄，他们进入大学学习，对许多事情均有自己的见解，因此，往往以成人自居，说话做事带有成人的味道。然而，他们的心理确实未达到成人水平，特别突出表现在对待社会政治问题上，往往带有只知其一、不知其二的"幼稚的深刻性"。有人认为，他们只能是"准成人"。如果以人生观建立作为心理成熟的标志，那么，大学生的人生观正处于积极建立和尚未最后建立的过程中。走向成熟和尚未真正完全成熟的心理状态，是大学生心理向前发展的根据和基础，同时，又是其他心理特征产生的原因。

2. 大学生心理倾向的二重性

所谓心理倾向的二重性，是指大学生心理倾向具有积极方面，又具有消极方面。在四年的校园生活中，大学生的心理迅速走向成熟，一般具有积极的方面，这是大学生心理倾向的主导方面。但是，由于大学生的心理尚未真正完全成熟，其不成熟性所具有的不足和弱点，便构成了心理的消极方面，而且某些可能属于积极方面的特点，由于不成熟性的制约也可能产生出消极的特点和表现。

1）大学生积极心理倾向

一是富于理想。大学生的心理处于由青年期到成年期、由不成熟到成熟的过渡阶段，未来必将到来，而未来又是极不确定的。这时，他们对社会和人生的认识能力也有明显提高。因此，他们一般都爱探讨社会的发展和个人的前途，并以满腔热情去展望未来。他们富有理想、向往未来、追求真理，有积极向上的强烈要求。从发展心理学的角度说，这时是对他们进行正确思想教育的最好时机。二是热爱生活。大学阶段，他们出现大量类似成人的新需求，并希望获得充分满足，具有追求美好生活的强烈愿望。他们希望自立自强、追求新知和理论、关心祖国、渴望成就、热衷丰富多彩的课余活动、向往真诚的友谊和高尚纯洁的爱情。对此，他们不仅具有希望，而且满怀信心。三是朝气蓬勃。他们处于身体成长和生理机能发展的高峰期，浑身有使不完的劲，而且，他们也自觉到自己的青春活力和巨大的能量。这种充沛的生理能量，经常表现为朝气蓬勃、奋发有为的心理特点，如果在正确的理想和信念的支持下，则能产生不怕艰险、勇往直前和持续拼搏的积极性。四是情绪强烈并有所控制。一方面，大学生的需要丰富，而且比较强烈，经常会激起强烈的情绪。另一方面，他们控制情绪的能力正处于由弱变强的发展之中。他们控制情绪的能力虽然仍然不高，但总比青年初期有所增强，具有积极的意义。五是抽象思维迅速发展。大学生由于学习的知识越来越多，受到的思维训练越来越复杂，因而，抽象思维的能力获得了突飞猛进的发展。同时，思维的辩证性、发散性都有了新的提高，加上丰富活跃的想象力，促进了思维的活跃性和创造性，因而产生了积极的创造欲和成就感。六是自我意识有了新发展。由于社会对他们的期望较高，教育的影响较深以及身心发展迅速，促使他们的意识达到了新的水平。这使他们加深了对自我的认识，增强了自尊、自立、自律和自强的信念。七是更善于人际交往。大学生比中学生更少受家长的直接约束，人际关系明显扩大了，经验增多了。他们十分珍视友谊，不再以偶然机遇为基础，而往往以长期观察和相互了解为基础。愿意与异性交往，对爱情一般比较迫切，开始了恋爱的尝试。

2）大学生消极心理倾向

一是易于轻信似是而非的理论和理想。他们富于理想，向往未来，追求新知，但是，又缺乏理论基础和社会经验，往往容易"以新为美"，对凡是未见到过的理论或理想皆极感兴趣，容易做所谓"新思潮"的盲目追随者。二是容易造成失败或挫折。他们热爱生活、兴趣广泛，但往往不顾条件允许，急于满足需要，极易造成失败或误入歧途，使身心遭受挫伤。三是滥用充沛的精力或蛮干。他们精力充沛，但往往使用不当，或者不顾条件和可能地蛮干，或者用在不该从事的活动上，或者使用精力过分，均可能产生事与愿违的结果。四是容易感情用事。情绪强烈、热情高涨，属于积极的心理倾向，但如果缺乏理智和自制力，则将成为感情的俘虏，走向反面。大学生特别在政治活动、人际冲突和与异性交往中容易感情用事，铸成错误。五是因脱离实际而产生思维的片面性。抽象思维迅速发展有利于认识事物，但如果脱离实际，单凭抽象推理和想象，也容易导致片面结论，在实践中遭受挫折和失败，结果或对现实不满、怨天尤人，或者消极泄气，产生自卑感。六是易于片面夸大自我的价值和作用。自我意识有两种发展可能：产生正确的自我观和陷入狭隘的自我观。如果脱离社会与个人的关系，片面夸大自我的价值和作用，必然走向狭隘的利己主义。一些大学生由于过分强调自我而陷入利己主义泥潭。七是易于进行盲目的交往。大学生交际的热情高，又比中学生较少受家庭约束，当没有掌握社会交往的正确准则时，则容易因交际受到腐蚀，甚至走入歧途。

3. 大学生心理素质结构的二重性

大学生由于心理发展处于走向成熟和尚未真正完全成熟的阶段，因此，心理素质结构存在着二重性，即心理素质结构的矛盾性和冲突性。这种矛盾性和冲突性既是大学生各种复杂心理现象产生的原因，又是大学生心理发展、走向成熟的动力。具体心理素质结构矛盾如下。

（1）理想与现实的矛盾。大学生富于理想，向往未来，追求完美，基本上是个理想主义者，而现实却是真善美与假恶丑并存，距理想差距甚大，这往往导致他们的挫折感、失落感，以至对现实的不满情绪。

（2）情感与理智的矛盾。大学生的需要丰富而广泛，并且总是迫切追求满足，但是实际上不可能都得到满足。这就产生了需要与满足的尖锐矛盾。在这种情况下，一些大学生往往知道怎样做是对的，但却无法用理智控制自己，情感有余而理智不足。这常常使他们铸成大错，追悔莫及。

（3）强烈求知欲与识别力低的矛盾。大学生的求知欲极强，对知识的需求如饥似渴，然而分析与识别能力不足。他们的吸收能力大于分辨能力，这就造成了他们在各种错误思想面前，盲目吸收，受到腐蚀的现象。有的人虽然深受其害却仍津津乐道。

（4）独立性与依赖性的矛盾。大学生成人感强，企图竭力摆脱家长的约束，寻求独立，可是，他们身上的依赖性仍然很强，并未能真正独立。这一方面因为他们在经济上还必须依赖家庭；另一方面在少年儿童时期形成的依赖心理并没有完全消失。他们入校后在生活上不适应、学习上不适应等，都是与他们的独立性相矛盾的。

（5）闭锁心理与交往需要的矛盾。大学生由于自尊心强和自我意识的发展，不愿将内心的秘密外泄。这就造成了一定时期的心理闭锁性。他们虽然生活于父母亲人和师生之间，却感到缺少可以向之吐露心声的人，产生了孤独感。然而，他们内心中却存在着强烈的交往需要。这就产生了难以排解的内心矛盾和冲突，严重的会产生压抑感或精神问题。

（6）强烈的性意识与婚恋观缺欠的矛盾。大学生的性发育已完全成熟，性意识很强烈。加上在大学里，男女青年十分集中，有谈情说爱的极好条件。所以，谈恋爱现象比较普遍。然而，一些同学由于缺乏正确的恋爱观，在两性关系上不够严肃，有的产生了恶劣的后果。强烈的性意识与婚恋观上的缺欠构成了尖锐的矛盾，迫切需要引导和教育。

大学生心理上产生这些矛盾是很苦恼的，非常渴望获得人们的同情、理解和帮助。这些心理矛盾可能成为他们心理发展的障碍，也可能成为他们心理发展的动力。因此，作为教育者，必须理解他们，及时给予热心的关怀和指导，使其内心的矛盾体验化作心理发展的巨大动力。

7.4.2 大学生特殊心理特征

大学生的心理是一个多层次、多系列的复杂结构。研究大学生的心理特征，除了要从整体上研究大学生的一般心理特征外，还有必要从某些方面进一步研究大学生的特殊心理特征。

1. 大学生心理发展的阶段性

大学生在四年生活中，心理发展呈阶段性变化，基本表现为三个阶段，即一年级、二、三年级和四年级。在每个发展阶段上，大学生的心理都有不同的特征。

（1）一年级。这是由中学生活到大学生活的转换期，也是由心理不适应到心理适应的转换期。这个阶段大学生总的心理倾向是积极、热情、充满信心的，但是，由于生活环境、学习方式、师生关系的不适应等，也产生了许多尖锐的心理矛盾和冲突，如自豪感与自卑感的矛盾（中小学时代的成功和荣誉，使其有明显的优越感和自豪感。而大学生中的群英荟萃局面，又使一些人丧失信心，产生自卑感）；希望与失望的矛盾（入校前，他们往往把大学想象为"天堂般的美好"，可是，入学后却发现大学既没有天堂般的美好，又没有中学时的单纯，于是，产生了失望的情绪）；轻松感与压抑感的矛盾（刚入大学普遍有一种轻松感和"喘口气"的想法，可是马上对倾盆大雨式的学习感到不适应，产生压力和难以摆脱的苦恼）。

（2）二、三年级。这是大学生活适应期，也是大学生活全面发展和深化的时期。他们摸清了大学的生活规律，变得积极、主动了。但是，他们的思想和学业开始了分化和转折。许多学生世界观和人生观趋于稳定和定型，许多学生变得积极上进、思想活跃、兴趣广泛、奋力拼搏，而有的学生则思想消沉、胸无大志甚至走上错误道路。

（3）四年级。这是大学生活的结束期，也是从大学生活到社会工作的转变期。他们的世界观基本形成，学业基本定型，心理与成人接近。这一时期大学生的心理有紧迫感（临近毕业觉得有好多事没有做完）；忧虑感（担心就业不理想，出去工作不适应）；焦灼感（集体感松弛、做事无心、坐卧不安）。在这种情况下，如果引导得好，能够抓紧这段时间取得新的成绩，善始善终，顺利走上工作岗位；如果引导得不好，还可能出现许多意想不到的问题。

2. 大学生的自我意识

所谓自我意识是指一个人对于自己的意识。自我意识是一种多维度、多层次的心理系统。大学生的自我意识虽然并不完善和成熟，但是，已有了较高的发展水平。这表现在：第一，能够经常地进行自我意识的分化和统一。他们的自我意识已经分化为主体的我（即观察者的"我"）和客体的我（即被观察者的"我"），理想的自我和现实的自我，并能够用"主体的我"和"理想的我"去观察、分析和统一"客体的我"和"现实的自我"。第二，自我评价比中学时代更符合实际，对自我形象的认识也更具全面性和完整性，但是，他们有时对自我的评价仍爱犯偏高或偏低的毛病。第三，自我情感体验丰富，敏感性强，有明显的波动性。第四，自我控制的能力比中学生明显增强。他们有强烈的成人感，厌恶依赖性和幼稚性，有自我设计的积极愿望，希望自立、自律和自强。因此，教师要引导大学生自觉进行自我教育，以社会发展的规律和社会利益为准绳，正确地认识自我，对待自我和完善自我。

3. 大学生的需要

需要是个体缺乏某种东西的紧张状态。它是个性积极性的源泉。大学生的需要结构有自身的特点。这表现在：第一，大学生的需要是丰富多彩的，但是，基本的需要可概括为六类：生理需要、安全需要、交往需要、尊重需要、发展需要和贡献需要。第二，大学生的六类需要强弱不同。其顺序是（由强至弱）：发展需要、尊重需要、交往需要、贡献需要、安全需要和生理需要。在多次调查中，大学生均把"发展需要"中的"求知需要"列做第一位，把"尊重需要"中的"成就需要"和"自尊自立需要"列在前面。这说明大学生需要的层次较高，具有积极向上的巨大潜力。第三，虽然从总体上看大学生需要的顺序是从发展需要至生理需要依次降低，但是，在调查中均有人把六类需要中的任何一种列为第一位。这说明大学生的需要结构具有差异性特点。

4. 大学生思维的发展

大学生的思维具有比中学时更高的抽象概括性，理性思维正在形成，辩证逻辑思维达到了较高的水平，并在积极发展抽象思维的基础上，进一步发展了思维的独立性、探索性和发散性。第一，思维的独立性。大学生爱独立思考问题、分析问题和独立寻找问题的答案，不迷信权威，喜欢争辩。这说明，他们思维的独立性获得发展。这应当予以鼓励，但是，也应注意引导他们正确对待已有的知识，防止将独立思维变成"脱缰野马"。第二，思维的探索性。大学生知识的积累、强烈的求知欲和好奇心，以及献身科学事业的精神，推动了他们对未知事物深刻探究的积极性。他们不仅对未知事物热心探索，而且对已知事物也表现出重新探索的积极性。这是创造性思维的动力所在。第三，思维的发散性。大学生的发散性思维得到了发展，每遇问题能发散出多条思路，想到多种可能和方案，进行多维的思考和分析，显示了思维的全面性和灵活性。这是创造性思维的基础。当然，大学生的发散性思维尚显不足。发散性思维的三个标量——流畅性（按照问题的方向发散）、变通性（向不同的方面发散）、独特性（以新的观点，重组思维空间发散），以流畅性最好，以变通性次之，而以独特性最差。因此，在大学阶段，学生应在流畅性的基础上，下功夫培养思维的变通性和独特性。

7.5 现代大学生心理素质教育结构构建

"教会学生如何做人"是大学教育应该完成的根本培养目标和任务。"学会做人"最为重要的就是教育培养的教育主体具有健康的心理素质和健全的人格品质,而人格的核心在现代社会来讲是诚实、守信、有骨气。在这个意义上,健康的心理素质的培养是现代大学教育的基础和最为关键的教育内容。

心理学把人的复杂的心理现象分为三个范畴,即心理过程、心理状态和个性特征,并从三个不同的方面及其相互关系来研究人的心理活动。

心理状态是介于心理过程与个性特征之间的一系列特殊心理现象的总和,是心理因素有机结合的组合体。心理状态既包含在心理过程和个性特征之中,是心理过程和个性特征的直接表现,但又并不就是心理过程和个性特征本身。心理状态是心理过程与个性特征之间的中介。心理学方面的学者认为心理状态可以分为以下三大类。

一是认识过程中的心理状态,如惊讶、疑惑、确信、好奇心、求知欲、顿悟、定势等。二是情绪和情感过程、意志过程中的心理状态,如情感状态(应激、激情、心境、热情)、意志状态(动机冲突、果断、犹豫、克制、追求)、注意状态(专心、分心)等。三是综合的心理状态,如情感、疲劳等。

任何一种形式的心理状态都具有一定的综合性,就是说,心理状态既具有各种心理过程的成分,也带有个性特征的色彩。我们把心理状态分为三类,就是按其成分的主要倾向来划分的。

7.5.1 现代心理素质

实践告诉我们,心理的健康并没有什么绝对的标准。事实上,它是一个动态的概念。

在现代化社会中,个人的心理现代化的程度也是衡量其健康与否的重要标志。现代科学技术的飞速发展以及随之而来的生活方式的变化,特别要求人们能欣然接受和迅速适应生活方式的改变,成为具有创造性智慧和新思想的人。实践证明,一个国家的落后和不发达不仅仅表现为一系列社会经济统计指数,还表现为一种国民的心理状态。一些学者在研究了许多发展中国家追求现代化的坎坷道路之后强调指出:人的现代化是国家现代化必不可少的因素,人的心理状态的现代化并不是现代化过程结束后的副产品,而是现代化制度与经济赖以长期发展并取得成功的先决条件。在现代人们的新观念中,人的质量已成为当代全球性问题以及人类文明面临的那些困窘问题的思考中心。而国民的心理状态、人的现代化和人的质量很大程度上又都与这个国家的文化传统和民族精神有直接联系。

在当代的社会生活中,现代化机构和制度鼓励其工作人员努力进取,讲究办事效率,积极主动地承担责任,严格遵守操作规程和纪律。现代国家,要求它的全体公民关心和参与国家事务和政治活动。但是,由于中国长期处于封建社会,经济落后,自给自足的自然经济占有很大的优势。因此,在我国众多的人群中,就有不少人具有"传统人"所广泛具有的那些特征,害怕、恐惧革新和社会变革,不信任乃至敌视新的生产方式、新的思想观念;被动地接受命运,盲目服从和信赖传统的权威;缺乏效率和个人效能感;顺从谦卑;缺乏突破陈旧方式的创造性想象和行为;凡事总要以古人、圣人和传统的尺度来衡量判断,一旦与传统不同,便加以反对和诋毁;对公共事务漠不关心,与外界孤立隔绝;妄自尊大;凡于眼前和切身利益无明显联系的教育、学术研究都不加重视或给予蔑视和排斥等。所有这些,严重地束缚着人们去适应现代化的要求而发挥自己的潜能。可见,人的心理状态的现代化必将是一个长久的历史过程。

7.5.2 现代心理结构

心理状态的现代结构,主要是指心理因素的现代化,包括认识品质、情感品质、意志品质、个性心理特征等几个方面,以及这些心理状态能够适应现代化生活的特点。

我国学者认为,心理状态的现代结构有以下几个方面。

第一,准备和乐于接受新的生活经验、思想观念和行为方式。这是一个首要因素,它指的是一种心理倾向,这种倾向可以以不同的形式在不同的环境下表现——愿意服用新的药物和采用新的卫生方法,愿意采用新的种子、农药或新的耕作方法,愿意结识新的不同的人等。虽然个人或团体常在生活的某一领域或方面表现出乐于接受新事物的程度,比在生活的另一领域对待新生活的方式和态度要强一些,但均在不同程度上表现出了准备和乐于接受新的生活经验、思想观念和行为方式。

第二,尊重并愿意考虑各方面的不同意见。一个心理现代化的人对各方面的不同意见,甚至反对的意见,都能有所尊重并有所理解,加以认真地考虑、取舍。他不会去要求所有的人都必须和自己的看法一致,也不唯恐别人的不同意见会推翻自己的看法而对它不遗余力地施加攻击和否定。同时,具有现代心理状态的人也不会盲目地接受地位比自己高的人的意见,他愿意同上级交换看法;他也不会因为别人的地位低于自己,而不肯接受和听取他们的意见。

第三,有强烈的个人效能感,对人和社会的前途、能力充满信心。现代人相信人的力量,相信自己的力量。坚信人能认识自然、利用自然,进而改造自然,坚信人类能够解决自身的问题。相信自己有能力和他人合作来克服生活中的困难和迎击挑战。同时,办事讲究效率。反对以敷衍的态度对待工作,注重现在,守时惜时。

第四,可依赖性和信任感。心理现代化的人对于"他生活的世界是可依赖的"与"可以信任他周围的人和社会组织能够实现他们的任务"这两个方面,怀有较大信心。他不赞同事事均由命运决定或生来不可改变的宿命论观点,他更信赖人类的理性、信念的力量和由理性、信念支配下的社会,更信赖他人。

第五,新的公民感。心理现代化的人不像传统人那样相信平均就是公平。他更倾向认为:公平是以技术和贡献为依据的分配。因此,他们重视专门技术,具有愿意根据技术水平高低来领取不同报酬的心理基础。

第六,相互了解,尊重他人和自重。心理现代化的人更注重人际间的相互了解,他们尊重他人的权利和自尊,尤其对相对弱者如妇女、儿童,能给予更多的保护和尊重。

第七,主动性。心理现代化的人在工作中有更多的主动性,不是消极被动地做上级分配给他的工作,而是积极有效地了解本职工作以及与此相关的生产过程和原理、生产的计划和部署，表现出个人期望在认识客观规律的基础上发挥自己的才能和创造力、热爱自己的事业以及对自己从事的工作怀有极大兴趣的特点。

7.5.3 现代大学生心理素质养成

目前构成大学生群体中的个体，大多是"独生子女"，由于我国社会经济的快速发展，普通家庭经济收入及生活质量获得了快速提高，他们几乎是在父母的精心呵护甚至溺爱中成长起来的一代人，生活无忧无虑，缺乏人生历炼，因而，独立意识较差，不少大学生缺乏"巅峰体验"，没有全力以赴去做某些看起来不可能事情的意识。因此，现代大学生在大学学习阶段接受一些成功学方面的知识及训练是很必要的。

1. 当代大学生需要高度重视培养成就动机——"努力＋动机＋智商＋机遇=成功"

目前在成功学研究方面最有影响的国家是美国，其中最负盛名的成功学研究者有：卡耐基、拿破仑·希尔、斯蒂芬·柯维、奥格·曼狄洛、乔·吉拉德等。美国成功学家的研究理论提出，成功是以物质名利和内在的心灵同时达到获得与满足。并认为，追求成功路径是在健康心灵的基础上获得认同感和肯定感，在健康和幸福的基础上追求成功。其中，著名的乔·吉拉德在他的成功学专著《怎样迈向巅峰》中，总结了成功的六个简单条件：①耐心。胜利属于耐心等到最后一刻的人；机会总在最后一刻才出现。②考虑周密。凡事三思而后行，要考虑事情的每一层面，不要随意跟着潮流走。③毅力。要有坚韧不拔的毅力，眼光永远盯紧目标，不轻易放弃梦想。④朋友。在你追求成功的旅途中，孤军奋战是不行的，朋友能够为你提供帮助。⑤团队精神。如果你身边有很好的团队，如果你想要融入团队里面，你就必须有良好的团队精神和人际沟通能力。⑥拓展人际关系网。当你的社交圈子不断扩大，你需要建立一个关系网。如果你留给别人良好的印象，并且恰如其分地与人交往，那么你就会有一群好朋友，甚至不需要召唤，他们就会主动与你联系。

美国心理学家麦克里兰提出的"成就需要理论"，其要点有二：①具有高度成就动机的人的数量和质量是一个社会组织宝贵的资源；②具有这种高度成就动机的人是可以培养的。

无可否认，当代大学生人人都想成功，它作为一种理想和追求源于内在的心理动力，但是，最终能否成功，与一个人的心理素质有着密切的联系，历史上有成就的人，以及现实社会的成功者，无一不具备良好的心理素质。

2. 保护而不要污染自己的小环境

人的社会性决定了人是生活在一定群体关系的组织内的。个体在社会组织中存在着两层基本的关系，其一，个体的人与人之间的关系；其二，个体的人与组织群体的关系。这种人际关系氛围就构成了个体社会生活的小环境。成功学理论中揭示出了一条规律，大凡成功者，都善于营造和保护自己的小环境，只有如此，才能赢得大多数人的支持与帮助，否则与成功无缘。美国国家科学研究委员会一份关于大学生教育问题的调查报告指出：人际交往能力和专业成绩相比，如果前者不是更加重要的话，至少是同等重要。[①]日本大型企业在录用大学毕业生时，注重独立人格甚于学习成绩。大学环境或大学氛围，十分有助于大学生的进一步社会化，所谓社会化，是指人际交往范围的扩大化和人际交往心态的成熟化。大学生在大学学习阶段，应以健康的交往心态，营造有利于自己的健康的人际关系网。"天时不如地利，地利不如人和"这是中国一条有名的古训，并早已深入人心。在中国流行几千年至今仍备受推崇的儒家文化，其核心思想"仁"就是从"人"从"二"，"二人"也，即人与人之间的相互统一，它是建立在人与人之间的情感、心理相融合的基础上的。孔子提出"克己复礼为仁""仁者，其言也讱"，它的主旨意思是人要不断磨炼自己意志和品格，去适应各种环境，与他人建立和谐的关系，并且强调恭敬、宽大、谦让，不与环境、他人发生冲突。今天的大学生，应该学习中国传统的古典文化，从传统文化中吸取有利于自身健康成长的文化思想养分，并与现代文化思想进行有机融合，逐步健康成长。良好的人际关系包括沟通能力、合作能力和主动关心别人的意识。关心他人、关心集体在某种意义上讲是在更好地关心自己，只有如此才能有效保护自己的小环境，一个孤芳自赏的人不可能成为现实生活中的成功者。

3. 善待失败

现实生活的复杂性和社会生活的多层面性与不确定性，决定了人一生中不可能一帆风顺，也决定了不是每一个追求成功的人都能如愿以偿。正确面对现实社会的挫折，站在顶峰的总是少数人，成功是相对的，成功感也是相对的。人生难免有很多挫折和暂时的失败。失败与成功有着密切的联系，"失败是成功之母"的名言，深刻揭示了成功与失败之间的关系。就一般而言，追求成功的人，必须善待追求成功道路上的暂时失败，善待失败，就是获取成功的良好开端。古往今来，许多伟人与名人，都曾陷入过逆境，但是他们都能从失败的困境中奋起，把失败变成了获取最终成功的动力。大学生，作为国家和社会的未来人才，肩负着民族和国家的使命，树立远大的理想和抱负，为祖国现代化建设事业建功立业，不仅是社会对青年大学生的希望和要求，也有利于大学生进入职业生涯的健康发展，追求事业的成功。因而，大学生应从失败与成功命题的辩证关系中汲取人生生存和发展的智慧。面对暂时的挫折与失败。应该做到以下几点。

（1）重视自己，接纳自己。如果不能接受自己，就不能真正发展自己。也就是说，不应该完全否定自己，而应正确分析自己，失败难免，既不可悲，亦不可怕，应从失败中汲取经验教训。要总结自己失败的经验教训，就应该把重点放在总结自己不足和失误上，同时也应分析自己的优势和潜力，对最终成功充满信心。

（2）要有坚韧不拔的恒心和毅力。具有这种精神的人，本身就表明具有良好的、稳定而成熟的心理素质，同时更需要一个从失败走向成功的正确的行为模式：集中精力去做手头的事并尽力做出最好的结果，当在某个问题上无法取得进展时，要有一种补偿能力，即开辟新的发展领域；当处在下阶段时，一定要稳住。一个人遭受挫折和失败时，

[①] 李秀易，马子刚. 中国当代民航飞行学员心理素质与家庭背景关系调查研究. 中国民航飞行学院学报，2010，21（4）：11-15.

往往情绪消沉甚至恶劣,产生烦恼,失望乃至绝望,容易意气用事,从而受到新的挫折和失败,这是一个恶性循环,这不仅于事无补,反而会毁了自己,这一点,对于大学生来讲是应该力诫的。对于一个心理素质良好和健康的人来讲,在暂时受挫和失败时应该保持沉着和理智,即有一颗"平常心"。可以说,在现代社会中,竞争无处不在。有竞争,相应就有胜败两种截然不同的结果,对于一个具备良好心理素质而又有着远大抱负和追求的人来讲,暂时的受挫和失败无论如何都要输得起,只有如此,才能成功。

7.6 阅读材料及思考与实践

7.6.1 精选案例

创业成就梦想

——记陕西国际商贸学院优秀校友王小友

王小友,男,汉族,1982年3月生,甘肃天水人。陕西国际商贸学院信息工程系计算机信息管理专业2006届毕业生,第四届陕西高校大学毕业生建功立业先进事迹报告团成员。

王小友在校期间担任商院棋社社长,在学生社团的管理和建设中得到了历练,并先后创办"阳光书社""西部未来读书社",通过书籍租赁、工具书和教材销售,赚得人生第一桶金。借助敏锐的市场洞察力,2008年,斥资30余万元创办盛大职业技能培训学校。2010年下半年至今累计投资200余万元创办成运驾驶盛大驾驶分校。2014年创办锦纯商务宾馆。下辖产业解决了80余人的就业问题,年利润100余万元。

1. 在大学时期,积极参加各种活动,提升自信心

王小友家在甘肃省天水市甘谷县,他的家里有一个哥哥、一个姐姐,他排行老三,父母都是地地道道的农民,整日面朝黄土背朝天,在8亩多责任田里辛勤劳作,日出而作,日落而息,一整年付出的是汗水,但收获的是心酸,家境的贫寒他看在眼里,急在心头,窘迫的生活使他养成了自强自立的性格,他坚信只有努力学习才能改变这种贫穷面貌,只有用知识和智慧才能改变命运!坚信知识改变命运的他从未放弃求学梦,寒窗苦读最终考入了陕西国际商贸学院,圆了他的大学梦。

走进大学校门,王小友如饥似渴地学习,努力掌握专业知识,同时积极参加学校组织的各项社会活动和社团活动,抓住每一个时机,把课堂上学到的知识和实践结合起来,在实践中加深对知识的理解和应用,不断提高自己的创造能力和自信心。还记得他大一的时候,学生会组织了一个主持人大赛,他也想参加,但他一想到自己没有什么特长,普通话不标准,更没有任何经验的时候便怯懦了,怎么办,报名不报名,参加不参加?心里像十五个水桶打水七上八下，但自信心和勇气最终战胜了懦弱。"一定要给自己一个锻炼的机会，不能轻言放弃，人在机会面前丧失勇气，这才是最大的失败"！于是他报名参加了这次主持人大赛。在特长表演、技能展示这一环节，他坚定信心，绝不允许自己打退堂鼓。他提前搜集了各种有趣、幽默的故事资料，自编自演了一段相声，赢得了大家的好评，并获得大赛第一名的好成绩。这次参赛经历使他深刻地体会到，学校的实践活动，只要敢参与，就会有意外的收获。

学生社团组织中的棋社没有社长，他就自告奋勇当上了棋社的社长，他利用课余时间组织大家把棋社活动办得有声有色，在他的影响下，要求参加棋社的同学越来越多。在学校举办的第四届校园文化艺术节上，王小友组织棋社人员积极参与，取得了较好的成绩，使棋社获得"先进社团组织"，他本人获得第四届校园文化艺术节"先进个人"荣誉称号。

这一系列实践活动，为他日后敢于创业奠定了坚实的自信心。

2. 获得人生第一桶金的喜悦

在 2004 年的开学典礼上，学校董事长赵步长教授作《如何从大学生成为百万富翁》的重要讲话，第四军医大学校长、中国工程院院士樊代明作《如何从战士成为科学院院士》的报告，以及学校举行的校友职业生涯报告会，给了他莫大的鼓舞和启示，使他心里久久不能平静，有按捺不住的冲动，他告诉自己一定要闯出属于自己的一番天地来。

有了这个想法，他就从大处着眼，小处着手，在努力完成学业的同时，通过做兼职赚够自己的学费和生活费，为父母减轻负担，逐步积累经验为将来的创业做准备。为此，他利用双休日和节假日兼职做过销售，也做过小时工，在学校销售过电话卡、计算机等级教材、英语四六级教材、英语 AB 级教材等。大三的时候，他和几位志同道合的同学创办了"阳光书社"，同学们需要什么书，就进什么样的书。一次，陕西服装工程学院教务处的老师找到书店，要求为他们提供教材，这对于他来说是一个极好的销售机会，他积极配合，精心采购，送书上门，得到了有生以来最大的收益。这一批教材挣了一万多元，挣到了创业的第一桶金。这次成功的销售使他不但体会到了创业的乐趣，也更加坚定了创业的决心和勇气。

3. 毕业后，创办了"西部外来读书社"

与同学合伙开办"阳光书社"使他收获了一定销售经验，也有了一定资金积累，他的学费生活费也都有了着落。但他并没有满足现状，2006 年毕业后投资 2 万多元创办了"西部外来读书社"，书社主要业务就是卖书和租书。

"西部外来读书社"共有 2 万多册书，有些是他买来的，有些是租来的，销售最多的是学生经常用到的工具书。为了扩大业务，了解学生的需求，他经常主动去学生中间，和同学们交朋友，掌握同学们的购书动向，及时把他们需要的书籍送上门。凡是同学们需要的书，他都能按时送到，有时为一本书也要做到保质保量按时送到，绝不违约，由此取得了同学们的信任，为书社赢得了良好的信誉。

创办"西部外来读书社"最麻烦的事是经常要去西安批发市场采购新书。当时他没有车,购书不方便,每次只能搭乘公交车,靠大包小包肩扛人拉,其中的辛苦可想而知。为了减少开支,这些事经常都是他自己亲力亲为。

除了经营好书社外,他意外地接手了一家理发店的生意。2007年,得知一家理发店准备转让,他抓住机会投资5万多元把这家理发店盘了下来。为了不使原理发店六名员工失业,他决定继续雇用这些人员经营理发店。接手以后他先从提高服务质量、提高业务水平和服务水平入手,从办让顾客满意的理发店这一理念出发,通过踏踏实实、勤勤恳恳的精神和高质量的服务,赢得了不少回头客,新理发店开业后生意红火,每月增加收入5000多元。

4. 购买60台电脑,创办"盛大职业技能培训学校"

机会永远属于那些有准备的人。一次偶然的机会,他在和一位朋友交谈中得知这位朋友曾经担任过一家培训学校校长的经历,他的讲述引起了王小友涉足教育行业的想法,他把想法告诉了这位朋友,结果他们谈得很激烈,很投机,共同的兴趣和理想,使他们办教育的想法不谋而合。

投资教育事业的创业开始起步。2008年年初,他忍痛割爱,把经营了两年的"西部外来读书社"和理发店转让给别人筹措资金30余万元,购买了桌椅、办公用具和60多台电脑,租用500多平方米的地方,他的"盛大职业技能培训学校"就这样诞生了。

办学伊始,举步维艰,不知吃了多少苦,受了多少罪。但是,他始终瞄准在校大学生的需求,保证教学质量。为请到好的培训教师,他舍得投资,从西安交通大学、陕西科技大学、西北工业大学、西北政法大学等高校聘请一些知名老师授课。他把在上大学时学到的管理理念和方法运用到职业培训教育管理中,结合实际进行改革,让管理更能贴合实际,提高教学服务水平。每天看到排队前来上课的学生使他感到肩上的担子很重,"让每个学员成才"就成了他奋斗的目标,他以抓教学管理为突破口,努力提高教学质量,为学校的发展奠定了良好的基础。

科学的管理、严格的教学质量显现出巨大的教学成果,前来报名的学员越来越多。巨大的需求使他萌生了扩大办学规模的想法。他大胆任用人才,在员工中选拔管理干部,采取加盟等形式扩大经营规模,2009年,他在西安、咸阳、汉中、宝鸡等地联系加盟学校和创建新的教学基地。截至目前他已建立了铁干院培训中心、思创培训中心、陕科大语言培训中心、咸阳美佳计算机培训学校、西工院培训中心、咸阳师范培训中心、盛大职业技术培训学校7个直营学校,各分校采取统一品牌、统一师资调配、统一教材、统一授课模式、统一投诉系统、统一教学服务、统一教学管理制度的办学标准,开设财会类、计算机类、建筑类、各种资格认证类、普通专升本、考研等20多个培训项目,针对各类认证考试进行考前重点和特色培训,为大学生提供了量身定制的"一揽子"认证培训方案。

经过一番努力，学校员工从最初的几个人发展到现在的 80 多人。2012 年底，学校共计培训 5 万多人次，数万名学员经过盛大教育的培训走向了人生成功之路。

5. 拥有 26 辆普桑汽车的驾校拓宽了他的创业规模

2010 年下半年，他发现培训班的学员中参加驾校培训的人特别多，学员报名的驾校和培训班离得较远，他们通常上完课还要赶到驾校练车，来回折腾很不方便，于是他又萌生了创办驾校的想法。既然学员对学习驾驶技术有这样大的需求，为什么不抓住这个机遇办一所驾校呢？于是他决定投资驾校，先后投资金额累计 200 多万，陆续购买了 26 辆崭新的普桑小轿车和一辆运输车，成立了咸阳运输职业技能培训学校分校——盛大咸运驾校。

咸运驾校由他独立经营，自负盈亏，目前有 26 名教练和 12 名管理人员。驾校的成立使他的创业规模进一步扩大了，也为那些渴望尽早掌握汽车驾驶技术的人提供了方便，驾校每年能够培训驾驶员 3000 多名。

"人不能活在昨天，要着眼于今天，更要梦想于明天"这是王小友的座右铭。创业的实践使他越来越成熟，一步一个脚印，一步一步靠近梦想，他走得实在，走得踏实，他还想继续走下去，还想创造新的辉煌。他说："虽然我今天获得了一些成绩，有了自己的追求和事业，然而人生的道路还很长，我还年轻，我要继续努力，为社会做出更大的贡献。"

7.6.2 精选故事

创业之星罗明

罗明，男，1978 年 12 月生，中共党员，陕西理工大学（原陕西工学院）2001 届电子与信息工程专业毕业生，工学学士。现在读西北工业大学硕士研究生，专业方向为计算机网络、软件工程。

罗明在校期间，除认真学习本专业的课程外，还辅修工商管理专业，均取得了优异的成绩。课余，他把大量的时间和精力都投入计算机软件开发中去，成立了"陕西智恒软件开发公司"，为汉中的经济发展做出了应有的贡献，在全社会产生了较大的反响，引起了软件行业的重视，为就业打下了良好的基础。罗明在校期间还担任院学生会主席一职，社会工作虽占去了他大量的课余时间，但正是这种经历，锻炼了他的组织工作能力，培养了他的团队精神，为他日后的创业集聚了才能。

工作后，罗明同学以敏锐的视角捕捉创业的机会，短短两年，就取得了初步的成功。我们祝愿罗明同学在今后的创业道路上走得更好。

初 试 征 帆
——我的创业之路

从小学到高中，我有着 9 个学校的经历，这其中的缘由许许多多，总之是需要转学的。父母都是本分的普通工人,工作的调动经常会让父母对我的上学束手无策;有时候学校需要熟人介绍,还需要加收借读费,对于我们这样一个家庭,有时颇让家人感到为难。现在,大部分转学的原因和过程我已经记得不太清楚了,但有一次的原因对我走上今天的道路起到了转折性的作用。

记得在20世纪90年代中期,自家孩子能上中专是我们很多山里人的夙愿,在大人眼里,孩子上了中专,就是有了稳定的工作。那时,我有幸考上了西安的一所中专学校,在父母的眼中,我是个争气的孩子。然而,上了半年中专后的我,心中总有一种涩涩的感觉,想想那些大部分上了高中的同学,总觉得好像缺少些什么;再三考虑后,毅然背上铺盖返回我的家乡,决定继续我的高中学习。

我至今都能记起父母的无奈和失望,亲戚朋友的劝说和一些邻居的异样眼光。母亲那些天的忧虑使我至今不能忘记,由于没有档案的缘故,再加上一些学校对我的偏见(认为我是被开除的或至少是出了事情)。我错过了上重点高中的机会,无奈我选择了一所乡下高中,一所从未考上过大学的学校,在家人的眼中,我可能再没有机会出人头地了。由于是个外地人的缘故,我经常被学校附近村上的农村青年抓去,我的很多时间是在帮人收菜籽、锄草中度过的;为了不让父母担心,我常装出一切都很好的样子。然而我的学习可想而知,比起初中的同班同学,他们似乎比我要幸运得多,不能在重点中学学习成了我自卑心理的主要障碍,我曾经失落过,曾经放弃过,甚至决定去学厨师早日到社会上挣钱。幸运的是,我有着永不言输的个性。在我的心中,对得起父母是我最大的心愿。为了这个心愿,我不知道那些日子是怎样度过的;过周末常常是我学习的好机会,只有在家里,我才能真正安心地学习,那种被人欺负的恐惧心理才不会压得我喘不过气来。随着时间的推移,我走进了高考的考场,以省重点线以上的分数成为了那所十一年来都未突破零的学校第一个考上大学的人,改写了父母对我的看法,我幸运地走进了陕西理工大学(原陕西工学院)的大门。

中学时期的磨炼,让我更加明白了要把握眼前的每一次机会;走进了大学的校门,我明白只有主动学习、多掌握技能、多锻炼自己,全面提高个人的素质,才能有机会把握自己未来遇到的更多机遇。在大学期间,我在学好自己专业课程的同时,积极主动地参加学校的社会活动,加入院学生会后,让我更多地受到了各方面的锻炼。

一次偶然的机会,我为学院的一位老师打字,由于做事比较认真,按时完成了所交代的任务。那之后,我常在学院的某教研室使用电脑,对于我来说这是个天赐的良机,有了那台电脑,我晚上就可以尽情学习那个神秘的编程世界。一分耕耘,一分收获,经过了半年多的摸索、学习和教师的指导,我对当时流行的可视化编程工具基本上都能熟练使用,并能独立地开发出完整的软件程序。

在一次为汉中某企业服务的过程中，企业负责人告诉我，其实很多企业目前都缺少管理型软件。这提醒了我，回到学校后，我晚上都沉浸在梦想之中。我想，可以利用当前所学，根据用户的需求，定制或开发符合企业使用的通用型应用软件，并将这些软件商业化，这样就能更多地产生社会效益和经济效益。但如果要商业化这些应用软件，就需要有一个团队，需要有一个公司来承载这些目标和理想。这样，我心目中的一个软件公司就在这种情况下产生了。陕西智恒软件开发公司成立后，我们先后为汉中的一些企业和事业单位设计出了实用的应用软件，并建立了良好的合作关系，特别是在为当地铁路机务段服务的过程中，由于我们开发项目的实用性强，机务段和我们建立了友好的合作关系。在后面的项目开发中，我们结识了许多大型的软件公司，如襄樊的石开科技、上海的巨石软件公司等，使我无论在处理人际关系还是在技术上，都有了更多新的收获。也许是务实的缘故，上海巨石软件公司的老总（戴总）在我大三的第二学期，便要和我签订就业协议，希望我能早日加盟到上海巨石软件公司，还请我到他的上海公司去参观。但当我婉言拒绝了戴总的邀请后，他非但没有生我的气，反而用商量的语气告诉我，我可以在校期间兼职做他们公司的工作，并给了一台东芝笔记本让我使用。

大四那年，当大家都忙于整理自己的简历之时，我还在学校与社会之间奔波。我是按着自己的计划走下去的，刚到社会上接触的第一份工作是在移动通信工程公司，在那里，我学到了很多无线网络方面的基础知识，同时我也没有忘记我的特长，随着机会的成熟，我被提拔为那家通信公司新组建部门的负责人，负责开发一套移动通信方面的软件，后来那套软件在陕西、贵州、兰州等地的运营商那里得到了应用。

第二家公司也是一家通信公司，由于对市场定位的敏感性，我很快被提拔为一个重要部门的总监，在这家公司，我参与到了公司的市场开发、项目的管理和策划。然而，由于读研究生的缘故，我离开了这家公司。

虽然是在上学，但我时刻没有忘记自己的理想，有空就想在外面的公司做点事情。在不经意间，我结识了我第三份工作公司的老总，那时他的公司只有10多个人，一小间房子，业务上几乎没有任何可以赚钱的项目，市场竞争的激烈，让这家小公司面临着重重困难。为了试试自己的想法，我向那位老总请命，希望接受这个企业发展的挑战。在没有更好办法的情况下，老板重用了我，第一个月便有了成效，我很快被推上了公司"二把手"的位置，深得大家的信赖，为我做好团队打下了良好的基础。企业发展策划和培训体系的相对完善，为公司的快速发展奠定了坚实的基础。2004年7月2日，公司由原来的100万扩资到3000多万，员工由10多人扩大到了近200人。公司经过了半年的快速发展，在当年便通过了西安市经济体制改革委员会的审批，成为西安2004年度第二家股份制改革的公司，其规模在西安地区属于互联网业的前两位。

2004年11月，我辞退了所有的职务，撤出了部分股份。随后便和其他几位合作伙伴收购了陕西智博科技有限公司，更名为西安智博计算机技术有限公司，开始了我新的征程。新的公司成立后的当月，公司投巨额建立了自己的数据机房，并收购了西安的一个门户网站，包装改版后重新推出全新的门户网站：西安热线；随后收购了当地的品牌机构：中国互联网工厂、推出了自主产权的搜索引擎：一站通。

随着公司核心竞争力的逐步建立，随之而来的合作伙伴越来越多，先后与西安铁通时代、西安铁通商务、西安华为网络、西安盈科网络、西安世纪网络、西安先锋信息咨询等公司建立了合作伙伴关系。

面前的成绩似乎让人觉得欣慰，但我知道，后面的路还很长，我只不过是刚迈开自己目标的第一步。我不曾想过到达理想实现之时还需多久，但我天天在想，我要不断地努力，不断地进步。在我的人生道路上，我希望能通过我的成绩回报给那些曾经默默无闻支持着我的良师益友们，我会和你们一起共勉，一起努力，一起打造一个崭新的未来。

7.6.3 思考与实践

（1）如何理解心理素质的构成？
（2）如何理解心理素质在素质结构中的地位及与其他素质的关系？
（3）结合自身实际，谈谈心理素质教育有何重要意义？
（4）面对暂时的挫折与失败，应如何调整自己？
（5）克服自己的心理障碍，做一件你之前很难鼓起勇气去做的事情，如当着很多人演讲、写一首诗等。

第8章 大学生创新创业素质教育

故事导读

从大学时代的创新思维到世界500强之路
——联邦快递创业之路

联邦快递（Federal Express）公司成立于1973年，全球总部设在美国的田纳西州孟菲斯，另在中国香港、加拿大安大略、多伦多和比利时布鲁塞尔设有区域总部。目前，联邦快递在全球拥有大约148 000名员工、1 200个服务中心、超过7 800个授权寄件中心、435 000个投递地点、45 000辆货运车、662架货机，服务全球365座大小机场，服务范围遍及全世界210多个国家，日平均处理的货件量多达330万份。联邦快递以其无可比拟的航空路线权以及强固的信息技术基础设施，在小件包裹速递、普通递送、非整车运输、集成化调运系统等领域占据了大量的市场份额，成为全球快递运输业泰斗，并跃入世界500强企业。

联邦快递公司的创立者、总裁弗雷德·史密斯的父亲是位企业家，创立过一家经营得很好的巴士公司。20世纪60年代，弗雷德在耶鲁大学读书时，他撰写过一篇论文，提出一个超越传统上通过轮船和定期的客运航班运送包裹、建立一个纯粹的货运航班、用以从事全国范围内的包裹邮递的设想。这是一个开创性的创业设想。弗雷德在论文中提出，在小件包裹运输上采纳"轴心概念"理念，并利用寂静的夜晚通过飞机运送包裹和邮件。可是老师并未认可这个创新理念，这篇论文只得了C。毕业后弗雷德曾当过飞行员，后来他在可行性研究基础上，把从父亲那里继承的和自己筹措的资金作为本金，建立了联邦快递公司。

实践证明：弗雷德的"轴心概念"的确能为小件包裹运输提供独一无二、有效的、辐射状配送系统。弗雷德的出奇之处不仅在于小件包裹运输采纳"轴心概念"的模式创新，更在于他能够把人们忽略的时间运用起来，把本来是低谷的时段变成一种生意的高峰期。

田纳西州的孟菲斯之所以被选择作为公司的运输中央轴心所在地是因为，首先，孟菲斯为联邦快递公司提供了一个不拥挤、快速畅通的机场，它坐落在美国中部地区；其次，孟菲斯气候条件优越，机场很少关闭。正是由于摆脱了气候对于飞行的限制，联邦快递的竞争潜力才得以充分发挥。每到夜晚，就有几百万包裹从世界各地的 210 多个国家和地区起运，飞往田纳西州的孟菲斯。

成功的选址也许对其安全记录有着重大贡献，在过去的 30 多年里，联邦快递从来没有发生过空中事故。联邦快递的飞机每天晚上将世界各地的包裹运往孟菲斯，然后再运往联邦快递没有直接国际航班的各大城市。虽然这个"中央轴心"的位置只能容纳少量飞机，但它能够为之服务的航空网点要比传统的 a 城到 b 城的航空系统多得多。另外，这种轴心安排使得联邦快递每天晚上的飞机航次与包裹一致，并且可以应航线容量的要求而随时改道飞行，这就节省了一笔巨大的费用。此外，联邦快递相信："中央轴心"系统也有助于减少运输上的误导或延误，因为从起点开始，包裹在整个运输过程中都有一个总体控制的配送系统。

弗雷德专门用于包裹邮递的货运航班，为全世界客户提供了方便、快捷、准时、可靠的服务，创新的模式为其提供了低成本、高效、安全和全天候的物流系统，因而联邦快递得以迅速发展，从创业到成长为世界 500 强企业只用了短短 20 多年时间。

（从大学时代的创新思维到世界 500 强——联邦快递创业之路．http://www.docin.com/p-102858159.html[2018-04-15]．本文根据此网址内容整理编写）

在知识经济占主导地位的 21 世纪，国家经济的发展与社会的进步越来越依赖于科技创新的水平与创新创业人才的培养。联合国教科文组织于 1989 年 11 月在北京召开"面向 21 世纪教育国际研讨会"，会上首次把创新创业教育称为"第三本教育护照"，要把创新创业教育提高到与学术性和职业性教育同等重要的地位，并在 1998 年指出，"高等学校，必须将创业技能和创业精神作为高等教育的基本目标"，要使毕业生"不仅成为求职者，而且逐渐成为工作岗位的创造者"。[①]习近平在致 2013 年全球创业周中国站活动组委会的贺信中指出："青年是国家和民族的希望，创新是社会进步的灵魂，创业是推动经济社会发展、改善民生的重要途径。""希望广大青年学生把自己的人生追求同国家发展进步、人民伟大实践紧密结合起来，刻苦学习，脚踏实地，锐意进取，在创新创业中展现才华、服务社会。""全社会都要重视和支持青年创新创业，提供更有利的条件，搭建更广阔的舞台，让广大青年在创新创业中焕发出更加夺目的青春光彩。"[②]

8.1 创新创业素质教育概述

随着国际经济和社会的发展，世界各国越来越重视大学生的创新创业教育。我国

[①] 赵中建. 21 世纪世界高等教育的展望及其行动框架——98 世界高等教育大会概述. 上海高教研究，1998，（12）：1-8.

[②] 习近平. 创新是社会进步的灵魂. 人民日报海外版，2013-01-09（01）.

1999年6月颁布的《中共中央 国务院关于深化教育改革全面推进素质教育的决定》明确提出"高等教育要重视培养大学生的创新能力、实践能力以及创业精神，普遍提高大学生的人文素养和科学素质"。2010年，我国颁布《教育部关于大力推进高等学校创新创业教育和大学生自主创业工作的意见》，将创新教育和创业教育结合，提出"创新创业教育"的概念，并指出创新创业教育是一种新的教育理念和模式。2012年，教育部颁布了"创业基础"课程教学大纲，要求各高校要积极创造条件，面向全体学生单独开设"创业基础"必修课程，实施创新创业教育，促进高校毕业生就业创业。国务院办公厅2015年5月印发《关于深化高等学校创新创业教育改革的实施意见》，表明了创新创业教育在现今高等教育中的重要程度。一些高校也抓紧制定深化本校创新创业教育改革实施方案，明确创新创业教育改革的基本原则、总体目标和重点工作。按照国务院统一部署，2015年起，全面启动高校创新创业教育改革；到2017年，基本普及创新创业教育；到2020年，建立健全课堂教学、自主学习、结合实践、指导帮扶、文化引领等融为一体的高校创新创业教育体系。

《教育部关于大力推进高等学校创新创业教育和大学生自主创业工作的意见》（教办〔2010〕3号）明确指出："创新创业教育是适应经济社会和国家发展战略需要而产生的一种教学理念与模式。在高等学校中大力推进创新创业教育，对于促进高等教育科学发展，深化教育教学改革，提高人才培养质量具有重大的现实意义和长远的战略意义。创新创业教育要面向全体学生，融入人才培养全过程。要在专业教育基础上，以转变教育思想、更新教育观念为先导，以提升学生的社会责任感、创新精神、创业意识和创业能力为核心，以改革人才培养模式和课程体系为重点，大力推进高等学校创新创业教育工作，不断提高人才培养质量。"

创新教育就是以培养人们创新思维、创新精神、创新能力和创新习惯为目标的教育理论和方法，创新教育以人类创新活动的深度开发成果为基本价值取向，其核心是在普及九年义务教育的基础上，在全面实施素质教育的过程中，为迎接知识经济时代的挑战，着重研究与解决在基础教育领域如何培养中小学生的创新意识、创新精神和创新能力的问题。大学生创新素质教育是以专业知识的传授为基础，正确指导学生学习和研究创新的规律以及创新的方法，使学生养成刻苦钻研的精神和掌握思考问题的方法，培养学生具有创新思维、创新精神和创新能力等创新素质，同时使学生德、智、体、美、劳等方面素质得到全面发展，使我国培养出来的学生都是高素质的创新性人才。

创业教育就是培养学生具备创业意识、创业精神和创业能力的教育。简言之，就是以培养能创造就业岗位的人为价值取向的一种教育，而大学生创业教育是指在学校教育中，通过课堂教学和实践活动以培养学生的创业素质为基本价值取向的教育。

2015年5月，国务院办公厅印发《关于深化高等学校创新创业教育改革的实施意见》（国办发〔2015〕36号）全面部署深化高校创新创业教育改革工作。该意见指出，深化高等学校创新创业教育改革，是国家实施创新驱动发展战略、促进经济提质增效升级的迫切需要，是推进高等教育综合改革、促进高校毕业生更高质量创业就业的重要举措。各地区、各高校要落实立德树人根本任务，主动适应经济发展新常态，以推进素质教育为主题，以提高人才培养质量为核心，以完善条件和政策保障为支撑，促进高等教育与科技、经济、社会紧密结合，加快培养规模宏大、富有创新精神、勇于投身实践的创新创业人才队伍。

《关于深化高等学校创新创业教育改革的实施意见》明确要重点抓好九个方面的任务：一是完善人才培养质量标准。"制订实施本科专业类教学质量国家标准，修订实施高职高专专业教学标准和博士、硕士学位基本要求，明确本科、高职高专、研究生创新创业教育目标要求。"二是创新人才培养机制。"探索建立需求导向的学科专业结构和创业就业导向的人才培养类型结构调整新机制""探索建立校校、校企、校地、校所以及国际合作的协同育人新机制""探索建立跨院系、跨学科、跨专业交叉培养创新创业人才的新机制"。三是健全创新创业教育课程体系。"各高校要根据人才培养定位和创新创业教育目标要求，促进专业教育与创新创业教育有机融合，调整专业课程设置""面向全体学生开发开设研究方法、学科前沿、创业基础、就业创业指导等方面的必修课和选修课"。四是改革教学方法和考核方式。"各高校要广泛开展启发式、讨论式、参与式教学，扩大小班化教学覆盖面""改革考试考核内容和方式，注重考查学生运用知识分析、解决问题的能力"。五是强化创新创业实践。"促进实验教学平台共享""鼓励各地区、各高校充分利用各种资源建设大学科技园、大学生创业园、创业孵化基地和小微企业创业基地，作为创业教育实践平台，建好一批大学生校外实践教育基地、创业示范基地、科技创业实习基地和职业院校实训基地""举办全国大学生创新创业大赛"。六是改革教学和学籍管理制度。"各高校要设置合理的创新创业学分""为有意愿有潜质的学生制定创新创业能力培养计划""实施弹性学制，放宽学生修业年限，允许调整学业进程、保留学籍休学创新创业"。七是加强教师创新创业教育教学能力建设。"各地区、各高校要明确全体教师创新创业教育责任""聘请知名科学家、创业成功者、企业家、风险投资人等各行各业优秀人才，担任专业课、创新创业课授课或指导教师，并制定兼职教师管理规范，形成全国万名优秀创新创业导师人才库"。八是改进学生创业指导服务。"各地区、各高校要建立健全学生创业指导服务专门机构""健全持续化信息服务制度"。九是完善创新创业资金支持和政策保障体系。"各地区、各有关部门要整合发展财政和社会资金，支持高校学生创新创业活动""鼓励社会组织、公益团体、企事业单位和个人设立大学生创业风险基金""落实各项扶持政策和服务措施，重点支持大学生到新兴产业创业"。

8.2 大学生创新素质教育

大学生的创新教育、创新能力的开发已经直接关系到一个国家的发展和实力。各国对创新教育、创新能力的开发越来越关注。美国曾有学者提出：我们正跨入一个新的时代——亟须一种新的创造精神的时代。日本学者也有"独创是国家兴亡的关键"的观点。习近平指出："广大青年一定要勇于创新创造。创新是民族进步的灵魂，是一个国家兴旺发达的不竭源泉，也是中华民族最深沉的民族禀赋，正所谓'苟日新，日日新，又日新'。生活从不眷顾因循守旧、满足现状者，从不等待不思进取、坐享其成者，而是将更多机遇留给善于和勇于创新的人们。青年是社会上最富活力、最具创造性的群体，理应走在创新创造前列。"①"我国要建设世界科技强国,关键是要建设一支规模宏大、结构合理、素质优良的创新人才队伍,激发各类人才创新活力和潜力。"②全面贯彻党的教育方针,坚持立德树人,加强社会主义核心价值体系教育,完善中华优秀传统文化教育,形成爱学习、爱劳动、爱祖国活动的有效形式和长效机制,增强学生社会责任感、创新精神、实践能力。③足见开展创新素质教育、培养具有创新素质的人才是当今社会和知识经济发展的要求,是当今世界教育改革的潮流,是一个国家、一个民族繁荣富强的重要因素,也是我国建设创新型国家,实现"国家富强、民族振兴、人民幸福"的"中国梦"的关键所在。

什么是创新素质教育,一般认为有广义和狭义两种。广义是人们在各自领域,以同样的质和量的水平,产生新东西(包括新思想、观念)的活动方式的能力的培养;而狭义则是产生前所未有的新东西的活动方式的能力培养。狭义和广义中,"新"是创新的基本特征。基于"新",一些发达国家构建的创新素质教育目标是培养既有现代知识,又有创新能力、品德高尚、体魄健美、身心发展良好的现代化的新人,即善于适应变化和创新的新人。由此可见,所谓创新素质教育,就是引导学生学习与研究发明创新的规律和创新方法,培养学生具有创新精神、创新思维、创新能力和创新人格,德、智、体、美、劳等方面素质全面发展,使之成为高素质创造性人才的教育活动。简而言之,所谓创新素质教育,就是全面培养与提高学生创新素质,使之成为高素质创造性人才的教育活动。

8.2.1 大学生创新素质教育的内容

1. 创新精神

一般来说,创新是指人们以现有的思维模式提出有别于常规或常人思路的见解为导向,利用现有的知识和物质,在特定的环境中,本着理想化需要或为满足社会需求,而改进或创造新的事物(包括产品、方法、元素、路径、环境),并能获得一定有益效果的行为。创新精神是指一切与创新相联系的意识、思维活动和心理状态,属于科学精神和科学思想范畴,以敢于摒弃旧事物、旧思想,创立新事物、新思想为特征,同时又要以遵循客观规律为前提。创新精神具体指人们能够综合运用已有的知识、信息、技能和方法,提出新方法、新观点的思维能力和进行发明创造、改革、革新的意志、信心、勇气和智慧等,所以创新精神具有超越性、批判性、自觉性、综合性等特征。

超越性是指创新精神鼓励创新主体超越历史和现实的束缚,超越前人的成果,不断进行探索和突破,进行创造行为,也就是创新主体不满足现有的知识、条件和环境,不

---

① 习近平. 在同各界优秀青年代表座谈时的讲话(2013年5月4日)//中共中央文献研究室编. 十八大以来重要文献选编(上). 北京:中央文献出版社,2014:278-279.
② 习近平. 为建设世界科技强国而奋斗. 人民日报,2016-06-01(02).
③ 中共中央关于全面深化改革若干重大问题的决定(2013年11月12日中国共产党第十八届中央委员会第三次全体会议通过). 求是,2013,(22):3-18.

满足已有的方法和成就，不断学习进步，超越自我。批判性是指创新精神提倡革旧立新，对原有事物进行创造性的扬弃，发现新问题，探索新方法，实现新发展。批判性和超越性二者共同作为创新精神的显著特征，是创新活动区别于其他活动的本质所在。自觉性是说创新精神是创新行为主体内在的对创新的欲望和渴求，是自觉改变已有环境和条件的意识状态。而综合性则反映了创新精神内涵的丰富性和内部各要素构成的多重性，而且创新精神的多个构成要素之间是具有密切相关性的，它们相互依存、相互影响、相互制约，在相辅相成的关系中，统一于一个整体。

2. 创新思维

1）创新思维的内涵

创新思维是人类独有的高级心理活动，人类社会的发展史就是一部创新思维的运动史。1945 年德国心理学家韦特海默（Wertheimer）在《创造性思维》中第一次明确提出了"创造性思维"这一概念。创造性思维也叫创新思维，它是一种以新颖独创的方法解决问题的思维，不仅能揭示事物的本质，而且能在此基础上提供新的具有社会价值的思维成果。创新思维从本质上说是一种思维方式，甚至是人类思维的最高表现形式。从逻辑上讲，是思维主体运用已有的思维形式，组合新的思维形式的思维活动。从思维形式来看，它是思维的各个组成部分之间的联系方式。因此我们提出，创新思维是主体诸因素和客体条件相互作用、相互依赖的系统发生过程，是指创造者在最佳的心理构成和心理合力作用下，获取创新意识，把大脑中已有的知识信息，按最优化的科学思路，实现重新组合和升华的思维过程。创新思维包括的成分主要有五组：发散思维与聚合思维、直觉思维与分析思维、纵向思维与横向思维、正向思维与逆向思维、潜意识思维与反意识思维。

2）创新思维的本质特征

创新思维本质上在于运用新颖独特的方式方法解决问题，是一种积极主动的思维活动。它具备以下本质特征。

突破求异性。这是创新思维的必要属性，没有突破性，就不算是创新思维。所谓突破，主要是指打破理论权威、现成的规律及思维定式的束缚。创新思维是一种求异思维，往往表现为对司空见惯的现象和已有的权威性理论持怀疑的、分析的和批判的态度，而不是轻信和盲从。求异思维在质与量、深度与广度上，要求集中性思维与发散性思维的辩证统一。

敏锐洞察力。观察是知觉与思维相互渗透的复杂认识活动。人们在观察过程中，不断地将观察的事物与已有的知识或假设联系起来思考，把事物之间的相似性、特异性和重复现象进行比较，发现三者之间的必然联系。因此，进行创造性思维必须具备敏锐的洞察力。

成果综合性。综合性指创新思维对已有成果的综合，是多种思维形态、多种思维方式、多种思维方法的综合运用。创新思维是作为微观的抽象思维与作为宏观的形象思维在人的头脑中发生关联，迸发出富有创造性的灵感的过程，它是对比、想象、联想、直觉、顿悟等多种形式的综合运用。这是创新思维的重要属性。

灵活可行性。由于创新思维在形成过程中具有灵活性，在创造活动中随意组合的新思维成果并不都具有认识的或实用的价值，所以可行性是对灵活性的限制。可行性对灵活性的限制条件来源于进行思维创造的人所处的社会历史条件即环境。可行性对创新思维的要求需要根据各个不同学科、社会领域的具体要求来判断，可行性的满足是创造实现其价值的关键。可行性和灵活性是对创新思维的两种不同的要求。创新思维的灵活性增强则可行性可能降低，反之亦然。不可因强调灵活性和新颖性而忽视可行性，那样会陷入无意义的思维组合之中；同时也不应因可行性而抹杀灵活性。

3. 创新能力

创新能力是人们运用知识，在科学、艺术、技术和其他各种实践活动领域中不断提供具有经济价值、社会价值、生态价值的新思想、新理论、新方法和新发明的能力。创新能力的内涵应该包括以下几点。

（1）学习能力。学习能力指获取前沿知识的能力。前沿知识是包含新的思路、新的方法和新的逻辑的新知识系统，是个体知识结构更新的载体。学习能力是学生获取前沿知识和新的知识的能力，不仅仅表现为获取知识的能力，而是表现为持续更新知识的能力。它是学习过程中各种具体能力的综合概述，如观察能力、记忆能力、思维能力、实验能力等。

（2）运用能力。运用能力就是灵活运用知识的能力，主要指学生在社会实践活动中运用所学知识分析问题、解决问题的创新能力。提高大学生调动和运用知识能力的第一步是获取信息、解读信息，第二步是调动知识、运用知识。

（3）分析判断能力。分析判断能力包括观察问题、分析问题和解决问题的能力，是指能阅读、理解对问题进行陈述的材料，能综合应用所学知识、思想和方法解决问题，包括解决在相关学科及生产、生活中的问题，并能用语言正确地加以表述。它是逻辑思维能力、运用能力、空间想象能力等基本能力的综合体现，注重对知识和方法的判断和理解，强调知识的综合性。

（4）创造能力。创造能力是在丰富的知识经验的基础上逐渐形成的，它不仅包含敏锐的观察力、精确的记忆力、创造性思维和创造性设想，而且与一个人的个性心理品质、情感、意志特征等有密切关系。创造能力是在人的心理活动的最高水平上实现的综合能力。培养知识创造能力就是大学生在具备身心良好的素质的同时，学会把学习到、会运用、整合好的理论知识在实践活动中实现创新。培养知识创造能力是大学生创新能力的最终体现，是培养和提高大学生综合素质的最终结果。

4. 实践创新素质

2016得9月13日，中国学生发展核心素养研究成果发布会在北京师范大学举行，会上公布了中国学生发展核心素养总体框架及基本内涵，把中国学生发展的核心素养分为三个方面六大要素，实践创新就是六大要素之一。实践创新主要是学生日常活动、问题解决、适应挑战等方面所形成的实践能力、创新意识和行为表现，具体包括劳动意识、问题解决、技术运用等基本要点。

1）劳动意识

劳动是人类最基本的社会实践活动，也是人类生存的第一条件。在社会主义市场经济问题的研究中，劳动仍是马克思主义经济理论要涉及的第一个基本范畴。具体来讲，劳动就是劳动主体（人）与劳动客体（外部客观世界）进行物质、能量、信息的变换，以满足人们的自身需要和社会需要的过程。意识是物质世界长期发展的产物，它从本质上来讲是人脑对客观存在的反映，强调从实际事情的意义之中去认知这些事情，从而形成实际的观念，并且具有多种表现形态。劳动意识则是意识的一种特殊形态，从含义来说是指劳动主体对劳动主体和劳动客体之间相互作用过程的主观反映，它是关于劳动观点、观念及心理的合称。

与一般意识相比，劳动意识具有以下特点：首先，反映对象不同。一般意识是对自然界、社会、思维存在，即整个客观物质世界的反映；而劳动意识反映的只是客观物质世界中"人类劳动活动"的过程。其次，反映关系不同。劳动意识相对于一般意识而言，反映的关系更为全面，是劳动主体和劳动客体间的全面价值关系。劳动意识作为一种劳动主体通过改变客体以满足自身需要和社会需要的活动的反映，其中必将内含着劳动主体的价值判断和价值选择，这是劳动意识的根本特征之一。

2）问题解决

安德森（Anderson）把问题解决（problem solving）定义为受目标指引的认知性操作序列，即问题解决的程序就是应用一定的操作使问题从初始状态经过一步步的中间状态，最后达到目标状态的过程。问题解决有三个基本特征：①目的性。问题解决必须具有明确的目的，无明确的目的不是问题解决。②操作序列。问题解决必须包括一系列的心理操作过程的序列。没有心理操作，不能称为问题解决。③认知操作。问题解决活动必须有认知成分参加，它的活动依赖于认知操作来实现。因此问题解决就是由一定情境引起的，按照一定的目标，应用各种认知活动、技能等，经过一系列思维操作，使问题得以解决的过程。①

3）技术运用

广义的技术：人类在改造自然、改造社会和改造人类本身的全部活动中所应用的一切手段和方法的总和，简言之，一切有效的手段和方法都是技术。狭义的技术：那些应用于自然，并使天然自然改造为人工自然的技术，即工程技术。我们所说的技术：根据生产实践经验和自然科学原理发展而成的各种作业程序、方法和技能，通过这些程序、方法和技能，可以拓展人类认识自然、改造自然、服务生活、发展自我的能力。技术运用就是对生产实践经验和自然科学原理发展而成的各种作业程序、方法和技能的运用。所以技术运用具有实践性、综合性、时代性等特征，而其中最显著的特征就是实践性。

8.2.2 大学生创新素质教育的途径和方法

1. 完善培养大学生创新素质的制度，营造良好创新氛围

大学生创新素质教育作为一项系统工程，首先需要一系列配套制度的保证，所以高

---

① 袁维新，吴庆麟.问题解决：涵义、过程与教学模式.心理科学，2010，33（1）：151-154.

校可以根据学校发展实际及自身特色，制定旨在促进大学生创新素质养成的相关制度。如许多高校有"大学生科技创新工作管理办法"等，调动全校师生投身课外科技创新活动的积极性，营造浓厚的学术氛围，推动大学生科技活动蓬勃发展；"毕业设计（论文）本科生评选及奖励办法"，引导学生在教师指导下进行科学研究，培养具有创新意识和创造能力的高素质人才；"大学生科研训练课程实施办法"，激发学生的创新兴趣和欲望、发展学生的创造性、提高学生的研究能力，促使学生知识应用能力以及综合创新素质等得到全面发展与提升；还有"大学生综合拓展学分管理办法""开放实验室管理办法""大学生学科竞赛管理实施办法""大学生'创新人才'培养实施办法"以及有关创新素质教育的竞争机制和考评制度等。通过制度的建立和完善，在学校创造一个民主、开放和自由的环境，一个交流与合作的环境，使学校内形成自由讨论的风气，在全校掀起学生互相交流合作、师生共同研究、产学研一体化的高潮，为大学生创新素质教育提供良好的创新环境。

2. 改变人才培养模式

人才培养模式是大学教育的核心，而且直接关系到人才培养的质量。为提高大学生的创新素质，在人才培养模式方面，学校要加大创新素质培养力度。一是将人才培养目标由应用型人才调整为应用型创新人才，赋予了新的内涵，即具备较高的科学、道德、文化、身体、心理等方面的素质和较强的实践、创新、创业能力，成为全面发展的人；二是构建与人才培养目标相适应的人才培养体系，从以知识发展为导向的学科中心模式转向以人的全面发展和社会需求为导向的学生中心模式，通过课程教学、实践教学和素质拓展与创新教育"三大培养体系"的交互作用，促进学生开阔视野、增强文化底蕴，培养学生的创新知识；三是实施以通识教育为基础，以实践教育与创新教育为重点，以专业特长培养为特色的宽口径专业教育模式，全方面提高大学生创新素质；四是实施应用型创新人才培养方案，把培养学生的知识应用、实践动手、职业竞争和可持续发展等能力纳入人才培养方案，促进人才创新素质培养制度化；五是实施"产业人才培养试验计划"，培养学生综合素质、实践能力和就业竞争能力等。

3. 深化教育教学改革

（1）激发教师的创新精神。只有具有创新精神的教师，才能培养出有创新能力的学生。学校应该给教师提供进修学习的时间，使他们在学习中增强创新意识、培养创新精神、提高创新能力，使他们成为学生学习创新的榜样。鼓励教师进行教学改革，在教学中跳出书本的限制，注重对学生思维开拓能力的训练，培养大学生的创新能力和实践能力。

（2）在课堂教学中培养创新素质。一是在教学当中，课程讲授以"启发式"为主，教师要引导学生主动探究，大力推行创新思维训练，鼓励大学生敢疑善疑，培养问题意识。教师通过教学，使学生思维能打破各种禁锢，产生奇思妙想，激活学生的创新意识；同时将科研引入教学中，引导和训练学生的科学思想和科研方法，提高学生的研究能力。

二是教师在教学中要让学生正确理解创新的内涵,要让学生知道创新并不是遥不可及的,对原料配方、工艺流程、生产方法、工作环境进行改进,提高生产效率和产品质量,取得更好的经济效益,也是创新。三是教师在试题的设计上要给学生留下自由表达的空间,激发学生的创新精神,培养具有独立行动和独立思考能力的人。

（3）加强实践教学。积极开展实践教学改革的探索与实践,进一步完善实践教学体系,培养学生的创新意识,增强学生的实践动手能力。具体包括:增加实践教学比重,重点加强毕业实习、毕业设计（论文）、学年论文等综合实践训练;完善实践教学环节的质量标准和考核评价办法,充实实践教学督导力量;加强实验室、实习实训平台建设及实践教学基地建设;完善学科竞赛训练机制,注重与省级、国家级竞赛项目有机结合,设立创新实践学分;加强实践教学队伍、实验技术与管理队伍建设等。

8.2.3　国外大学生创新素质培养模式

相对我国人才培养来说,国外创新素质培养教育开展得要比我们早,而且也相对成熟得多,主要体现在他们的学术思想、教育理念、办学模式、培养体制等方面。如果从国别来看,国外高校创新素质培养模式做得比较成功的,主要以美国模式、德国模式、英国模式较为突出,尤其是美国,它是最早开展创新培养模式的国家。

1. 美国模式

美国是最早开展创新素质培养模式国家之一。美国高校采取的是一个"中心"、三个"结合"的培养模式。[①]

（1）一个"中心"即以学生为中心。它要求"国家和高校的决策者应该重视关心学生及学生所需,并让他们参与高等教育教学改革,并在现行机制范围内,可以全程参与制定政策和院校的管理工作"。[②]在美国,大学生在课程选择和学业上享有充分的自主权,教师也注重大学生的个性化发展。

（2）三个"结合"是课内与课外、科学与人文、教学与研究相结合。以麻省理工学院为例,它强调课内和课外两方面学习生活的重要性,并特别注意把两者融合起来,造成一个整体最优的环境。它有两项重要的教育改革:一是本科生研究工作机会计划（简称 UROP）,该计划从刚入学时就开始为本科生提供科研工作机会,学生可以从事众多交叉学科和综合发展学科的课题研究（其中包括可参加教师的课题研究,也可由自己设计研究而邀请教师作顾问等）。二是独立活动计划（简称 IAP）,该计划为学生利用圣诞节至二月初的一段假期,进行独立学习、研究和其他活动。其间,学生不必再为考试和学分操心,可以完全自由地决定他们的活动目标以及争取实现这些目标的方法,为此他们成立了专门委员会。再比如斯坦福大学规定所有的本科生第一年都要学习人文学科导论课程,这些课程不仅丰富大学生的精神文化生活,也有利于大学生适应社会关系。据调查,美国大部分研究型大学都设立了本科生研究计划,美国高校的教学与研究相结

---

① 张晓鹏. 美国大学创新人才培养模式探析. 中国大学教学,2006,（3）:7.
② 蔡克勇. 以学生全面发展为本———一个重要的教育理念及教育改革. 高等教育研究,2000,（5）:13.

合指的是教学要与教师、学生的研究相结合。

2. 德国模式

德国高校最主要的创新素质培养模式是双元制教育模式。[①]"双元"指的是职业学校和企业,"双元制",就是指校企紧密合作,共同完成职业教育任务的一种职业教育模式,也是一种校企合作来培养应用型专门人才的职业教育制度。它最主要的特点是把职业教育规定为义务教育,即学生理论知识学完后,必须到专门的职业学校学习技能才能顺利毕业。学生在进入职业院校以前,必须选择与一家企业签订培训合同,只要完成学业并顺利通过学校与培训企业的考核后,就可以入职培训企业。德国大学受洪堡大学理念的影响,强调大学的探究性,强调培养人才的创造性、独立性、主动性,重视跨学科研究与教学,以培养学生创新能力为中心,注重完善学生的人格个性,具体措施包括:加强大学的独立性,扩大大学自治权;进一步促进大学多样化、多层次化;加强英才教育;力求课程设置面向实际,加强与社会的交流,密切与社会的关系,培养学生的参与意识和社会责任感;提倡独立活动的人才培养模式。这种模式有利于学生拓宽知识面,有利于培养学生自主学习能力、发现问题解决问题能力、组织能力、创新能力与独立科研能力。

3. 英国模式

英国大学,尤其是牛津大学和剑桥大学,深受纽曼大学理念的影响,把"深测、挖掘和开发学生的潜在能力,激励个人的创造性精神"作为大学教育的指导思想,培养出一代代高水平的人才。英国高校始终把培养学生的思想方法放在首位,十分注重对学生批判性思维、创造性思维以及创新精神、创新能力的培养。它最主要的创新素质培养模式是以牛津大学为代表的导师制,在导师制的实施过程中,导师在与学生1对1或1对2面对面辅导之前,会给学生布置要讨论的问题,需要阅读的课外材料或文章书籍、撰写的小论文等,学生必须做好认真的课前准备,学生学习的自主性大大增强,独立思考的能力大大提升。见面辅导时,老师与学生全面互动,既可以讨论布置的作业,也可以讨论学生感兴趣的任何问题。互动过程中,导师充分了解了学生在学术研究方面的优缺点、学习中存在的问题以及潜在的思想问题,给予及时指导,真正做到因材施教。同时,学生要带来自己的问题,并作陈述,承担更大的责任。久而久之,学生就会形成良好的思维习惯。这种教师与学生的互动,学生的积极参与,教师对学生高的期望值,注重对学生正确观点形成的过程训练,给予学生自己去写作、思维、辩论等反复实践的机会,并根据对辅导过程及结果的反馈及时进行调整的导师制,有利于培养学生的批判性思维和创新能力。

美、德、英等西方发达国家的大学生自主创新能力培养经验告诉我们:①灵活开放的教育制度是自主创新能力培养的基础。以美、德、英为代表的西方国家的大学都有较大的自治权,其教育形式和层次丰富多彩,教育制度开放灵活;②鲜明的个性是创造的基础,尊重个性,注重个性培养,平等的师生关系有利于学生创造性思维和创新能力的培养与发展;③培

---

① 洪贞银. 浅析德国"双元制"对我国校企合作职业教育模式的启示. 理论月刊, 2010, (5): 147.

养大学生自主创新能力必须加强基础教育，拓宽知识面，使知识结构趋于合理；④让学生参与科研学术活动是培养大学生自主创新能力过程重要的一环。

8.3 大学生创业素质教育

8.3.1 大学生创业素质教育的提出

伴随着世界经济的快速发展，国家之间的核心竞争越来越激烈，最为明显的表现就是人才的竞争，而高校就是为国家的经济建设和发展输送高素质人才的社会组织。大学生是最具创新、创业潜力的群体之一，是未来社会的中坚力量，对其进行创业素质教育是高校适应经济社会和国家战略发展的必然选择，也是高校培养学生创新精神和实践能力的重要途径。党的十八大报告明确指出要大力开展"以创业带动就业"的战略。1998年，世界高等教育大会宣言《21世纪的高等教育：展望与行动世界宣言》第七条进一步重申"为方便毕业生就业，高等教育应主要关心培养创业技能和主动精神，毕业生不再仅仅是求职者，首先将成为工作岗位的创造者"。[①]1999年我国发布《面向21世纪教育振兴行动计划》提出"加强对教师和学生的创业教育，采取措施鼓励他们自主创办高新技术企业"。习近平同志在致2013年全球创业周中国站活动组委会的贺信中表示："青年是国家和民族的希望，创新是社会进步的灵魂，创业是推动经济社会发展、改善民生的重要途径。青年学生富有想象力和创造力，是创新创业的有生力量。希望广大青年学生把自己的人生追求同国家发展进步、人民伟大实践紧密结合起来，刻苦学习，脚踏实地，锐意进取，在创新创业中展现才华、服务社会"，习近平在贺信中还指出："传播创业文化，分享创业经验，弘扬创业精神，有利于激励更多青年特别是青年学生开启创业理想、开展创业活动，为实现中华民族伟大复兴的中国梦贡献力量。"[②]

在当代社会，加强大学生创业素质教育不仅仅是应对大学生严峻就业形势，解决他们就业问题的要求，更是大学生提升自身综合素质和能力的要求。①开展创业素质教育是适应社会发展的必然要求。21世纪是创新时代，只有不断地更新换代、不断创造新的产品和价值，才能适应整个社会不断变化的需求和欲望。只有致力于培养大学生的创新精神、进取精神和创造能力的创业教育，培养数以亿计的高素质的劳动者、数以千万计的专门人才和一大批拔尖创新人才，才能增强综合国力，满足我国社会主义现代化建设事业的需要。②加强大学生创业素质教育是应对大学生严峻就业形势，解决他们就业问题的要求。就我国目前的就业状况及教育状况而言，只有大力发展以创造性就业和创造新的就业岗位为目的的创业素质教育，把原有岗位的竞争者，变为新型岗位的创造者，才能真正解决我国大学生的就业问题，缓解严峻的就业形势。③加强大学生创业素质教育是大学生提升自身综合素质和能力的要求。创业需要综合素质，特别需要高素质的复

---

① 赵中建. 教育的使命——面向二十一世纪的教育宣言和行动纲领. 北京：教育科学出版社，1996.
② http://www.xinhuanet.com/politics/2013-11/08/c_118069433.htm[2018-04-12].

合型人才。通过开展创业素质教育，可以开发和提高大学生的创业基本素质，从而培养和提高大学生的生存能力、竞争能力和创业能力等，使其成为高素质的复合型人才。

8.3.2 大学生创业素质

一般认为，创业就是创业者对自己拥有的资源或通过努力能够拥有的资源进行优化整合，从而创造出更大经济价值或社会价值的过程。素质是指个体本来的性质或素养，是在实际表现中得以综合展示的个人知识、修养、能力诸要素之和。

创业教育是一种全新的教育理念，大学生创业素质教育是高校以提升大学生综合素质、培养其创业精神和社会适应能力为依归，以创造性和开创性为基本要求，以课程教学与实践活动为主要载体，从而培养他们未来从事创业实践活动所必备的意识、知识、品质、能力等的素质教育。

1. 创业意识

1）创业意识的定义

创业意识是指创业实践活动中对创业者起动力作用的个性意识倾向，包括创业的需要、动机、兴趣、理想、信念与世界观等要素，它集中体现了创业素质的社会性质，支配着创业者的态度与行为，并规定其方向、力度，具有较强的选择性和能动性；创业意识是创业者思维活动的产物，是创业者心理活动能动性的集中体现，是创业者源于自己的生理动机和心理动机，对所见、所闻、所知、所了解的客观事物的感觉、知觉，通过判断、推理等对已有的感性材料经过大脑加工而形成的创业设想，是创业者内在的强烈需要和创业行为的强大驱动力。创业意识是创业者素质系统中的第一个子系统即驱动系统。

2）创业意识的要素

创业需要。创业需要指创业者对现有条件的不满足，并由此产生的最新的要求、愿望和意识，是创业实践活动赖以展开的最初诱因和最初动力，但仅有创业需要，不一定有创业行为，想入非非者大有人在，只有创业需要上升为创业动机时，创业行为才有可能发生。

创业动机。创业动机指推动创业者从事创业实践活动的内部动因。创业动机是一种成就动机，是竭力追求获得最佳效果和优异成绩的动因。有了创业动机，才会有创业行为。

创业兴趣。创业兴趣指创业者对从事创业实践活动的情绪和态度的认识指向性。它能激活创业者的深厚情感和坚强意志，使创业意识得到进一步的升华。

创业理想。创业理想指创业者对从事创业实践活动的未来奋斗目标较为稳定、持续的向往和追求的心理品质。创业理想属于人生理想的一部分，主要是一种职业理想和事业理想，而非政治理想和道德理想。创业理想是创业意识的核心。

3）创业意识的内容

商机意识。真正的创业者，会在他创业前、创业中和创业后，始终面临着识别商机、发现市场的考验。他必须有足够的市场敏锐度，可以宏观地审视经济环境，洞察未来市场形势的走向，以便做出正确的决策来保证企业的持续发展。

转化意识。仅有商机意识是不够的，创业者还要在机会来临时抓住它，也就是把握机会，把商机转化成实实在在的收入和公司的持续运作，最终实现自己的创业梦想。转化意识就是把商机等一切机会转化为生产力；把你的才能、你在学校学到的知识转化为智力资本、人际关系资本和营销资本。

战略意识。创业者在创业初期要给自己制订一个合理的创业计划，解决如何进入市场，如何卖出产品等基本问题。创业者在创业中期需要制定与整合市场、产品、人力方面的创业策略，转换创业初期战略。需要指出的是，创业战略不只有一种，也没有绝对的好坏之分，关键要适合自己的创业之路。在这条路上应时刻保持着战略的高度，不以朝夕得失论成败。

风险意识。创业者要认真分析自己在创业过程中可能会遇到哪些风险，一旦这些风险出现，要懂得应该如何应对和化解。大学生是否具备风险意识和规避风险的能力，将直接影响到创业的成败。

勤奋/敬业意识。李嘉诚说："事业成功虽然有运气在其中，主要还是靠勤劳，勤劳苦干可以提高自己的能力，就有很多机会降临在你面前。"[①]大学生创业，一定要务实，要勤奋，不能光停留在理论研究上，可以从小投资开始，逐步积累经验，不能只想着一步到位。没有资金，没有人脉都不要紧，关键你要有好的思路和想法，有勇气去迈出第一步，才会成功。

2. 创业知识

1）创业知识的定义

广义的创业知识是指对创业实践过程具有意义的个体的知识系统及其结构，主要包括专业知识、经营管理知识、综合性知识等。只有系统地掌握了有关学科的基本理论和技能，才能为今后创业打下坚实的基础。狭义的创业知识是指有关创业过程、步骤、方式等本身所运用到的具体知识，比如大学生创业时机的选择、创业机遇的寻找、怎样编写创业计划书、如何开办小型企业、如何进行T商注册、如何向银行贷款等。

2）创业知识的构成

创业知识包括专业知识、经营管理知识和综合性知识，它能够体现创业者的文化素质，文化素质越高，创业成功的概率越高。专业知识是从事某一专业或职业所必须具备的知识，一般是与专业能力、职业能力结合在一起发挥作用的；经营管理知识是从事经营管理工作必须具备的知识；综合性知识是发挥社会关系运筹作用的多种专门知识，其中包括政策、法规、工商、税务、金融、保险、人际交往、公共关系等。在创业知识的构成中，经营管理知识、综合性知识与经营管理能力和综合性能力一样，具有内部资源配置和社会关系运筹的特征，并与经营管理能力和综合性能力结合在一起，共同发挥作用。

3）大学生创业知识来源

学理性知识。各类学科提供的理论营养：具备专业知识，认清事务本质，把握规律；经营管理知识，人员、经营目标、经营过程、销售过程的管理；财务管理知识，融资、

---

① 崔常艳. 论高校大学生创业意识的培养. 才智，2014，（22）：119.

财务结构、资金运营；税收知识、税法、税收筹划；金融知识、货币市场、资本市场等。

经验性知识。从历史和现实管理实践中获得的经验，包括他人的经验和自己的经验。

规则性知识。由一系列人为构建的规则构成，法律性规则，也称正式约束或正式规则，如宪法、法令、法规等。理性继承的认同准则与自律等。

3. 创业能力

1）创业能力的内涵

创业能力指创业者拥有发现或创造一个新的领域，致力于理解创造新事物（新产品，新市场，新生产过程或原材料，组织现有技术的新方法）的能力，能运用各种方法去利用和开发它们，然后产生各种新的结果。

创业能力分为硬件和软件，硬件就是人力、物力和财力；软件就是创业者的个人能力，包括专业技能和创业素质。创业素质包括创业热情、价值观、发现能力及创新能力等，其中任何一个方面都是可以再细分的。与就业能力相比较，创业能力比就业能力多的是发现的眼光、创新的智慧。

2）创业能力的特征

通过上述的内涵分析可以看出，创业能力是一种以智力为核心，具有创造性特征，与个性心理倾向和个性心理特征紧密相连，与创业的实践活动相伴而生的综合性的实践能力。

创造性。人类实践的本质就是创造，创业能力是一种具有创造性特征的能力，创业能力的基础是创造能力，即在发现问题时，对问题具有高度的敏感性，观念具有高度的流畅性（多样化），能尽快、准确地做出反应，采用恰当的方式方法，创造性地解决问题。创业能力的创造性体现在创业实践的全过程中，由于优胜劣汰的社会竞争制度，创业实践中的问题解决必须求新、求异，创业能力的创造性特征在创业实践活动中不断提升。

智能性。创业能力是以智力为核心的综合性能力，智力开发为创业能力提供了有效的智力支持。创业能力以智力为核心形成了由认知能力、自主能力、职业能力、竞聘能力、社会能力等要素构成的不同层级结构，这些结构通过智能相互之间的灵活转换、逐级递增和协调整合，解决创业实践中的问题。

综合性。从创业能力的结构中可以看出，在实践中直接发挥效率的是由多种能力有机构成的综合能力。创业能力的五大要素均有独立的地位和功能，这些要素只有按照一定的关系组合和联结起来，才能形成各要素间相互依赖、相互作用的特定结构。合理组织起来的创业能力结构从整体上全方位地直接或间接影响或作用于创业实践活动，使创业实践活动的方向方式、结构和组织形式适应大的社会环境和社会变化的开放系统，从而直接关系着创业实践活动的社会运行和社会效益。

个性制约性。创业能力是在个性的制约下形成并发挥作用的，是与个性心理特征和个性心理倾向密切联系的综合能力。个性倾向性是人的身心组织的动力机制，它在相当程度上决定了一个人是否敢于创业。由于个性心理特征和个性心理倾向具有鲜明的个性化特点，从而决定了人的创业能力也因人而异。不同心理特征的人，创业过程中身心投入程度也不同，创业能力发挥作用的方式也不同。在开拓型个性影响下的创业实践活动，具有明显的连续性和持久性，不屈不挠的意志，求异创新的思维，激情昂扬的斗志，果敢敏捷的行动，在成功与失败、机遇与挑战、顺境与逆境的交替中发挥着重要作用，是实现预期目标、获得创业成功的重要保证。

社会实践性。创业实践活动影响着创业能力的形成与发展，创业能力只有在创业实践活动提供的规定情境中，才能从无到有、从不成熟到成熟；只有创业实践活动所提供的艰巨而富有挑战性的任务，才能激发创业者的创业激情，启动创业能力，可以说，创业能力的培养离不开实践活动。创业实践活动也为创业能力发挥作用和功效提供了客观的条件和环境，为创业能力的表现的发挥提供了时空统一的社会舞台，创业能力也只有在创业实践中才能发挥作用和功效，所以说创业能力往往与创业的实践活动相伴而生、紧密相连。

8.3.3 大学生创业素质教育的原则和方法

1. 大学生创业素质教育的原则

（1）坚持学校教育与学生的自主学习相统一的原则。俄国学者苏霍姆林斯基认为："在学生心灵深处无不存在着使自己成为一个发现者、研究者和探索者的愿望，没有自我教育就没有真正的教育"[①]。所谓"授之以鱼，不如授之以渔"。所以高校在实施创业教育过程中应该秉承创业的实质，使学生们在创业的过程中充分发挥能动性以及自主性，真正做到将理论教育与学生自主实践相结合，让大学生在学会创业的过程中，能够充分利用所学知识与经验，激发潜能，能够及时发现并解决在创业过程中遇到的问题是我们发展创业教育的目的。

（2）坚持理论教育与实践教育相统一的原则。高校开展创业教育的过程中，在向大学生传授普通创业理论知识的同时，还要坚持理论教育与实践教育相统一的原则，在日常教学中开展实践活动，学会将理论转化为实践，用科学理论指导实践，在实践中发展理论。只有理论与实践相结合，才能够让学生们在校园就能对创业知识有足够深刻的认识与理解，并从中吸取经验和教训，不断完善自我的创业能力。

（3）坚持专业教育与创业教育相统一的原则。将创业教育与专业教育相融合，合理安排各环节教育内容，逐步渗透创业教育知识，优化整合课程体系。这样不仅保证了创业教育、专业教育和基础知识三方面的融合统一性，更是强化了理论知识，完善了学生创业对知识的需求。

2. 大学生创业素质教育的方法

1）树立科学的创业素质教育理念

第一，转变高校管理者的管理理念。有关专家和学者在清华大学召开的亚洲创业教育会议上指出，"中国大学应当重视创业教育，培养具有创业能力和创新精神的学生应成为高

---

① 陈学法. 个性培养与素质教育. 教育研究，1998，（3）：40-44.

校的主要目标之一"。[①]高校管理者要转变传统的教育观念,转变管理理念,从以传统的传授知识、满足就业需求为核心,转变到以提升创业素质、孕育创业精神为核心;从以教学质量管理为核心,转变到以教学创新管理为核心;从以检查和监督为核心,转变到以服务和支持为核心。高校管理者要以战略眼光来重新审视大学生的创业教育,从人才培养的角度、学生职业生涯发展的角度来推进大学生创业教育。

第二,转变大学生主体的创业教育观念。大学生创业教育的实施,首先应当定位在培养学生的创业精神和创业意识。我们一是应该对有创业意向的学生,重点进行创业方面的相关培训;二是将创业素质培训扩展到所有学生,也就是说创业教育应面向全体学生,唤醒和激发大学生的创业意识和热情。对于学生来说,要有意识地培养自己的创业精神和提高创业能力,要认识到想成为创业型人才,不但要博学,而且要有创业精神,更要有高度的社会责任感和事业心。

2)营造良好的创业素质教育氛围

高校要积极开展以创业为主题的教育活动,着眼于树立创业发展观念、优化创业发展机制、营造创业发展氛围。倡导"人人都是创业主体"的观念:无论是教师还是学生,无论是成绩好的学生还是成绩差的学生,无论是学生干部还是普通同学。同时,要加强舆论引导,大力发挥校园网络、广播、宣传栏等宣传媒介以及各种学生社团活动的作用,通过学生喜闻乐见的形式来开展创业教育,增强教育效果。此外,可采取"走出去"和"引进来"相结合的方法,对于创业成功的在校生或者毕业生,尤其是本校大学生的创业典型,学校要总结宣传他们的先进事迹;聘请成功企业家或者校友到学校为师生开办讲座,同时让他们参观学校的创业典型,实现良性互动,让创业精神的形式生动化、形象化,激发大学生的创业意识和创业激情,加快高校创业文化生成、发育、升华和丰富的进程。

3)构建合理的创业素质教育体系

开展创业教育必须要构建合理的创业素质教育体系,优秀的师资力量、合理的机构设置、综合的课程体系、科学的教学方法与模式等,这是高校创业素质教育运行的保障。

第一,加强创业素质教育的教师队伍建设。首先要组建校内创业课堂教学专家队伍。通过选派骨干教师参加 SYB(start your business,创办你的企业),KAB(know about business,了解企业)等培训项目,定期参加创业组织、协会的活动及与企业家交流创业经验的活动等,有条件可以派教师到国外进修等,通过各种方式对教师进行创业素质的培训;鼓励教师深入企业,将创业理论与企业实践进行结合。鼓励在职教师研究创业问题,鼓励有意向的老师亲自进行创业,鼓励教师带动学生进行创业,通过实践提高教师的创业能力和水平。"实践证明,培养专家型的教师队伍最有效的办法是生产实践与创新活动"[②]。其次,加强辅导员队伍的创业教育培训。要积极创造条件,组织辅导员教师参加国内外相关的专业培训,使广大辅导员具备国家心理咨询师、职业规划师等相关

[①] 中国大学应重视创业教育. http://cms.sem.tsinghua.edu.cn/semcms/mtgzcn/22586.htm?tempContent=full[2018-04-12].

[②] 李勃. 试论创业教育实践基地构建. 中国青年研究,2007,(9):16-18.

的资质，同时也可以让他们承担一定的创业教育课程的授课任务，促进辅导员队伍整体创业教育指导工作的提高。最后，聘任校外创业实践专家充实教学队伍。高校可以聘任著名企业成功人士、杰出校友、创业成功人士等来学校开展创业讲座、创业论坛、创业沙龙等创业实践活动；可以聘请知名企业的中高层管理人员来对教师进行培训；吸收有实践经验的企业经营管理人才、成功的企业家和职业经理人参与创业素质教育，实现创业素质教育师资队伍构成要素的多元化。

第二，构建学科群创业课程模块。建立"学科群核心知识集合模块课程"的培养体系，就是通过设立多元性、开发性与灵活性的专业能力训练模块，满足学生对就业创业能力和职业发展的迫切需求。①职业能力训练模块。职业能力素质训练课在课堂教学中要围绕"一个中心"，即学生职业综合素质协调发展与健康成长；发挥"两个作用"，即教师的教书育人作用与学生的自我教育作用；实行"三个转变"，即教师教学方法、学生学习方法、考查方式的转变；突出"四个重点"，即自我教育与人格发展、潜能激发与挫折应对、团队意识与人际沟通、社会适应与职业素质提升；设计"五个环节"，即体验、分享、交流、整合、应用，有效保障训练质量。②营销创意模块。营销创意是一种让营销变得与众不同的想法，最终落脚点是市场。营销创意就是要通过销售渠道、销售手段、销售策略等的创新，最大限度地扩大产品的知名度、影响力，进而提高产品的市场占有率。③投资理财模块。教师通过对存款、股票、基金、债券、外汇、彩票等投资理财的理论和运用的讲解和设计，提升当代大学生的投资理财意识，帮助大学生树立正确的投资理财目的，制订理财规划；根据大学生承受风险的能力、资金，选择合适的投资工具，寻找适合自己的投资理财方式；能够有效地结合个人的实际情况，制订理性的消费计划，为每次的消费做一个预算，在控制自己消费的情况下，对多余的资金进行科学合理的投资理财。此外还要做好大学生创业课程的课外辅导工作，将第一课堂与第二课堂相结合，将创业教育融入素质教育之中，以提高学生自身能力与素质。

第三，转变创业素质教育的教学方式。创业素质教育课堂教学要注重学生的参与，并引导学生参加实践实验教学，积极参与课题研究。实践教学环节的使用要注重新颖灵活和实用性，可以将教育的空间扩展至课堂外、书本外和学校外，切实做到理论教学与实践教学相结合，校内教学与社会实践相结合、显性课程与隐性课程相结合，比如义乌工商职业技术学院，直接把创业课堂转移到了义乌国际小商品城，在市场经济的前沿阵地开展创业教育。针对当前的创业热点及其相关经济环境，还可以创设"模拟公司""创业茶座"等特殊教学活动，激发学生创业愿望，培养学生的创业素质。

4）加强大学生的创业实践

第一，在高教园区构建创业实践平台。高教园区构建大学生创业实践平台，有助于培养大学生的市场意识和客户导向意识，促使其将目光从课堂投向市场，将理论转化为实践，促使学生在"实践——认识——再实践——再认识"这一循环中提升综合实力。①大学生校内创业实践平台，即校内创业实践基地建设。在学校建立的创业实践基地或大学生创业园开展创业实践活动，如模拟创业项目，参加创业大赛等，提高大学生创业实践能力。②大学生网络创业实践平台，此平台包括建立高校毕业生网络创业风险基金，支持大学生网络创业；鼓励和积极开展大学生网络创业竞赛活动或将网上创业纳入教学实践；积极、持续、稳步推进大学生网络创业教育培训活动等。③大学生校外创业实践平台。一是选择合适的企业合作开展创业实践。在建设校外实训基地开展创业实践时，要综合考虑企业规模、所属行业与学校相关专业的契合度。二是共建创新创业实践项目。创新工作室以项目为导向，进行创业项目的选择、论证、实施、反馈，所选创业项目跟企业经营范围相关。创新工作室的建设由学校老师和企业指派人员共同负责，具体运作由学生创新团队来进行，项目运作最终要以能给企业带来效益或市场为目标。

第二，大学生创业团队的组建。学生创业团队就是大学生在创业的基础上发现和把握商业机会，由几个有共同的目标并有相同价值观的学生组建的团队。这个团队最大的优势就是创业热情高，创新意识和能力较强；具有较强的专业基础知识和技能；团队学习能力强等。但也有劣势，如团队的稳定性较差；对市场把握不够精准；团队技术力量缺失等，所以组建一支优秀的大学生创业团队必须注意以下几个问题：首先团队成员要志同道合，有共同的创业梦想，相同的价值观。其次，创业团队成员要优势互补，性格和能力多元化，在创业中充分发挥每个人的优势，使得 $1+1>2$，从而实现整个组织所拥有的技能、知识、资源等最大化，使创业企业能够更快地步入正轨并稳步发展。再次，大学生创业团队需要不断地学习，成为一支学习型创业团队。团队中每个成员需要意识到自己的劣势，通过不断地学习来完善各方面的不足，在团队中形成浓烈的学习氛围，从学习中汲取更多的营养和资源，从而促进整个创业团队的强大以及创业企业更高效快速的发展。大学生不仅要学习与创业相关的专业知识和技能，还要学习创建企业所涉及的法律知识和常识，比如《中华人民共和国合同法》《中华人民共和国公司法》《中华人民共和国企业所得税法》等与经营活动相关的法律知识和工商管理的相关规定，才能顺利地创办新的企业，在遇到相应问题时能妥善解决。最后，大学生创业团队需要规范化的管理。在团队创建之初要制定好相应的规章制度，明确今后的利益关系和分配原则，以免在企业发展过程中产生不必要的争议和纠纷，而损害整个创业团队的利益。

5）优化大学生创业扶持政策

第一，政府的支持。李岚清曾经指出："要探索鼓励高校毕业生自主创业的有效途径和相应的政策措施，通过政府设立小额贴息贷款，或借助社会风险投资基金等方式，扶持大学生开办、承包和改造企业，特别是小型科技民营企业。"[1]大学生创业素质教育要真正实现，离不开政府的大力支持。首先按照政府调节、市场监督、社会服务的要求，建立健全以大学生创业教育信息服务、技术咨询服务、市场指导服务、创业人才服务等为主要内容的创业资助体系，为大学生创业实践提供方便。其次建立大学生创业基金，举办大学生创业计划大赛，鼓励中小企业和学校联手办企业。最后，在大学校园周边建立大学生创业园，建设良好的创业环境等。

第二，企业的支持。社会企业和公司对于完善大学生创业教育环境具有重要的作用，所以应当积极开展校企合作，强化企业的参与功能。首先，一些创新、创业能力强的大

---

[1] 蔡克勇. 教育发展的新趋势：加强创业教育. 求是，2001，（18）：55-57.

企业、大集团和成长较好的中小企业，可以利用高校人才优势，通过和高校开展产学研合作，提供给高校纵向、横向课题研究。其次，企业可采用但求所用，不求所有的"定单式培养"的方式，投资高校创业教育，如肯德基公司在很多高校设立曙光奖学金，受资助的学生见习年限到期以后，可选择离开企业，也可以继续留在企业工作。最后，充分利用企业家资源来有效地扶持大学生创业教育的实践。从成功的企业家或者校友企业家当中选取专门的导师，不仅要在观念和方向上指导学生创业，而且还要"扶上马送一程"，给学生提供完整的孵化帮助，包括企业日常营运指导、资金的筹划、为业务拓展牵线搭桥等。

8.3.4 国外大学生创业素质教育的特点

1. 美国大学生创业素质教育

美国是创业教育的最初发源地。1930年，斯坦福大学的特曼院长提出了把学术研究与产业发展相结合的商业构想，并对这一构想进行了初步的实践——通过教育培养学生的创业能力，由此创造了产学研相结合的范例，各国政府看到了这种形式对经济发展的推动作用后纷纷开始效仿。1978年之后，以培养学生的分析能力、创新精神为特点的创新人才培养成为美国教育界培养人才的首要目标。紧随其后的"创业革命"又继续加速了美国高校创业教育的发展。其具体做法有以下几点。

第一，教学体系完善，课程覆盖面广。美国的创业教育已经形成了由小学直至研究生的完备的教学体系。在学科建设方面，美国已经设立可以授予学士、硕士、博士学位的创业学专业；在课程设置方面，具有完整而系统的教学计划与教育体系，并有专用的创业教材，其课程涉及创新思维类、创业能力类、创业心理素质类、创业实务操作类、经营管理类、社交礼仪类等创业者必备的基本素质。在管理体制上，许多美国大学是将创业学专业纳入商学院来管理，并设有专门的创业中心。

第二，通过创业竞赛和创业项目开展大学生创业教育。1983年美国奥斯汀得州大学举办的首届大学生创业竞赛拉开了大学生创业活动的帷幕。这项比赛的举办使高校开始认识到创业教育既是一种教育理念，也是一种教育实践，并开始以战略性的创业教育理念指导具体的教育改革活动。此后，麻省理工学院、斯坦福大学等世界一流大学，每年都举办这一类的创业竞赛。

第三，对创业教育教学方法的重视。美国的创业教育主要是以案例教学和创业计划为中心的，强调在实践中运用学到的知识。创业教育的教师为使学生对创业教育的认识从感性升华到理性，经常组织学生以创业小组的形式开展活动，即把授课的班级学生以组为单位，分别准备创业计划书、创业大赛的参赛作品等，然后进行集体评比，通过评比总结使学生了解创业过程中应该注意的问题。此外，美国的大学生还可以通过参与高等院校内的学生自营企业活动，承包校内学生服务项目等，在积累经营小企业经验的同时还能获得一定的报酬。[1]

---

[1] 龙飞. 大学生创业教育对策研究. 哈尔滨理工大学硕士学位论文，2013.

2. 日本大学生创业素质教育

1982年，日本政府就提出了"要培养全球性的、进攻型的创造性人才"的教育理念。20世纪90年代初，制定了科技立国的政策，鼓励高校创办研究开发型企业，目前已形成了"官产学联合"模式的国家创新体系。1995年，日本制定了《科学技术基本法》，极大地促进了日本创业教育的产生和发展。1998年出台了《大学技术转移促进法》，用以鼓励高等院校开展创业教育。2005年的世界竞争力年鉴报告中显示，日本创业精神在60个国家中排名倒数第二[①]，这都促使日本将培养富有挑战精神的创新创业型人才作为国家的重要战略。日本的创业教育具有以下特点。

第一，创业教育体系衔接性强。日本教育一般坚持教育大众化的理念，按照面向的群体可以将日本的创业教育分为三个层次：以本科生为教育对象的创业教育；以高中生为对象的创业教育；以及由地方政府、创业协会等联合举办的创业培训。日本的创业教育从高中直至大学，已经形成了较完善的系统化体系。根据教育的内容以及层次大致可以将创业教育分为三大块：以创业技能为主的高等院校的创业教育；以引导为主的高中创业教育；以实践为主的商业创意大赛。创业教育得到了从政府到高校的重视，据统计几乎所有高等院校都专门成立了创业教育的相应管理机构，以保证创业教育顺利有效的开展。

第二，创业教育具有地域性特点。为了活跃经济，实现地域经济的平衡发展，日本经济采取了内发式的经济发展方式，以促进地域经济的特色发展作为国家的重要战略，给大学创业教育的开展提供了非常好的"基地"，比如大阪商业大学的创业教育理念是"培养有创业精神的创新型人才"，大学的发展目标是"为社会做贡献"，其学生有"扎根地方、学习地方、贡献地方"和奉献社会的责任感。

第三，政府实施校办企业政策。近年来，由于经济危机影响，日本经济处于低迷状态，因此，政府及日本教育界不断寻求改变和突破，不断尝试通过宏观手段，调整一些制度和政策。用政策的倾斜来推动和鼓励高等院校自主创办企业，特别是科技创新及研究开发型企业，以科技的创新推动经济的发展，并以此为契机，使日本能够尽快走出经济危机的影响，从而到达经济的全面复苏和快速增长。

第四，社会各界的协同支持，风险企业计划卓有成效。一些日本高校不仅培养出了大批的企业管理人才，还通过实践教学的校办企业获得了良好的经济效益。许多风险投资机构看到了校办企业的发展前景，为支持大学生在校创业设立了各种各样的风险投资基金，与此同时，高校创办企业也得到了日本政府和民间企业的资本扶植和帮助。2001年，日本经济产业省提出3年内创设1000个大学生风险企业的计划，在1503家大学风险企业中，学生创办的风险企业为165家，比例超过10%。[②]

---

① 李志永. 日本高校创业教育. 杭州：浙江出版联合集团，浙江教育出版社，2010：65，71.
② 苏海泉，余岚. 大学创业教育比较——以中国、印度、日本为个案. 辽宁工程技术大学学报（社会科学版），2011，13（2）：191-193.

3. 新加坡大学生创业素质教育

相对于欧美发达国家，新加坡高校创业教育起步较晚，但在亚太地区，新加坡是开展创业教育较早的国家，并且走在了亚太地区的前列。作为国家教育体系中的重要内容，创业教育已被纳入其社会和教育研究体系中。20世纪70年代，新加坡经济发展局将年轻人送往美法德日等国培训，进行学徒式的见习。20世纪90年代，新加坡开始创建工业园区，鼓励人们寻找合适的创业机会。1997年的金融风暴后，新加坡开始大力扶持和促进本地企业尤其是中小企业的发展，因而采取了一系列政策举措鼓励创业活动，教育界也积极开展创业教育的研究，创业教育得到了飞速发展，并形成了自己的鲜明特色。

（1）鲜明的教育理念和政策环境。早在1959年新加坡就确立了"发展实用教育以配合工业化和经济发展的需要"的指导思想，后来又确立了"教育必须配合经济发展"的教育方针，反对脱离国家需要或追求纯学术而盲目发展高等教育。新加坡政府每年拿出至少20亿新币用于创新创业、风险投资和技术转移。新加坡高等教育文献保障系统显示：（新加坡经济发展局）制定了多项优惠扶持计划促进创业活动的实施，创造了良好的创业环境。扶持计划包括新公司税务减免计划、企业投资优待计划等。

（2）国际化的创业教育体系。首先其课程设置与国际接轨，新加坡大学为了适应国际化的需要，改革了课程，采取学分制，并不断更新课程设置及内容。例如，新加坡国立大学在国外与印度科学研究院、美国斯坦福大学、美国宾夕法尼亚大学、中国复旦大学和瑞典皇家技术学院合作创建了五个分院，所开设的学科专业都具有强烈的创新创业特征，这种国际化的跨国办学模式博采众长，融汇创新，形成了具有前瞻性和国际水准的课程体系。其次，教师队伍国际化，新加坡每年都安排教师到世界一流名校深造，培养教师国际化教学水平。通过严把高校理工学院教师入口关，教师既有企业的锻炼经历，又具有高学历高技术，在一定程度上解决了双师型教师培养的问题。

（3）现代化的教学手段和灵活的教学模式。20世纪80年代教育战略向高等教育转移，经费节节攀升，各种互联网、远程会议、多媒体等高科技的教学手段应用在了创业教育之中。同时，教师的教学采取互动的方式，让学生浸入创业的环境，并突出个性辅导，师生在交流的过程互相启迪。另外，新加坡高校重视创业实践教学，采取案例分析、角色模拟、企业考察等多种形式，将学生带入创业的环境，并以创新创业计划大赛为契机，形成产学研一体化的实践平台，让学生的创业理念在实践中不断深化，并学以致用。例如，南洋理工大学与新加坡经济发展局联合创办的南洋创业中心，提倡教师、学生、校友以及风险投资人的交流与合作，其培养的学生，有的创办了自己的公司。

8.3.5 国外大学生创业素质教育的启示

大学生创业素质教育在发达国家的发展有较长的历史，再加上西方学生从小接受的教育理念就是鼓励创新，支持学生有自己的独创能力，所以美日等发达国家的大学生不缺乏创业精神。国外大学生创业素质教育在创业课程体系的设置、教学方法、政府高校对创业的支持等方面积累了许多宝贵的经验，对我国的创业素质教育有很大的启示作用。

（1）创业教育是一个长期浩大的系统工程，需要高校、政府等组织的共同支持，优化创业教育的外部环境。概括来说其实就是加强人力、物力、财力建设和制定法律政策法规等，全方位的支持创业教育的发展。美国、日本高校对创业教育的支持体系及采取的措施都是值得我们借鉴的。政府、企业、社会团体、事业单位、宣传媒体等都要关注、支持创业教育。我们需要构建完善的创业服务与保障机制，为大学生创业营造一个宽松的环境和良好的社会氛围。

（2）加强创业教育课程体系建设。为发展我国大学的创业教育，应尽快建立并完善创业教育体系，设立符合我国国情和高校实际情况的创业教育课程。应紧紧围绕创业过程中涉及的具体问题进行创业教育，着重培养学生的创新精神、创业能力，把创业教育融入高等教育的全过程，全面提升学生的综合素质，为建设创新型国家输送人才。

（3）加强创业教育，鼓励自主创业，已经成为各国高等教育领域的共识。创业教育的开展要重视三个方面：首先，必须建立与企业界的联系。为推动创业教育更快更好的发展，高校应积极联系与学校的相关学科相关的企业，校企合作形成创业教育联盟。其次，设立创业教育研究中心。美国的百森商学院、我国的清华大学等高校都开设了创业教育研究中心，并已经取得了良好的成效。创业教育研究中心是创业教育的组织基础，通过研究中心可以更好地开展教学、科研、培训等创业教育任务。最后，重视校办企业的作用。国外特别重视校办企业在创业教育中的作用，这对我们也同样适用。对于刚刚步入社会、各个方面阅历尚浅的大学生来说，立即将创业的目标定位在大中型企业显然不切实际，此外，校办企业以学校为依托，又与学生的专业知识密切相关，既可以锻炼学生的创业能力，又能充分发挥学生的专业知识，一举两得。因此，重视校办企业的平台作用，既符合创新创业教育的实际需要，又可以帮助学生获得一定的报酬，减轻其父母的压力。

8.4 阅读材料及思考与实践

8.4.1 精选案例

让网络科技成为实现创业梦想的平台

冯磊，男，汉族，1981年2月生，中共党员，陕西延安人。陕西国际商贸学院计算机科学系计算机网络技术专业2005届毕业生。第二届陕西高校大学毕业生建功立业先进事迹报告团成员。

冯磊在校期间刻苦学习专业知识，积极参与社会实践，理论基础和实践能力得到极大提高。他在担任班干部期间恪尽职守，发展成为一名光荣的共产党员。毕业后，通过职场历练，在步长集团创业精神的感召下，创立了西安通康网络科技有限公司，解决了20余人的就业问题，年利润200余万元。公司秉承诚信服务的理念，在业内获得了广泛认可及合作单位的好评。

1. 陕西国际商贸学院优秀校友冯磊

在一个春光明媚的日子，我们乘公交车来到西安百脑汇科技大厦，专程采访商院学子——西安通康网络科技有限公司经理冯磊。接到我们的电话，他下楼迎接了我们，并一同走进了他的办公室。这是一位看起来十分精明老练而聪明睿智的小伙子，一副眼镜下闪动着炯炯有神的目光。由于工作繁忙，全天的洽谈业务与拜访客户事宜安排得满满当当，接受我们采访的时间也只能放在中午休息的两个小时内。在交谈的过程中，不时有人前来找他，或接到外面打来的电话，体现出一种快节奏、高效率的工作局面。

2. 在家里他是一个好孩子，在学校他是一个好学生

冯磊出生在延安姚店镇的一个农民家庭。父亲一生从事个体摄影工作，母亲为一般农妇，日出而耕，日落而归。他在家里排行老二，上有姐姐，下有弟弟。上小学以后，他经常在放学以后和家里人开荒种地，收获庄稼。做一些力所能及的事情，他学会了种玉米、种土豆等。他从小养成了吃苦耐劳、勤劳朴实的好品质，周围的人都夸他是个听话的好孩子。

2002年，冯磊考入陕西国际商贸学院计算机网络技术专业。来到学校后，他始终把学习放在非常重要的位置，对每门课程都毫不马虎，白天学习时间不够用，晚上继续学习，星期天其他同学有的上街买东西，有的逛超市，有的玩游戏，而他却是在书本里寻找乐趣，学习自己应该掌握的知识。上自习的时候，教室里有的同学说话聊天，他看不惯，经常教育这些同学好好学习，不要虚度光阴，他不想和其他同学一起浪费时间，就独自到图书馆去学习，因而，每次考试他的成绩都在全班前几名，多次受到班主任的好评和表扬。在校期间，他积极要求上进，努力向党组织靠拢，及时向党支部领导汇报自己的思想与学习情况，得到了组织上的支持和肯定，在与他那一级的同学里，他第一个加入了中国共产党，成了一名优秀的共产党员。

3. 在打工的过程中积累自己的经验

2005年9月，毕业后的冯磊走上了打工之路。他先后在三个不同的企业打工，丰富自己的经历。毕业后第一份工作是在陕西百佳销售公司从事销售工作，其主要任务是销售投影仪。做销售是一件十分辛苦的差事，他经常出差到陕南陕北拜访客户、作渠道，跑一个月，皮鞋都跑坏了。做销售，吃闭门羹是常有的事，客户不愿意见他，怎么办？他说："做销售，不光是勤跑，还要多动脑子，想一想客户不想见自己的原因在哪里。要从产品的性能、质量、价格等方面，站在客户的角度，替客户考虑，你就会找到答案。"处处留心皆学问，他虚心向同行学习，与同类型产品销售人员交朋友，从他们那里得到启示，并与他们形成互补关系，共同销售各自的产品。

在陕西百佳销售公司从事销售工作一段时间后，2006年，他又找到第二份工作，来到西安三茗科技有限公司从事技术工作，该公司的业务主要是数据恢复软件的研发与生产。这个工作性质与他在学校学习的知识更加接近，有利于发挥自己的特长，具体工作是对企业产品进行运行测试，功能把关。为了使自己增长知识，增加才干，他一有空就刻苦钻研业务知识，阅读相关报纸杂志，了解该类科技发展动向，不断丰富自己的专业知识和内涵。在这个企业工作一年多，由于待遇等问题，他准备回老家延安创业。

这时，经一位朋友介绍，他又来到第三个企业西安美上美网络公司就职。这个企业的工作性质与自己所学专业更加贴近，主要从事无线网络覆盖技术和业务拓展，客户主要面对酒店、煤矿、学校等。在这里他连续工作了四年多。这时的冯磊为人更加成熟，处事更加沉稳，工作更加得心应手，受到企业老板的赏识与重用，成为一位领导信任的项目经理。他跑业务、签合同、定方案、搞设计、抓施工等样样在行，交工、验收、收款，工作能独当一面。

让他记忆犹新的是旬邑黑沟煤矿无线网络覆盖的经历。这个工程从地上无线网络的覆盖到地下无线语言通信，工程量大，结构复杂，技术含量高，需要有敏锐的思路与渊博的知识储备，他同其他技术人员夜以继日、废寝忘食、加班加点精心设计方案，反复论证与测试，确保工程质量万无一失。经过几个月的努力，旬邑黑沟煤矿的无线网络覆盖得以实现，受到企业的好评。一位矿长在黑沟煤矿考察后，对这个项目非常欣赏。冯磊在旬邑黑沟煤矿先后做了三期工程，由于他不断拓展，该项目由地上覆盖到地下覆盖，再到井下作业人员无线语音通信，大大提高了企业安全生产的标准，合同金额也由 60 万元追加到了 200 万元。

两年前，他以一位成功的项目经理人，承揽了榆林学院校园无线网络覆盖工程，他带领 2 名技术人员、8 名施工人员，连续苦干 3 个月，顺利地完成了这项工程。仅此项工程就为公司创收达 239 万元。五年的市场锤炼，使冯磊学到了不少在书本上学不到的知识，使他的无线网络技术的知识更加丰富，搏击市场的翅膀更加坚强。

4. 创业要从自己最熟悉的行业起航

从打工到自己创业这是需要很大勇气的。冯磊就是一位既有勇气又有谋略的人。在交谈的过程中，我们深深地感受到这一点。冯磊告诉我们，做自己最熟悉的事情才能不走弯路，或者少走弯路，创业一定要从自己最熟悉的行业做起。自己创业，建立自己的企业，这是冯磊最大的梦想。

2011 年 9 月 10 日，这是冯磊终生最难忘的日子，他创办的西安通康网络科技有限公司挂牌成立。公司成立以后，冯磊和他的 7 名员工同舟共济，奋力拼搏，致力于为企事业单位解决无线网络系统的集成与建设。公司主要从事无线监控、无线覆盖、人员定位、无线语音、无线计费、无线网络传输等无线相关业务。行业解决方案有：酒店无线覆盖、高校无线覆盖、图书馆无线覆盖、油田无线监控、医院无线覆盖、井下人员定位、无线网络传输等方案。集中服务于运营商、教育、酒店、政府、石油、煤矿、电力、医院等多个行业。

公司成立以来，先后承做了榆林市兴安机动车综合检测有限公司无线网络覆盖、西安靓点商贸有限责任公司无线网络覆盖及视频监控系统、陕西黄金岛电子娱乐公司视频监控系统、西安市蓝田县田家湾村视频监控系统、甘肃西峰巴家咀水库无线监控系统、中石油长庆油田采气五厂无线网络接入等。

甘肃巴家咀水库位于蒲河中段，镇原、西峰交界处，地处黄土高原地区。

属全国 12 座重点拦泥水库之一,被誉为黄土高原第一坝,它的建成和运用是庆阳人民在水利事业上的一个壮举。1952 年 10 月,毛泽东同志发出"要把黄河的事情办好"的号召后,中华人民共和国水利部黄河水利委员会多次委派专家考察,于 1956 年正式向国务院提交巴家咀水库报告,得到了国务院的重视和支持。2011 年 11 月,为了加强水库的信息化系统建设,甘肃省水利厅提出对水库的几个关键地点安装视频监控系统。冯磊所领导的西安通康网络科技有限公司对水库现场环境进行勘测,提出了使用无线监控技术实现对水库的监控方案,经过半个月的安装调试,成功为甘肃庆阳巴家咀水库实施了无线监控系统的接入,得到了甘肃庆阳水利厅领导的高度认可。

如今的西安通康网络科技有限公司是一个技术含量高、业务范围广的无线网络企业,它的发展将会前途无限。他制定的近期目标是:不断为高档酒店、高校图书馆、企事业单位的 WiFi 无线网络建设提供服务;为能源行业,如长庆油田,延长油田提供无线网络的远距离传输和无线视频监控系统;为煤炭行业提供井下的人员定位及 WiFi 语音的通信。其远期目标是:通过研发自主知识产权的无线产品,走集研发、生产、销售为一体的发展模式,进而将公司打造成上市企业,为社会提供更多的就业岗位。多么让人振奋的一幅宏伟蓝图!

愿冯磊的创业之道越走越宽,事业越来越好,继而成为陕西国际商贸学院众多学子中的佼佼者。

8.4.2 精选故事

张志伟的人生之路

——记西安瀚博医药科技有限公司总经理张志伟

张志伟,西安瀚博医药科技有限公司总经理。2011 年 7 月 2 日,作为毕业生代表他与陕西国际商贸学院董事长赵超、执行院长王立新、招生就业办公室主任李吉友一起接受陕西电视台"高校会客厅"栏目组的采访,这是他人生之路上不会忘记的时刻。为什么能够有这样的特殊采访待遇,还得从他的创业之路谈起。

2002 年,他作为一个普通工人家庭出身的学子,考入了陕西国际商贸学院医疗系中医专业。几年里,他刻苦学习,认真钻研每一门功课,丰富了他的知识。在学习期间,步长制药董事长赵步长的成功对他影响甚大。他说,董事长 50 多岁后还能够成就大事业,我为什么不能,我想做的事一定能够做成,我的梦想一定能够实现,我要做前人未做的事,我要成为一名企业家,并为这个目标奋斗不止。

1. 在工作中积累经验,在奋斗中不断提升自己的能力

2004 年年底,因为他出色的学习和表现,步长公司聘用他到企划中心从事了第一份工作。在企划中心，为了尽快适应环境，提高工作能力，他虚心向其他同志学习，像一只永不停歇的蜜蜂，辛勤地奋斗在自己的岗位上，努力完成领导交办的各项工作。

张志伟是一个永不满足的人。2006年8月，为了进一步提升自己的能力，他离开了自己心爱的第一份工作，来到了西安康杰医院。由于他在步长公司从事过企划工作，在西安康杰医院他顺利地承担了企划总监的重任，主要负责医院的形象设计、产品包装、宣传策划、广告运营等。2007年6月，张志伟辞去康杰医院企划总监职务，来到灵草集团（现世龙国际集团），担任企划部经理。他出色的工作业绩给他的人生增添了不少光彩。8个月后，他由企划经理调任为行政部经理，全面主持企业的行政管理工作。

是金子在哪里都会发光。张志伟的工作能力得到充分发挥。哪里最需要他，他就会被安排到哪里。11个月后，他又被调到市场管理部负责市场管理工作。他经过市场调研和客户分析，很快整理出了一份《客勤管理体系》。在市场部工作的5个月，销售收入由原来的2000万猛增到3200万。

2. 创办自己的企业是他最大的追求与梦想

张志伟的人生梦想就是要创建自己的企业，干一番大事业。在经过几年的市场拼搏中，他得到了磨炼，提高了能力，锻炼了意志，鼓足了勇气，正在张开坚挺的翅膀，向成功的彼岸飞翔。2008年8月，张志伟成立了自己的企业——西安辉瑞医药科技发展有限公司，主要从事医药消毒用品、卫生用品的开发与销售。

天有不测风云，人有旦夕祸福！突如其来的一场商业游戏成了张志伟的灭顶之灾。企业创办不到一年，2009年6月，由于企业自我保护意识不强，没有及时跟进商标注册工作，商标被其他企业抢先注册。要想继续使用这个商标，他得付出30万的代价。为此，他多日彻夜难眠，怎样才能解决这个问题？他日思夜想有了初步的思路。第一，向行业圈子中的朋友带息借款；第二，向原来所发展的客户带息借款；第三，卖掉自己所有值钱的东西凑钱。经过半个多月的奔波，他凑了一部分资金，计划赎回被抢注的商标。但经过再三考虑，他认为企业创办不到一年，被抢注的商标价值不大，所以决定更换商标开始第二次创业，更改公司名为"西安瀚博医药科技有限公司"。公司的业务集医药研发、销售为一体，成为现代化综合性企业。目前公司拥有一支由资深真菌性皮肤疾病专家组成的专业化团队从事科研工作，并聘请全国20余名中西医学博士为顾问，本着以人为本、健康至上的原则，致力于人类真菌性皮肤疾病的康复事业。企业发展到今天，已有员工100多人，年销售收入达300多万元。

3. 多元发展，投资建设快捷酒店

在企业蒸蒸日上的时候，他又做出一个新的决策，开辟一块新的领地。2014年8月，他经过认真周密的考察与调研，拿出总额428万元，在西安电视塔附近投资了速8快捷酒店，客房数量120间，该酒店采用速8品牌中的高端设施。酒店在2015年9月初投入运营。

目前，张志伟决心持续投入，夯实基础，把市场建设和公司体系建设工作放在首位，加大力度开发市场，提高市场服务和产品竞争力。为走好自己的人生之路努力奋斗着。

8.4.3　思考与实践

（1）联系实际，谈谈对创新精神特征的理解。
（2）作为一名大学生，应如何培养自己的创新思维？
（3）结合国外大学生创新能力培养的经验，联系自身实际，谈谈自己如何提高创新能力。
（4）什么是创业意识？有哪些内容？
（5）联系实际，谈谈培养大学生创业意识和创业知识对个人发展的重要意义。
（6）举例说明大学生可以通过哪些途径丰富自己的创业知识。
（7）自由组建团队，写一份小型创业策划书。

第9章 素质教育评价与大学生素质拓展

📖 **故事导读**

马云成功故事

马云，男，1964年9月10日生于浙江省杭州市，祖籍浙江省嵊州市（原嵊县）谷来镇，阿里巴巴集团主要创始人之一，现担任阿里巴巴集团董事局主席、日本软银董事、TNC（大自然保护协会）中国理事会主席兼全球董事会成员、华谊兄弟董事、生命科学突破奖基金会董事。

马云成功故事1：马云的三次高考

既然生活道路是如此的曲折、复杂，人们就应该坦然地去面对。

马云，一张棱角分明、消瘦奇特的脸庞，一派狂放不羁、特立独行的做事风格，一副两肋插刀、不计回报的古道热肠；以"光明顶"命名公司会议室，与金庸密切交往，聚集互联网英雄人物"西湖论剑"。马云的种种言行，颇似一位纵横商海江湖的大侠。

马云之所以让当今的无数草根创业者崇拜，一个很大的原因就是马云也曾跟我们一样，是一个普通得不能再普通的人。他高考屡战屡败、屡败屡战。试想，如果马云在第二次高考失败后，听从了父母的劝告，去学习一门手艺，安安稳稳过他当临时工的生活，那么，还会有今天的马云，还会有今天的阿里巴巴吗？

第一次高考，遭遇滑铁卢。尽管马云的英语在同龄人中出奇的好，但他的数学却实在太差，只得了1分，全面败北。这之后他当过秘书、搬运工，后来踩着三轮车帮人家送书。有一次，他给一家文化单位送书时，捡到一本名为《人生》的小说。那是著名作家路遥的代表作之一。小说的主人公，农村知识青年高加林曲折的生活道路给马云带来了许多感悟。高加林是一个很有才华的青年，他对理想有着执着的追求，但在他追求理想的过程中，往往每向前靠近一步，就会有一种阻力横在眼前，使他得不到真正施展才华的机会，甚至又不得不面对重新跌落到原点的局面。

从故事中，马云深刻领悟到人生的道路虽然很漫长，但关键处往往只有几步。在人生的道路上，没有一个人的道路是笔直的、没有岔道的，这正印证了一句话："人生不如意事十有八九。"既然生活道路是如此的曲折、复杂，人们就应该坦然地去面对。于是，马云下定决心，要参加第二次高考。那年夏天，马云报了高考复读班，天天骑着自行车，两点一线，在家里和补习班间游走。

没想到第二次高考依然失利。这一次，马云的数学考了19分，总分离录取线差140分，而且这一次的成绩使得原本对马云上大学还抱有一丝希望的父母都觉得他不用再考了。

那时候，电视剧《排球女将》风靡全国，可谓家喻户晓。在那青涩但纯洁的时代，小鹿纯子的笑容激励了整整一代人，当然也包括当时的马云，不仅仅是因为她甜美的笑容，更多的是她永不言败的精神。这种精神对马云日后的影响十分深远，"永不放弃"也成了马云的一种精神象征，以致影响了每一个阿里人。小鹿纯子的拼搏精神给了马云巨大的激励，他不顾家人的极力反对，毅然开始了第三次高考的复习准备。由于无法说服家人，马云只得白天上班，晚上念夜校。到了周日，为了激励自己好好学习，特地早起赶一个小时的路到浙江大学图书馆读书。

就在第三次高考的前三天，一直对马云的数学成绩失望的余老师对马云说了一句话："马云，你的数学一塌糊涂，如果你能考及格，我的'余'字倒着写。"

考数学的那天早上，马云一直在背10个基本的数学公式。考试时，马云就用这10个公式一个一个套。从考场出来，和同学对完答案，马云知道，自己肯定及格了。结果，那次数学考试，马云考了79分。历经千辛万苦，马云终于考上了大学。

对马云而言，人生路上的三次高考，早已成为他生命旅程中最宝贵的精神财富。

马云成功故事2：创办阿里巴巴

阿里巴巴无疑是中国互联网史上的一次奇迹，这次奇迹是由马云和他的团队创造的。

阿里巴巴创业开始，钱也不多，50万，是18个人东拼西凑凑起来的。50万，是他们全部的家底。然而，就是这50万，马云却喊出了这样的宣言："我们要建成世界上最大的电子商务公司，要进入全球网站排名前十位！"

那是1999年，中国的互联网已经进入了白热化状态，国外风险投资商疯狂给中国网络公司投钱，网络公司也是疯狂地烧钱。50万，只不过是像新浪、搜狐、网易这样大型的门户网站一笔小小的广告费而已。阿里巴巴创业开始时相当艰难，每个人工资只有500元，公司的开支也精打细算，一分钱恨不得掰成两半来用。外出办事，发扬"出门基本靠走"的精神，很少打车。据说有一次，大伙出去买东西，东西很多，实在没办法了，只好打的。大家在马路上向的士招手，来了一辆桑塔纳，他们就摆手不坐，一直等到来了一辆夏利，他们才坐上去，因为夏利每公里的费用比桑塔纳便宜2元钱。

8年后的2007年11月6日，阿里巴巴在香港联交所上市，市值200亿美金，成为中国市值最大的互联网公司。马云和他的创业团队，由此缔造了中国互联网史上最大的奇迹。

中国大部分想创业的人都是一样，晚上想想千条路，早上起来走原路。他们比马云聪明多了，能想出非常多的创业好点子来，但是他们从来没有去执行过。因为他们有着太多的借口和理由。于是，他们继续过他们平庸的生活。

新东方创始人俞敏洪在北京大学2008年开学典礼上说了这样一段话："人的一生

是奋斗的一生，但是有的人一生过得很伟大，有的人一生过得很琐碎。如果我们有一个伟大的理想，有一颗善良的心，我们一定能把很多琐碎的日子堆砌起来，变成一个伟大的生命。但是如果你每天庸庸碌碌，没有理想，从此停止进步，那未来你一辈子的日子堆积起来将永远是一堆琐碎。"

（夏爱华. 马云的三次高考. 吉林劳动保护，2007，（6）：46. 本文根据此资料整理编写）

素质教育实践的成功与否需要运用教育评价手段进行判断、反馈和调控，这就好比工厂在产品生产过程中需要通过对产品的检测来调整生产工艺或策略，以确保产品质量和满足市场需求。本章对素质教育实践过程中运用评价手段进行反馈和调控、素质教育结果的鉴定以及评价手段为素质教育决策服务等作初步探讨。

9.1 素质教育评价概述

教育评价作为新兴的教育科学研究领域，已受到世界各国政府和学术界的重视。对什么是评价、什么是教育评价、什么是教育评价的功能和作用等基本理论问题的研讨，有助于对教育评价的深入研究和运用。

9.1.1 教育评价的含义

"评价"一词在一般汉语词典里的主要意思是"评定价值高低"。由此我们对教育评价较为直觉的解释是"对教育价值进行判断的过程"。但是，这种判断过程不是随意的，而是建立在对教育信息进行科学分析基础之上的。美国教育家泰勒在"八年研究"的实验报告里指出："教育评价（educational evaluation）就是衡量实际活动达到教育目标的程度。"[1]这是教育评价的早期解释，它的应用范围只限于课堂教学，评价内容集中于学生的信仰、创造力、协作精神和记忆能力的发展水平等。随着社会生产力的发展，教育发展规模不断扩大，特别是经过20世纪60年代评价发展的兴盛阶段，教育评价应用范围大大扩充了。教育评价不仅能检查教育结果，即学生学习质量和发展水平，而且能考察整个教育过程的其他方面，如教师评价、校长评价、办学水平评价、办学条件评价、区域性教育水平评价等。由于教育评价内容的扩大，对教育评价的界说也有了实质性的变化，其内涵也在不断变化、趋于深化，大体包含以下几方面的特性。

第一，客观性。教育评价要有一个客观基础，这个基础建立于对教育信息进行科学、系统和全面的搜集。

第二，科学性。对所搜集到的教育信息，要运用科学的方法进行整理、处理、解释

---

[1] 喻方元. 高校教师课堂教学质量评价体系研究. 高教发展与评估，2008，(2)：80-85，123.

和分析，便于进行准确的判断。

第三，主观性。无论是何种教育评价，最终的评价结果都是通过人的大脑判断得到的，但是这种判断，必须建立在对教育信息进行科学处理和分析的基础之上。

第四，普适性。教育评价概念应该适用于教育的全领域。

第五，目的性。评价不是为评价而评价，旨在把评价结果或结论反馈给决策者、被评价单位或个人，使他们能有效采取更佳的教育决策，制订教育或学习计划，促进教育改革，提高工作或学习效率和教育质量。

基于教育评价内涵五个方面的特性，我们认为教育评价是指在系统地、科学地和全面地搜集、整理、处理和分析教育信息的基础上，对教育的价值作出判断的过程，目的在于促进教育改革，提高教育质量。[①]

9.1.2 素质教育评价的主要内容

1. 学生综合素质评价

按照素质教育的分类，它可以分成三类，即身体素质教育、心理素质教育和养成素质教育。养成素质教育又划分为四种：政治素质教育、道德素质教育、科学素质教育、文化素质教育。因此，学生综合素质评价就是对学生的身体素质、心理素质和养成素质综合质量的评价。这种评价是建立在对学生的身体素质、心理素质、政治素质、道德素质、科学素质、文化素质单项评价结果的基础之上的，只有单项评价结果是科学、客观和有效的，学生综合素质评价的质量才能得到保证，素质教育才能向纵深方向发展。教师在具体评价时，要按照教育评价的一般过程进行。制定评价标准要依据以下五个方面。

第一，社会经济、政治、教育、文化等的协同发展规律。在社会系统中，教育是一个子系统，除此而外，还有经济系统、政治系统和文化系统等子系统，这些子系统的运行和演化是相互制约、相互促进的，教育系统孤立地考虑自身的发展是不够的，应该把自身的发展与其他子系统的发展结合起来，形成社会系统内部的协同发展。譬如，要编制学生综合素质评价标准，必须清楚地知道学生综合素质包含哪些内容。我们可以用理论分析和民意调查相结合的方法去实现。

第二，党和政府的教育政策和法规。教育政策是党和政府在一定历史时期为教育工作制定的基本要求和行为准则。这些基本要求和行为准则是衡量我们教育工作做得好坏的标准；教育法规是由国家权力机关制定的有关教育方面的法律、法令、条例、规则、章程等法律文件的总称。它是兴办教育事业所必须遵循的准则、依据和规范，是适应国家经济和社会发展需要而产生的，是统治阶级意志的表现。现行的教育法规有教育法、教师法、义务教育法和高等教育法等，如果我们的教育活动不符合教育法规，那将寸步难行，因此，我们必须以教育法规的条文作为标准来对教育活动进行评价。

第三，有关的科学知识。制定教育评价标准，一定要符合教育规律和人的心理规律，揭示这些规律的有教育科学、心理学和系统科学等，教育科学是研究、培养人的规律的

---

① 辛涛，李雪燕.教育评价理论与实践的新进展.清华大学教育研究，2005，（6）：38-43.

各门教育学科的总称。现代教育科学不仅包括研究教育一般规律的教育学，还包括研究教育领域某一方面规律的各门教育学科，有教学论、学校卫生学和教育法学等学科。这些学科从不同侧面揭示了教育的规律，教育评价标准的内容应该符合这些规律。心理学是研究心理现象的科学，人的任何活动中都有心理因素，如感觉、知觉、记忆、思维、情绪和意志等。在教育评价实际工作中评价者和被评价者也不例外，对于编制以人作为评价对象的评价标准来说，科学地遵循人的心理规律尤为重要。系统科学揭示的三条原理：反馈原理、有序原理和整体原理也是适合教育系统运行的，在编制教育系统中部分评价对象的标准时，必须以此作为依据之一。

第四，教育活动中积累的经验。在广泛的教育实践中，教育者积累了丰富的经验。在这些经验中，有的经验上升为理论，成为科学知识；有的经验还未上升为理论，但它又确是由实践得来的知识或技能。这些知识或技能是非常宝贵的，能作为编制教育评价标准的依据之一。

第五，被评价对象及与之有关的人、财、物等的实际情况。评价标准不仅要客观、准确和可靠，而且还要可行，这就要求我们在编制评价标准时，必须考虑被评价对象及与之有关的人、财、物等的实际情况，使其能让被评价者所接受，真正发挥评价的导向作用和激励作用。另外，也要考虑与实施评价标准有关的人、财、物等的实际情况，真正做到有足够人力、财力和物力来实施评价标准。评价标准编制得再好，没有足够的人力、财力和物力来保证其实施，这样的评价标准也是无用的。

2. 素质教育过程评价

素质教育过程实质上就是对学生实施素质教育的全部教育工作，它主要包括课堂教学工作、班主任工作、领导工作、干部工作和员工工作等，其中课堂教学工作是最重要的，这是因为课堂教学是素质教育的主渠道。我们不难发现，素质教育过程是课堂教学工作、班主任工作、领导工作、干部工作和员工工作等综合作用的过程，因此，我们要搞好课堂教学工作、班主任工作、领导工作、干部工作和员工工作等的评价，分出各种等级，找出真实原因，真正做到是非明、好坏分。营造一种公平竞争的良好环境，使学校教职员工工作有一种压力或动力，努力把自己的学习和各项工作做好，以促进素质教育质量的提高。就目前而言，由于学校领导往往是评价工作的组织者，是强有力的"裁判"，对于他们的评价主要通过学校办学水平的自我评价和上级教育行政部门领导的外部评价来实现。随着教育评价制度的进一步完善，较为公正、科学、规范和专业化的社会评价机构的建立，素质教育过程评价工作可以由这种机构的专职人员来主持或参与，评价工作将更为公正和客观，这会更有效地促进素质教育质量的提高。

9.1.3 素质教育评价的意义

1. 有利于素质教育的正确决策

要做好素质教育，首先必须要有正确的决策。党的十一届三中全会以来，我国教育事业有了很大的发展，学校数量不断增多。在建设社会主义市场经济的今天，不同办学模式不断涌现，除公立学校外，还有公办转制学校、承办制学校、社会团体办学、中外合资办学等，在这种情况下，如何使各级各类学校有效实施素质教育，提高素质教育质量？这就必须运用教育评价手段，为素质教育决策提供有效信息，以做出正确的决策。

2．有利于调控素质教育过程，促使其朝着预定的目标运行

学校是实施素质教育的主要场所，素质教育质量是学校各种要素，即学校规模、师资力量、教学设备、教学管理、学生来源、后勤服务等综合作用的结果。教育评价应对学校各项工作进行综合检验，使人们能时常根据学校工作的现状与实现素质教育目标的差距调控素质教育过程。相关人员在规划学校工作时，应纵观全局，有明确的方向，有针对性地提出切合实际的策略和方法，有效调控学校的各项工作，使素质教育达到预期的目标。

3．有利于检验素质教育的结果

素质教育做的成功与否，质量如何，均需要运用教育评价手段来判定。我们知道，由于素质教育的根本目的是多出人才，提高民族素质，所以，学生综合素质评价是整个素质教育评价的出发点和归宿。只有解决了学生综合素质评价问题，才能做好素质教育评价。《中共中央国务院关于深化教育改革，全面推进素质教育的决定》中对素质教育的内涵进行了科学的定义，即"实施素质教育，就是全面贯彻党的教育方针，以提高国民素质为根本宗旨，以培养学生的创新精神和实践能力为重点，造就'有理想、有道德、有文化、有纪律'的、德智体美等全面发展的社会主义事业建设者和接班人"。这为学生综合素质评价指明了方向。教育评价理论和方法的日趋成熟，使我们科学、客观和有效地评价学生综合素质变为可能。

9.2 大学生素质拓展概述

为全面实施高校素质教育，适应广大青年学生成长成才、就业创业的迫切需要，中华人民共和国教育部、中国共产主义青年团、中华全国学生联合会于2002年开始联合试点实施大学生素质拓展计划。大学生素质拓展计划是一个完整的体系，它从职业导航设计入手，结合学校和学生的实际情况，以项目建设为重点，以目标管理为手段，以大学生素质拓展证书的填写、认证、推介、评价为依托，统揽学校第二课堂教育的各个方面的内容和各种教育形式。大学生素质拓展认证工作要求高校建立起一套对学生进行非业务素质认证与评价的体系。素质拓展认证系统的建设可全面反映学生在校期间参加素质拓展的经历和成果，进一步调动学生进行素质拓展活动的积极性，推动第二课堂素质培养体系朝着集约化、科学化方向不断发展。

9.2.1 大学生素质拓展的内容

大学生素质拓展的基本内容是进一步整合、深化教学主渠道外有助于提高学生综合素

质的各种工作项目和活动，以开发大学生人力资源为着力点，在思想政治与道德素养、社会实践与志愿服务、科技学术与创新创业、文体艺术与身心发展、社团活动与社会工作、技能培训及其他六个方面帮助和引导在校大学生完善智能结构，全面成长成才。

1. 思想政治与道德素养

思想政治与道德素养方面的内容是指学生参加党、团组织的重要活动以及在道德品质、思想认识等方面的表现，包括参加班级、系部组织的主题班会活动及各类教育活动；参加党校、团校学习成绩合格及有关教育活动；参加系部、学院和社会举办的各种思想、道德教育活动（民族团结月教育、环境及安全等方面的教育）。例如，×年×月向党组织递交了入党申请书，×年×月被列为入党积极分子，并参加学校第××期入党积极分子培训班学习。

2. 社会实践与志愿服务

社会实践与志愿服务方面的内容是指学生组织或参加的志愿者服务、社会实践等活动，学生在活动中的表现和在活动中所取得的成果，包括参加学院、系部社会实践活动及各级表彰情况；积极参加劳动周等劳动教育课，完成任务及奖励情况；参加学院、系部组建的青年志愿者活动及在活动中所取得的成绩；参加学院实践基地活动及所取得的成绩；假期参加社会实践活动。例如，×年×月至×月，在隆泰商务科技有限责任公司实习。×年×月×日至×月×日，参加了克拉玛依市组织的"三下乡"志愿者活动，在活动中担任队长，并荣获了"优秀志愿者"的称号。

3. 科技学术与创新创业

科技学术与创新创业方面的内容是指学生利用课外时间所从事的创业创新活动以及参加各级各类创业、科技、学术等比赛中所取得的成绩，包括参加学院学术类、科技类大奖赛等活动及成绩；在国家级、省级、学院级刊物上发表学术论文；创造发明获得奖励或取得专利。例如，×年×月，参加了全国大学生数学建模竞赛，荣获二等奖。

4. 文体艺术与身心发展

文体艺术与身心发展方面的内容是指学生参与的文体艺术活动和在所参与的活动中取得的成绩，以及有益于自身身心健康发展的其他经历，包括参加学院、系部、社团组织的各类文化活动、艺术活动、体育比赛及成绩；在学院内外报刊、电台发表文章及作品情况；早操、体育达标等体育锻炼情况。例如，×年×月，参加学校运动会，荣获百米短跑第一名。

5. 社团活动与社会工作

社团活动与社会工作方面的内容是指学生参与或组织的社团活动，在活动中所担任的学生干部等职务以及在管理能力、组织能力方面的锻炼，也包括在校外所从事的其他社会工作，包括组织或参加在院团委注册的各类社团及工作情况；担任学院、系部学生工作；在校外兼任的社会工作。例如，×年×月起，参加学校跆拳道协会，担任会长职务。

6. 技能培训及其他

技能培训及其他方面的内容是指学生参加的各类技能培训以及在技能培训中所取得的成绩和其他重要的成果或经历，包括非计算机专业通过国家计算机等级考试；获得的各类初、中级上岗证，获得其他非专业证书情况（如自学考试取得的大专以上毕业证、文秘资格证书、导游资格证书、驾驶证等）；通过英语四、六级考试。例如，×年×月，参加了银行从业资格取证考试，并获取证书。

9.2.2 大学生素质拓展计划实施路径

1. 强化职业素质教育，培育职业精神

《教育部关于推进高等职业教育改革创新引领职业教育科学发展的若干意见》中提出，要改革培养模式，增强学生可持续发展能力，强化学生职业道德和职业精神培养。

高等职业教育与普通高等教育的重要区别在于其职业性特征，即注重培养学生在未来职业生涯中所必须具备的能力和素质。因此，高职院校的素质教育不仅包括普通高等教育的人文素质教育，更有对职业素质的要求。职业素质即受教育者作为未来职业人所应具有的、适合未来职业发展要求、满足受教育者未来职业生涯需要所必须具有的素质，包括职业能力、职业道德、职业理念、职业理想、职业创新等方面，如会计专业学生需具有一丝不苟的工作态度及诚信精神。

2. 大学生素质拓展计划更加灵活多样，具有学院特色，符合学生特点

普通高校的大学生素质拓展计划一般由省级共青团组织、教育行政部门、学生联合会组织联合成立领导小组，在领导小组的统筹下，各高校认证内容、认证流程大体一致，最终由中华人民共和国教育部、中国共产主义青年团和中华全国学生联合会联合颁发"大学生素质拓展证书"，该证书具有全国统一编号。高职院校未加入普通高等院校的大学生素质拓展计划，在认证标准和认证内容上，充分考虑了学院特色和学生个性特征，构建了灵活多样的素质拓展计划及证书体系，并开发了特色课程、教材，丰富了第二课堂的内容和形式。

3. 注重技能发展和社会实践，构建学校、企业、学生职业素质教育共同体

校企合作、工学结合是高职教育的方向。许多高职院校创新校企合作模式，建设校、企、生职业素质教育共同体，成立职业素质教育理事会，学校素质教师参与指导企业实践、服务社会，企业素质导师参与专业课程教学和实践环节；学校、企业和学生共同确立职业素质教育目标、开发岗位素质课程、设计素质养成项目、创新考核评价体系。在考核评价体系中，学校主要考核学生的思想品德状况、参与素质教育活动情况等，企业

则主要考核学生实习实训期间的履职情况、职业态度、职业能力、合作意识、协调能力、创新精神等。学生则通过具体指标进行自我评价和相互评价。

4. 职业技能大赛成为职业素质拓展的重要手段

"普通教育有高考,职业教育有大赛",技能大赛成为职业教育界共识。职业技能大赛,是依据国家职业技能标准,结合生产和经营工作实际开展的群众性竞赛活动,突出操作技能和解决实际问题能力。学生的专业水平、实践能力、团队意识、创新精神都能够通过大赛加以提升,学生在大赛中的表现会增强企业对毕业生的信心,也会提高该校在同行业中的竞争力及社会影响力。各高校都十分重视,将技能大赛的参与度、获奖情况与拓展证书的学分挂钩,激发学生参与大赛的积极性。

5. 加强研究,成立研究中心,以研究中心为核心成立院、系、班三级管理组织

许多院校成立素质教育研究中心,或职业教育研究中心,有专门的研究员团队,负责素质教育体系建设和实施监督。各部门通力合作,教学单位落实素质教育课程,团委和学生处负责素质教育活动的组织、实施与评价,各二级学院(系)负责对接企业。

9.2.3 素质拓展计划内涵

素质拓展计划包含以下四方面内涵。

(1)思想素质的锤炼与提高。这方面包括以下几个有机组成部分:树立科学的世界观、人生观、价值观;对马克思列宁主义、毛泽东思想、邓小平理论、"三个代表"重要思想、科学发展观、习近平新时代中国特色社会主义思想的科学体系、基本立场、观点和方法的掌握;建立爱国主义和集体主义的道德标准;完善对国家、社会、集体和他人的信心和责任感。

(2)文化素质的培养与提高。着重以下几个方面的培养:对中华民族传统文化(包括哲学、文学、艺术、历史等)的了解与认同;对世界文化的了解与鉴赏;对高雅艺术的欣赏力和对通俗艺术的鉴别力;对科学和艺术的关系的体会和把握。

(3)创新能力和创新精神的培养。习近平 2009 年在参加全国科普日活动时强调:"要在全社会大力弘扬创新精神,提高创新能力,为坚持走中国特色自主创新道路、建设创新型国家奠定坚实的群众基础。"[①]创新能力的培养应着重突出以下几方面的内容:创新的意识和思维习惯;创新的基本思想方法和手段;对新技术、新观念的跟踪与鉴别能力。

(4)健康身心的塑造与磨炼。健康的身体和健全的人格已成为合格人才的必备素质。学生的身心素质应该包括:健康的体质和一定的运动技能;较强的健康意识和科学的养生观念;一定的心理承受能力和排遣、化解压力的有效手段;处理与他人关系的信心和

---

① 全社会要弘扬创新精神提高创新能力,为建设创新型国家奠定坚实群众基础.人民日报,2009-09-20(04).

能力；对自身的正确评价和悦纳自己的心态。

实施大学生素质拓展计划，需要建立一套完整的素质拓展实施体系，以良好的框架，合理的工作流程支撑计划的有效实施。体系的建立要围绕素质拓展计划的各个环节并结合学校特色，以学生成长成才的需要为出发点，有效地指导和服务学生的素质训练。实施体系既包括软环境又包括硬环境，概括起来分为：基础平台、支撑平台、主体平台。基础平台是指实施大学生素质拓展计划所必需的理念、原则，也就是要形成一个从校领导到全体学生、从高校到社会各界共同关注共同参与的基础环境；支撑平台是构建素质拓展实施体系的基本支撑，为整个实施体系服务，它包括机构建设、制度建设、队伍建设、资源整合、网络支持五个方面；主体平台是实施体系的核心部分，包括职业设计导航系统、素质训练系统、认证系统。主体平台的设计和运转是建立在基础平台和支撑平台的基础之上的。体系中的每一部分都是相互关联的，需要以统筹的观点、系统的视角、整体的发展、动态的管理来设计整个实施体系。

素质训练是大学生素质拓展计划的核心，为学生提供特色各异的训练项目、良好的训练基地，整合各方资源、搭建素质拓展平台，让学生在丰富的训练环境中自我设计、自主选择。

素质训练采用项目化运作方式，既便于学生自主选择又便于主管部门对整个素质拓展训练的规划和管理。每学期初，学校素质拓展训练中心根据学生的需要，对全校素质训练项目的开展进行统一的指导性规划，各单位根据自己的实际情况设计相应的训练项目，然后把训练项目的设计方案向主管部门上报，审批通过后开展活动。同时，实时地对项目开展情况进行信息反馈和统计，用以指导项目规划和设计。有始有终、重在实效、贵在创新。项目化的运行机制的实施，可以逐步完善各项程序制度、评估方法和激励导向机制，形成良性循环，不断健康发展。素质拓展计划可以很好地推动学生的全面素质的提高，涌现出一批有着较大影响力、收效显著的学生活动，大批同学通过组织和参与这些活动可促使自身的综合素质得到增强。

9.2.4 大学生素质拓展认证体系的构建

实施素质教育，就是要全面贯彻党的教育方针，以提高国民素质为根本宗旨，以培养学生的创新精神和实践能力为重点，造就"有理想、有道德、有文化、有纪律"，德、智、体、美、劳等全面发展的社会主义事业的建设者和接班人。我们不但要引导广大学生在专业学习中更加注重实践能力和创新能力的培养，同时要把更多的时间和空间还给学生，让学生在第二课堂中进行自我教育，实现自由思考、自由活动、发挥个性，多方面素质协调发展。要坚持基础性与发展性相结合的原则，把面向全体学生的基本素质教育培养与学生个体的多方面发展的教育引导结合起来，既有共性的基础要求，又有个性的发展要求，充分体现素质教育的价值意义。

1. 认证体系建设的实施原则

大学生素质拓展认证体系建设，应该把握以下几个原则。

第一，纪实性。纪实性就是指素质拓展认证体系不作结论性的主观评价，只是对学生参加各种素质训练的事实及可量化的成果（如获奖情况）作客观的记录。具体的评价由需要对学生做出评价的人根据记载的事实作出判断。

第二，以学生为本。建立素质拓展认证体系的根本目的是要服务于广大学生的素质提高，因此从认证的内容和方式上都要体现出以学生为本，要有助于提高学生参与素质拓展训练的积极性，不能把新增加的管理成本加在学生身上，使参与认证成为一种硬性的负担，而是要在保证导向的基础上充分考虑学生自主的需求。

第三，以非业务素质为重点内容。素质拓展认证体系所涵盖的内容应该以非业务素质为重点，使之成为第一课堂评价的补充。另外，认证内容不可能一步到位，应由少到多，逐渐扩展。

第四，要紧密结合并有助于现有工作的开展。素质认证体系的建立既要与现有的工作紧密结合，同时又对现有的工作做进一步的规范，促使其更好的发展。从以往经验看，与第一课堂相比较，属于第二课堂的学生素质拓展活动的灵活性、随意性相对较大，如果活动前的准备、活动中的组织实施和活动后的总结提高等环节不够严格，往往使得一项好的素质拓展活动无法完全发挥其应有的作用。因此，开展各项素质拓展活动时，将第一课堂中学生学习活动的"选课、上课、考试"的程序管理的概念应用到第二课堂的素质拓展活动中，就要求学生在参与活动前必须申请，批准后参加活动，活动结束后进行总结，参加考核，只有完成了这三个环节，才可被认为是完成了一项素质拓展活动。

这样，学校通过大学生素质拓展认证的"指挥棒"作用，可将学生参与素质拓展活动以及各级学生组织开展素质拓展活动的行为加以进一步规范，更好地保障各项活动的顺利开展，收到实效。另外，体系的构建不能仅满足于学生参与素质拓展的情况记录，还必须要开发出有效的统计分析工具，以充分利用这些宝贵的数据资源，为学生教育工作提供重要的参考信息。

第五，以电子化为手段，网络认证和纸质证书相结合。纸质证书可在毕业求职等环节发挥重要作用，同时数字化的网络认证可实现对学生素质拓展工作的动态管理，同时在证书的安全性、可更新性、灵活性等方面都具有比较明显的优势，因此，以电子化为手段，网络认证和纸质证书相结合的方法可作为素质拓展认证日常工作的主要途径。

2. 认证体系设计的主要特点

具体的认证体系设计主要体现了以下几个特点。

第一，对所认证的各项学生素质进行细致、准确的概括。按照中华人民共和国教育部、中国共产主义青年团和中华全国学生联合会对大学生素质拓展认证工作的统一要求，学生在校期间的素质拓展活动归纳为思想政治与道德素养、社会实践与志愿服务、科技学术与创新创业、文体艺术与身心发展、社团活动与社会工作、技能培训及其他六大方面。其中，每一方面所涵盖的活动内容之间往往并不相同，而与其相应的组织管理机构也不完全一致。我们在此基础上，将当前学生素质拓展活动进一步细分为模块，使得同一模块的活动具有相同的性质，如将"社团活动和社会工作"这一方面具体划分为"社团活动"和"社会工作"两个模块，其相对应的管理部门分别为学校学生社团协会俱乐部和校团委组织部,可有效地避免管理职能的重叠交叉,有利于责任的明确和管理职能的具体施行。在生成证书时,相应的模块再合并到上述的六大方面。

第二,认证描述的规范性和权威性。保证不同同学以相同的角色参加同一活动时得到的认证结果相同,在系统中通过模块—科目—项目—条目的数据组织结构来实现,比如在"社会实践"模块中,把每年暑期开展的国情调研活动设定为"暑期实践—国情调研"科目,把属于这一科目的某一项具体的活动定义为项目。通过这样的结构化设计,参加同一素质拓展项目的学生的项目信息完全相同,个人间的差异如不同的获奖情况等在条目记录中有相应字段加以体现。

第三,系统具有良好的可扩展性。随着学生第二课堂素质拓展活动的不断发展,系统可以很方便地加以扩展,如上述的模块、科目、项目等都可以很方便地进行增加、修改、删除等操作管理。

第四,系统使用的低成本和易用性。系统设计中充分考虑利用现有的工作基础,使得录入、审批、维护等环节既可方便地集中进行,也便于分散地工作,使学生和各级组织进行认证工作的时间成本和人力成本较低。

第五,充分利用认证数据的资源。全校学生的素质拓展认证数据是宝贵的信息资源和工作资源。一方面,系统将已认证的内容进行适当的分析,引导青年学生更加科学合理地安排自己的素质拓展活动;另一方面,利用系统提供的各种查询和统计工具,可对全校范围或是特定群体学生的不同性质的素质拓展活动进行快捷方便的分析,为学生工作提供重要参考。另外,开发面向社会和用人单位的查询提交系统,还可为社会查询提供服务。

第六,保证数据的安全性。这包括两个方面,一方面是技术安全,通过相应的技术手段保障中心数据库的安全和系统的正常运转;另一方面是数据源头的安全,通过权限分配的办法,将数据的录入权限、审批权限和维护权限相分离,确保入库数据的正确。

9.2.5 素质拓展认证体系的构建方法

1. 成立三级认证机构

首先成立学院"大学生素质拓展"领导小组和校级认证中心。其次成立院(系)"大学生素质拓展"认证中心。再次成立以班为单位的团支部"大学生素质拓展"认证工作小组。

2. 素质拓展"三步走"

1)职业导航设计

首先制订成长方案。

认识自己;认识职业及社会需求;初定职业理想,及时调整职业理想;找出自身差距。

其次学校全程就业指导。

一年级安排就业指导、职业导航教育,进行专业认识、养成教育。二年级安排丰富自我、完善知识结构教育。三年级安排强化教育、创新教育，锻炼社会实践能力。

最后是个人职业生涯设计。

科学分析就业环境、职业理想、能力倾向和个性特征等因素。制定科学合理的职业目标和素质培养的实施规划。建立成才目标，有意识、有选择地参加各种素质拓展活动。

2）记录成长历程，获得评价认证

个人记录成长历程的需要；横向比较证明优势所在；纵向比较证明自身优势。途径及步骤：首先，每学期由团支部将积分情况填入证书，通过学校考核；其次，每学年通过认证，获得相应的学分，在网上公示；再次，毕业时，加盖公章；学生持证书就业；用人单位可通过证书或登录学校网站查询真实情况。

3）赢得社会认同，顺利毕业就业

学生实习就业时可向用人单位展示真实的经历（除第一课堂智育情况以外的所有素质与能力水平）。接受用人单位选拔，在同等条件下证明个体资源优势。

9.3　实施大学生素质拓展计划的意义

9.3.1　大学生素质拓展工作开启了学校素质教育的新阶段

第三次全国教育工作会议以后，关于教育领域一系列重大理论问题的深入探讨，使素质教育在全社会达成了共识。近年来，高校以转变教育思想、更新教育观念为先导，以面向21世纪教学内容、课程体系和教学方法改革为重点，积极推进素质教育，取得一定成效。素质教育的核心在于强调作为主体的人的基本素质的养成与发展。在当代大学生的成长过程中，高等教育对大学生素质养成的影响和作用不应仅仅局限于课堂之中，它应贯穿于大学生在校学习、生活的全过程。因此，高校素质教育的全面实施，除了需要对课堂教学进行合理调整外，更需要第二课堂发挥作用。长期以来，以高校共青团组织为主的高校有关部门在此方面担当了重要角色。一是充分发挥组织优势，以丰富多彩的校园活动为平台，营造积极向上的校园氛围，有效地提升了青年学生的理想信念和道德素质；二是从20世纪80年代初期开始的大学生社会实践活动在"大学生暑期文化、科技、卫生三下乡活动"中取得了新的发展，有力地促进了教育与生产劳动和社会实践的紧密结合；三是1989年以来以"挑战杯"为龙头掀起了大学生参加课外学术科技作品竞赛和创业计划竞赛的热潮，既巩固了学生所学的专业知识，又极大地激发了学生的创新意识和创新精神，培养了创新实践能力；四是艺术节、文化节等形式，在潜移默化中熏陶了学生的文艺素养。

然而，综观高校素质教育的推进过程，第二课堂教育活动始终未能真正进入或未被完全纳入整个学校素质教育体系。究其原因：①由于受传统教育观念的影响，过分强调了第一课堂主渠道在育人中的作用，使第二课堂未能得到应有的重视；②第二课堂的教育内容和组织程序规范性差，长期以来又未能形成成熟的教育体系；③由于在教育效果和人才素质方面缺乏科学的评价尺度，第二课堂教育活动得不到广泛的社会认同。

"大学生素质拓展计划"以推行大学生素质拓展证书为依托,通过职业导航设计、素质拓展训练、建立评价体系和强化社会认同四个基本环节,使利用第二课堂培养大学生综合素质的工作有形化、具体化、规范化、制度化。较之于过去的第二课堂活动,"大学生素质拓展计划"具有涵盖面广、规范性强、可操作和便于评估的特点,从而使大学生素质拓展工作与课堂教学互为补充,并驾齐驱,成为高校素质教育"两翼"中不可缺少的一翼。

9.3.2 大学生素质拓展工作有力地推动了素质教育内涵的发展

(1)大学生素质拓展工作在素质教育功能上的丰富性,有助于推动高校素质教育体系的进一步完善。"大学生素质拓展计划"是以开发大学生人力资源为着力点,进一步整合、深化教学主渠道外有助于学生提高综合素质的各种活动和工作项目,在思想政治与道德素质、社会实践与志愿服务、科学技术与创新创业、文体艺术与身心发展、社团活动与社会工作、技能培训及其他六个方面引导和帮助学生完善智能结构,促进学生全面成才。大学生素质拓展工作在素质教育功能上具有丰富性,这是因为它以六个方面的内容全面参与并有力地促进了大学生四个方面素质的发展与提高。一是促进大学生政治思想和道德素质的提高。二是促进大学生业务素质的提高,主要表现在"专业知识的巩固和延伸"与"专业技能的形成和发展"两个方面。三是促进大学生文化素质的提高。四是促进大学生身心素质的提高。

(2)大学生素质拓展工作在素质教育形式上的独特性,有助于促进素质教育规律在实践中的充分运用。大学生素质拓展工作在素质教育形式上具有独特性,主要表现在以下几个方面。一是时空广延性。它覆盖了大学生在整个大学期间学习、生活、实践的各个环节,伴随着大学生从入学到毕业的全过程。二是自主自律性。在职业设计、成才途径上充分尊重学生意愿和个性特点。学生多是从个人的兴趣、爱好、志向出发,自觉自愿选择参与各类素质训练项目,学校在成才大体方向上予以指导,让学生自我管理、教育和监督,可以激发学生在教育过程中的主体意识。三是生动实践性。大学生素质拓展的绝大部分内容是在丰富多彩的活动和生动的实践中完成的,在教育过程中充分激发起学生的兴趣和潜能,因而能够收到明显的教育效果。四是开放创新性。大学生素质拓展的项目和训练内容本身就是一个开放的子系统,可以针对不同学生的实际状况、学生成才的不同需求进行不断创新。五是典型示范性。"大学生素质拓展计划"在建立评价体系的过程中,把学生在校学习、生活中的客观行为作为评价指标,创新了人才素质评价的方式和完善了人才评价的体系,进一步调动了学生参与素质拓展的积极性。六是氛围感染性。大学生素质拓展工作将以广泛参与、积极建设、注重引导的精神,大力营造求知、创新、拼搏、实践、成才的浓厚氛围,使学生深处其间,深受感染。以上几个固有属性使大学生素质拓展工作很好地贯穿了素质教育思想,使"以人为本""尊重个体差异""分层教育""重视实践环节"等一系列素质教育规律在实践中得到充分运用。

(3)大学生素质拓展工作在素质教育上的低成本性,有助于加速高校素质教育的历史进程。大学生素质拓展工作对于素质教育目标的实现具有非常明显的现实作用。首先,它包含了先天性可观的经济效益(指无须一切从头开始投入)、时间效益(指无须一切从头开始研究和试验）和社会效益（指已经具备社会认同基础）。它与正规课堂教学相比，其投入的人力、物力和财力成本较小。其次，大学生素质拓展工作还可以大力发掘和利用社会资源。所以，在目前高校素质教育受到资源限制的状况下，大学生素质拓展工作对于实施素质教育具有非常明显的成本价值优势。

（4）大学生素质拓展工作在素质教育过程上的社会性，有助于强化高校人才培养工作的社会认同。素质教育始终围绕提高人的素质这个中心，以提高人的综合素质服务于社会。从一定意义上讲，素质教育的过程也就是大学生逐步社会化的过程。推动大学生社会化，一方面，要求通过教育教学体制改革特别是课程体系的改革，使教育内容面向社会、面向市场；另一方面，必须通过一定途径让学生获取切身的社会体验。在课外组织实施的大学生素质拓展工作为学生成长成才提供了一个"社会环境"和"准社会环境"：一是通过广泛开展的社会实践活动和青年志愿者行动，可以动员、组织学生在大学学习阶段提前进入社会，让学生在奉献社会的过程中深入社会、了解社会，明晰社会对人才的要求；二是"让社会进入校园"，在丰富多彩的第二课堂活动中充分吸收社会的参与，让学生在校园里就能够与社会"亲密接触"，从而为学生创造了一个"准社会"的成才环境。有些大学在大学生素质拓展训练中，采取与校外企事业单位联合举办文化科技活动，大量邀请知名的成功人士到校参加创业论坛，使学生感受到社会氛围和市场经济氛围，不仅大大增强了学生提高综合素质的自觉性和紧迫感，而且强化了社会对学校素质教育特别是"大学生素质拓展计划"的认同，使学校教育与社会教育紧密结合，有效促进了大学生社会化。

9.3.3 在学校素质教育大系统中大力推进大学生素质拓展工作

1. 大学生素质拓展工作放在高校素质教育大系统中布局谋篇

大学生素质拓展工作作为高校素质教育的一个重要组成部分，必须立足长远，统筹安排，统一部署。一是需要学校党政领导高度重视，学校相关部门通力合作，形成合力。二是要把大学生素质拓展工作与课堂教学以及目前正在进行的教育教学体制改革结合起来，正确处理好继承与创新、课堂教育与课外教育、团学组织与教育行政部门之间的关系。三是要充分调动和发挥学生的主观能动性，从认同素质拓展证书到接受职业导航设计，从主动参与素质项目训练到诚信记载素质拓展成果，乃至在素质评价和认证监督方面都要充分调动学生积极性，始终贯彻自我教育、自我管理的原则。四是要充分吸纳社会的参与，有效利用社会资源。

2. 建立开放型、自我完善的大学生素质拓展工作运行机制

"大学生素质拓展计划"的实施是我国高等教育从应试教育走向素质教育进程中一个新的突破，特别是大学生素质拓展证书的推行，进一步建立和完善了人才评价体系。这是高等教育创新的又一成果。大学生素质拓展工作是一项史无前例的开创性工作，因此需要在推进的过程中不断完善，在大学生职业发展方向、素质拓展训练项目、综合素质评价指标等方面都需要随着社会发展和人才市场需求变化做出相应的调整。调整的动

力不仅来源于社会,更来源于高校自身,特别是参与素质教育的主体——大学生。只有建立一个开放型的、自我完善的工作运行机制,才能推动大学生素质拓展工作与时俱进,发挥其在高校素质教育中的最大作用。

3. 大力推进大学生素质拓展工作制度化、体系化、社会化和信息化

目前,有效推进"大学生素质拓展计划"需要切实做好以下四个方面的工作:①推进制度化,为"大学生素质拓展计划"顺利实施提供政策保障;②推进体系化,将以往比较零散的第二课堂活动和教育工作进行整合、规范,形成体系,这样便于用系统的观点考察其合理性,保证这项工作的可持续发展;③推进社会化,在大学生素质拓展中积极吸纳社会参与;④推进信息化。大学生素质拓展工作是一项复杂的系统工程,其中素质拓展认证需要建立一套科学合理、客观公正的评价体系。进行认证的过程中,存在大量繁重冗杂的数据处理、信息录入等工作,因此,必须推动认证工作的信息化建设,构建大学生素质拓展工作的计算机网络信息平台。这样做,不但可以提高工作效率,而且其真实性和可靠性获得了全校师生和社会舆论最大限度的保障和监督。

9.4　阅读材料及思考与实践

9.4.1　精选案例

茶厂苦练经营道　汉风会展展青春

——记西安汉风展览展示有限公司总经理王斌

1. 王斌同学个人简介及工作经历

王斌,男,1987年生,中共党员,陕西潼关人。2007年毕业于陕西国际商贸学院财经贸易系。他是陕西国际商贸学院综合素质特殊训练队成员之一,曾荣获学院"三等奖学金"一次。2009年,他成功应聘到福建省武夷山市的武夷星茶业有限公司。从担任武夷山的销售主管、南平地区销售主管、广东潮汕地区(传统喝茶区市场潜力巨大)的销售主管到广州地区的销售主管、海南区域销售经理、广西南宁地区销售经理,2010年3月开始担任武夷星茶业有限公司华南大区销售总监助理。2010年在西安与朋友合伙成立西安漢风飞扬展览服务有限公司,2013年9月正式注册成立西安汉风展览展示有限公司。

2004年9月,来自陕西省潼关县一个农村的王斌,来到了陕西国际商贸学院,就读于财经贸易系市场营销专业。在校学习期间,文化课程需要参加国家统一考试、陕西省统一考试及学院考试,学习压力很大。但他还是通过自己的努力,顺利拿到学历文凭毕业证。他在大一期间荣获学院"三等奖学金",大二期间正式成为共产党员。除了努力学习之外,王斌同学还积极参加课外实践活动。为了赚取生活费用为家庭、为父母减轻压力,他卖过电话卡、日用品,做过兼职、摆过地摊等,从大二开始,他已经可以完全靠自己解决学费和生活费。

2. 武夷品茶,茶厂苦练经营道

  王斌毕业后第一家工作单位,是在学院内部组织的招聘会上成功应聘到的福建省武夷山市的武夷星茶业有限公司。当时接到面试成功通知的同学有15人,但在上岗前培训过程中就有同学因为各种原因离开,最终参加完公司组织的各项培训考核留下来的有6人。当时王斌他们心里都明白了竞争的激烈、社会的残酷,只有更加努力地去适应才能够生存下来。

  王斌的第一份工作就是去基地做茶叶。而茶叶基地在山里,条件非常艰苦,睡的是地铺,一个房间睡20~30人,和采茶做茶师傅同吃同住,没有洗澡间,刚到基地第一天就有同学承受不了而离开。但王斌一点也没有想要离开的想法,他心里清楚这是公司对他们的又一次考验,一定要战胜它。后来,他就慢慢地适应了环境,在做茶中了解茶叶的制作过程,也找到了自己的兴趣,在基地的工作结束时,王斌的吃苦耐劳、勤奋好学及坚持不懈也得到了老板及各部门领导的高度认同。

  就这样,王斌成了一名武夷星茶业有限公司总部武夷山地区的最基层的业务员。作为一名基层业务员,需要适应当地的风俗习惯。因为武夷山是著名旅游景区,人流量较大。但当初的茶叶产品(武夷星大红袍)甚至于整个武夷山的茶叶并没有任何知名度,业务开展很难很难。他们每天需要从公司申请茶叶产品,带着产品去武夷山街道的茶叶店一家一家地拜访推销。而武夷山的天气非常炎热,紫外线很强,稍不注意会伤到皮肤,王斌的胳膊因为要提茶叶,晒得很红很红,伤到皮肤,汗珠滴到胳膊上跟伤口上撒盐一样的疼痛,但他没有放弃。王斌第一次推销成功是在一家茶叶店,店主黄老板。王斌在跟黄老板聊的时候,由于他对茶叶的加工工艺了解很深,在沟通的过程中就有共同话题,所以聊得很投机。聊到下午六点的时候,王斌提着茶叶走出店门,黄老板却把他叫回去,让他把茶叶留下,这是王斌第一次作为销售人员把产品推销出去,当时的喜悦,难以言表。事后王斌在和黄老板聊起此事的时候,他才明白,原来黄老板是被他的年轻能吃苦、对待事情的认真及责任心所感染才让他把茶叶留下的。

  有了王斌的坚持和努力,他在公司的业绩越来越好,也越来越得到公司领导的重视。之后,他从担任武夷山的销售主管到南平地区销售主管,2008年下半年又正式调入广东惠州地区,负责该地区的销售工作。当时王斌一个人一个行李箱,到当地找了间房子,住宿加办公在一起,就开始了工作。在8个月的努力下,他成功开发区域代理商一家,开设茶叶专卖店两家,年销售额达150万元。

  接着他担任过广东潮汕地区(传统喝茶区市场潜力巨大)的销售主管、广州地区的销售主管、海南区域销售经理、广西南宁地区销售经理等。2010年3月他开始担任武夷星公司华南大区销售总监助理,全区域年销售达4500万元。2010年大红袍茶叶已经进入了黄金期,全国媒体都在报道武夷山大红袍、张艺谋执导的大型山水实景演出《印象大红袍》、央视宣传片《茶马古道》《茶通超人大赛》等，让国人对大红袍有了认识和了解，王斌的销售工作也越来越好做了。在短短不到一年的时间，销售额翻倍增长，到 2011 年底，实现销售额 1.2 亿元，单单潮汕地区贡献销售额 8000 万元。2011 年，王斌的个人提成就有 30 多万，他也在西安有了自己人生的第一套房子，也成了家。

由于婚后两地分居再加上公司的改革，王斌曾向公司申请过几次调回西安工作，公司没有答应，他最终决定离开公司，艰难的创业生涯由此开始。

3. 立志创业，会展平台创业绩

王斌最先是和一个合作过的展览公司朋友合伙创业，在西安成立漢风飞扬展览服务有限公司西安分公司，双方各占 50%股份，公司总部在广州。虽然业内专业知识培训、业务操作流程、财务管理、公司内部管理运营、合同表格等都是成熟的制度，可以从总部借鉴，但是西安公司人员编制没有完成，岗位上没有合适的人，从公司成立运营到第七个月的业绩依然是零，账户是零收入，此刻王斌才真正明白了什么叫"隔行如隔山"。在公司就剩王斌和一个设计师、两个员工，靠借同学的钱维持，几乎是要关门时，王斌依然不愿意放弃。他经过反复琢磨最终做出一个大胆决定，聘请了一个一直在做展台设计、工作经验非常丰富的设计师。接下来他们设计中标山东一家节能建筑材料公司的全年展会展台搭建设计方案，为公司赢得第一份合同，虽然展台面积不大，但合同金额 12 万多元，对当时的王斌来说已经是一份大合同了，公司就这样一步步进入正常化轨道。

在公司完善运营不到三个月的时候，总部因广州公司发展需要新进股东，决议撤出投资，不再参与西安分公司的运营。这对于刚刚从公司运营低谷中走出的王斌，又是一次致命的打击。退还广州公司的前期所有投入后的王斌已经负债累累。但在朋友的帮助下，2013 年 9 月王斌正式注册成立西安汉风展览展示有限公司，当年就实现营业额 230 万元。合作的客户（大型项目）有：甘肃省循环经济成果展（地点在白银市铜城博物馆）、杨凌职业技术学院校史馆项目、杨凌农高会咸阳展团展台设计搭建工程等。2014 年是西安汉风展览展示有限公司发展的关键一年，在这一年里，他们服务过的项目有：陕西移动营业厅项目改造工程（4G 体验区和企政专区）、陕西方太外展项、青海省投资贸易洽谈会开幕式项目、西安华南城有限公司活动项目供应商单位、2014 年第二十一届杨凌农高会——咸阳展团（759m^2）项目设计施工中标单位、陕西供销集团展台设计中标单位——雨润物流中心展厅等，实现营业额 486 万元，荣获"会展业协会组织评审的西安市展览工程企业二级资质证书""西安市展览工程优秀设计及组织施工奖"，公司在发展，创业之路在前行！

在我们采访王斌的时候，他除了想对在校的师弟师妹及特训队的战友们分享他个人的成长经历外，也想给大家一些建议。

1. 在学校学习期间，一定要以学习为主，不要认为现在所学的课程已经过时了，对自己没有用。当你开始工作的时候就会明白，机会是留给有准备的人，只有在学校努力学习，才能抓住机会。

2. 一个人的素质与成功有着紧密的联系。当初在特训队每天坚持军事训练，不断完善个人的综合素质，对自身品格养成有很大帮助。而也正是这些品格，使我能正确面对困难，不放弃，渡过一个个难关，最终取得今天的成就。

3. 针对毕业生就业问题，我个人建议：选择自己喜欢的行业工作，一旦认定，就一定要坚持，轻易不要换工作，即便是换工作也不要从事新的行业，因为只有你的不断坚持才能成为行业内的资深专家。

9.4.2 精选故事

第十届中国大学生模范——王青璨

王青璨，男，汉族，中共党员，北京大学数学科学学院2011级本科生。

1. 学术科研：漫漫修学路，上下求索情

王青璨常说："数学是我的兴趣所在，也是我要用一生去追逐的事业和梦想。"他对数学的热爱体现在日复一日地勤学钻研，也反映在卓越的学业成绩上。本科期间，他曾获省级及以上的学术竞赛奖9次，数学（A类）专业必修课平均分高达97分，居全年级第一。王青璨参与过多个科研项目，成果丰硕并获得校级创新奖，在长江学者张平文教授的指导下，他在液晶、准晶的建模与计算方面取得重要进展，他重点参与的项目组正在与北京市交通信息中心合作，探究极端气候下的北京交通状况预测模型。青璨曾两次代表北京大学主持全国基础学科拔尖计划学生学术交流会。他的理想是未来能通过在应用数学的创新突破，为社会做出更多具有现实意义的贡献。

如今，王青璨已经收到了美国普林斯顿大学和斯坦福大学两所世界名校所发放的博士生全额奖学金及录取通知，他将有机会赴数学领域的顶级学府继续为科研梦想而奋斗。当他拿到通知书后，在高兴之余，也对学院的老师说："赴美学成后将回国，回到梦想开始的地方继续追寻数学的无穷魅力。"王青璨还以优异成绩辅修完了经济学学位，连年获得学院的最高额奖学金。

2. 社会工作：士者当弘毅，任重而道远

在勤学钻研的同时，王青璨还主动承担了多项社会工作。作为院团校秘书长，每学期他都要策划和组织多场培训讲座、人物访谈、创意大赛、参观考察、集体生日会等活动，培养学生骨干。他探索创设了学生作辅导员的长效机制，旨在促建同学们互帮互助的风气，让学院大家庭的暖意越来越浓。在担任年级学生党支部书记期间，王青璨曾提出"内聚团队，外送服务"的理念，从百年院庆的志愿服务团，到军训期间的爱心送水队，服务型党支部建设不断推进，多次获评学校基层党建创新项目。此外，他乐于参与社会实践，从苏州的田间地头到宁夏的希望小学，再到井冈山的红色圣地，他不仅都去过，而且还做过调研实践或志愿服务。

3. 燕园生活：恰此间少年，展风华正茂

生活中的王青璨永远展现出阳光的形象，正如他对自己提出的"四心"标准：以诚心待人，以热心助人，以乐观开朗之心感染他人，以积极进取之心带动他人。出众的才华与谦和的态度为他赢得了同学们的敬佩和赞誉，在班级民主评议中连续三年得分全班第一。多才多艺的他还通过小提琴十级考试，五次登上全校舞台演出。此外，王青璨还曾获北京大学山鹰社的社内最高荣誉，他认为，"存鹰之心于高远，取鹰之志而凌云，习鹰之性以涉险，融鹰之神在山巅"的理念正是他攀登数学高峰和人生之巅的最宝贵的精神力量。

2014年，他获得了第五届全国大学生数学竞赛高年级组决赛一等奖第一名，美国大学生交叉学科建模竞赛一等奖，北京市"先锋杯"优秀团干部等奖项，并被北京大学授予学生个人的最高荣誉——学生"五·四"奖章，以及北京大学学生年度人物，成为包揽两个奖项的唯一一名本科生。王青璨以好奇心投身学术科研，把数学的研究和应用作为人生梦想去不懈追求；以责任心参与社会工作，热心服务同学。他的综合素质测评总分位居年级第一，曾获评北京大学三好学生标兵。他擅长文艺，通过小提琴十级考试，在全校合唱比赛中多次登台伴奏；爱好体育，曾获全校冬季越野跑比赛的名次。由于学业优异且全面发展的突出表现，2015年3月，他被《大学生》杂志作为封面人物刊出，成为在全国大学生群体中具有影响力、闪耀正能量的青春榜样。

（王青璨：以数为梦勤学钻研　多彩青春全面发展. https://xgb.pku.edu.cn/sylm/rwgs/43882.htm[2018-04-15]. 本文根据北京大学学生工作部网站资料整理编写）

9.4.3　思考与实践

（1）教育评价的含义、特性是什么？
（2）学生综合素质评价建立的基础是什么？如何进行客观、科学、有效的评价？
（3）什么是大学生素质拓展计划？
（4）结合大学生素质拓展计划的内容，谈谈应怎样拓展自身素质。
（5）从王斌到王青璨，当代大学生以实际行动表现出了哪些风采？树立了怎样的群体形象？
（6）组织或参与一次集体公益活动，如去孤儿院打扫卫生、帮助残障儿童、公益募捐等，并分享自己的感受。